特级教师的发展研究

张寿松　著

ZHEJIANG UNIVERSITY PRESS
浙江大学出版社

前　言

教师专业发展是什么的问题讨论很多，研究成果也很丰富。我认为可以简单地用一个数学式子来表示，即 $y = k(x) + b(1 \sim 40)$，这是什么意思呢？

y：教师专业发展值。

$k(x) = k(x_1 + x_2 + \cdots + x_n)$，$k$ 是一个常数，指的是一个人的教师禀赋，更多取决于先天之遗传，因人而异，就像汽车之排量，有1.6与1.8之区分，k 这个常数是一个前提，很重要，但并不是决定因素，决定因素是 x_1、x_2、x_3 等变量，犹如1.6与1.8排量的车在高速上都可以很轻松地跑到120码。x：是一个变量，影响教师专业发展的变量有 n 个，最主要的有如下三个：

x_1：态度。它指一个人的教师愿望，可分为：非常愿意、愿意、无所谓、不愿意、很不愿意五个级别，可分别用4、3、2、1、0来赋值区分。如果一个人根本就不愿意当老师，不想当老师，视教师职业为畏途，那他的 x_1 就很小，乃至为零。

x_2：方法。成为一个好教师的方法系统，是教师成长过程中的重要支持系统。成为一个好教师肯定要有方法，如果方法不对，自然事倍功半。

x_3：勤奋。它与 x_1（态度）又紧密相关，良好的态度会伴生良好的勤奋，一个根本不想以教师为职业的人，一般不可能付出相应的勤奋。

x_n：其他因素（变量）。指影响教师专业发展的其他因素，如环境、机遇、培训等等。

$b(1 \sim 40)$：与教龄相关的经验值。它指一位教师的实际教龄，由入职时的第一年到离职时的第40年，教龄不断增加，教师经验不断积累，教师职业的幸福体验不断增强。理想的教师专业发展量（值）应随教龄的不断延长而不断提高。

综上所述，教师个体的专业发展便可用一个具体数值来表示，以此类推，一所学校或一个区域的教师专业发展便可用累加的方法计算，这是衡量一个学校或区域教学质量的重要因素。

我当老师已经有25年的时间了，一直未离开一线的教学与研究，可研究教师专业发展只有近10年时间。先是研究优秀教师成长的个案，后来过渡到研究优秀教师的群体。特级教师是教师中的佼佼者，是优秀教师的代表，它与普通教师之间会有什么区别？特级教师的特殊性到底体现在哪些地方？如果有区别，那么这些差异又是如何形成的呢？又是哪些因素在起作用呢？面对竞争的社会和自身的发展，他们会有困惑吗？他们在做些什么呢？他们又在想些什么呢？他们都好吗？我又能为他们做些什么呢？带着这些问题与疑惑，我进行了较全面的研究，历时7年，得出了相应的研究结论，如果你也能从中体味并有所感悟，这就是我的愿心。本研究所呈现的一些事实与问题，也很有借鉴意义，比如：教师的身心健康、生存状态、人际交往乃至家务劳动；教师的专业发展、成长关键期、影响因素乃至备课听课与教学反思；教师的教育观念、职业适应、职业培训、职业倦怠乃至成长过程中关键人物和关键事件；拙著均有分门别类的详细探讨，其中也不乏真见实见，惟愿能给缘者以启发。

书中的部分成果已经在《教师教育研究》、《教育理论与实践》、《上海教育科研》、《当代教师研究》、《中小学管理》、《当代教育科学》、《教育导刊》、《教学月刊》、《教学与管理》、《继续教育研究》等核心刊物发表，对诸刊的认同和传播深表谢意，系列论文《特级教师与普通教师的比较研究》，曾获2010年浙江省高校优秀科研成果二等奖。

感谢研究过程中诸位研究对象的友情支持，感谢学校给了我良好的工作和研究条件，感谢学院的出版资助，感谢学校省重点学科《课程与教学论》诸同仁的鼓励，感谢浙江大学的崔菊丽硕士、戎庭伟博士，浙江师范大学的周大根老师，遂昌育才中学的兰国祥老师的真情协助，感谢浙江大学出版社陈晓菲、石国华老师为本书付出的辛勤劳动。

由于本人的学识和其他原因，书中肯定存在诸多不妥乃至错误，恳请诸位缘者布施赐教。也希望有机会再研究这一课题时能有改进。写下如上数言，谨以表达我浅浅的思考和深深的感恩，感恩我们的世界博爱和平，我们的祖国繁荣昌盛，我们的人民安居乐业，我们的老师潜心从教，我们的孩子充满梦想。

岁甲午初春

时2014年6月于钱塘之西溪

容容斋　张寿松　谨识

zjhz999@163.com

目　录

绪 论

特级教师是优秀教师的代表，是师德的表率、育人的模范、教学的专家、科研的能手，是教育资源中的瑰宝。特级教师与普通教师之间有差异吗？这些差异又是如何形成的呢？又是哪些因素在起作用呢？面对竞争的社会和自身的发展，他们会有困惑吗？他们在做些什么呢？他们又在想些什么呢？他们都好吗？我们又能为他们做些什么呢？带着这些问题与疑惑，我们进行了较全面的调查研究。

一、研究目的

以问卷调查与个案研究为主要手段，使用“量”与“质”的方法，探究“环境、教育、主观能动性”等常规因素以及其他因素对教师身心发展的影响和作用；探究不同类型教师（普通教师、特级教师）的生存与发展；探究不同类型教师的现实状况和群体差异，了解影响不同类型的教师成长因素；探究不同类型教师的成长轨迹，揭示教师专业发展的内在规律；丰富优秀教师专业发展的理论和实践，为教育决策和教师管理提供借鉴。

二、研究对象

浙江省约有 43 万中小学（含幼儿园、中职）教师，其中小学教师 16.5 万人，初中教师 11.4 万人，普通高中教师 5.9 万人。[①] 浙江省从 1979 年开始进行了第一批特级教师的评比，到 2009 年为止，总共进行了九批特级教师的评选，共评出 991 名特级教师，现在岗特级教师 700 余位，200 多位已经退休。[②]

我们选取的对象是：小学各科特级教师 60 人、初中各科特级教师 55 人、高中特级教师 70 人，共发出问卷 185 份，回收有效问卷 111 份，样本几乎涉及浙江省的大部分县市。与此同时，在浙江省的发达地区和欠发达地区，分别选择了 2 个县进行普通教师的样本选取，分别发出小学教师、初中教师、高中教师问卷各 80 份，收回有效问卷 160 份。我们对普通教师的定义是除了特级教师以外的其他中小学教师。为简便起见，不同类型教师样本分别用 T1（PT1，TT1）表示（T1 为小学教师，PT1 为普通小学教师，TT1 为小学特级教师）；T2（PT2，TT2）表示初中教师；

---

① 参见《浙江省 2007 年教育事业简况》，浙江省教育厅编辑，2008 年 2 月，第 1—2 页。

② 参见徐承楠：《特级教师的发展》，载《浙江省第九批特级教师岗位培训材料汇编》，浙江省教育厅师范处、浙江省中小学教师培训中心等单位编辑，2006 年 12 月，第 31 页。2009 年 12 月 27 日，浙江省教育厅颁发评选第十批特级教师文件，这次评选出了 153 位特级教师。本研究中的样本不包含第十批特级教师，特此说明。

T3(PT3,TT3)表示高中教师,具体见表 0-1 和图 0-1。

表 0-1 调查取样分布

性别	人数	PT1	PT2	PT3	TT1	TT2	TT3	总计
男	*N*	21	20	30	17	18	31	137+1*
女	*N*	34	30	24	18	15	12	133
总计	*N*	55	50	54	35	33	43	270+1*
占比	%	20.3	18.5	20.3	12.9	12.5	15.5	100.0

*表示其中一份问卷的任教学段未注明,但问卷的其他部分是有效的,故统计在内。在本书的相关数据中,有时统计数会小于该项的总数,也是由于在该项上漏选的原因导致的,此后不再一一说明。

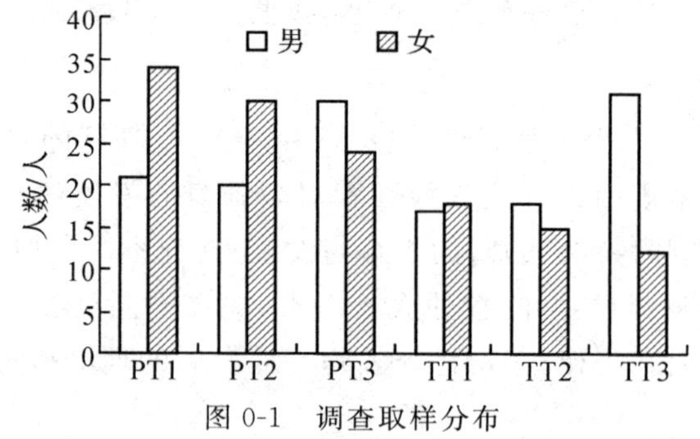

图 0-1 调查取样分布

三、研究方法

问卷分导语(说明)和主体两部分,其中主体部分分“身体状况、心理健康、生存状态、个性特质、师德修养、教育理念、培训学习、教学行为、教育科研、专业素养、成长环境、职业认同、职业倦怠、教师职业发展关键期与影响教师成长的因素”等维度进行问卷设计,经二轮预测后,确定试题 120 道。试题有封闭式和开放式两类:封闭式试题按李克特式五点量表题和选择题两类题型设计,其中李克特式五点量表题 66 道、选择题 53 道、开放题 1 道。每个维度根据实际情况均有相应的题目与之对应。开放题的题目是:请列出两本对你发展最有帮助(或影响最大)的书。对本问卷进行信度检验,α 系数为 0.914,说明本问卷的信度较高。

2007 年 5 月至 2008 年 5 月期间,利用发函、会议、他人帮助等途径,让调查对象填写问卷。小学、初中、高中三学段的特级教师问卷回收有效率分别为:58.3%、60.0%、61.4%;小学、初中、高中三学段的普通教师问卷回收有效率分别为:68.8%、62.5%、67.5%;将问卷题目编码数量化,用 SPSS15.0 软件包进行统计分析。

四、研究样本的具体情况

1.总体样本在各学段人数上的分布

表 0-2　两类型三学段教师人数分布

类型	小学	初中	高中	总计
PT	55	50	54	159
TT	35	33	43	111
总计	90	83	97	270

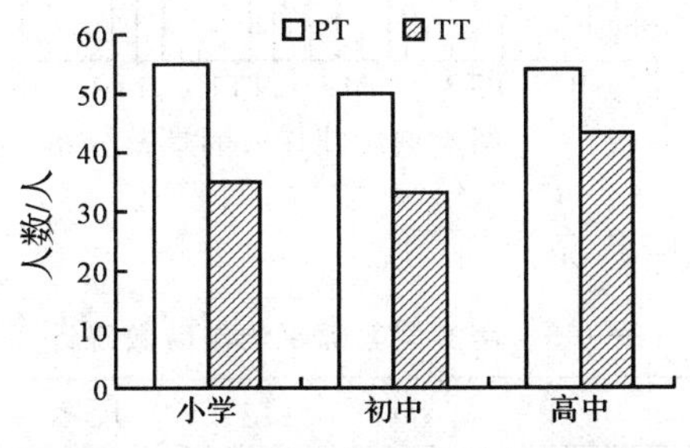

图 0-2　两类型三学段教师人数分布

2. 总体样本的性别分布

表 0-3　总体样本的性别分布统计

性别	特级教师		普通教师		总计	
	N(人)	占比(%)	N(人)	占比(%)	N(人)	占比(%)
男	66	59.5	72	45.0	138	50.9
女	45	40.5	88	55.0	133	49.1
总计	111	41.0	160	59.0	271	100.0

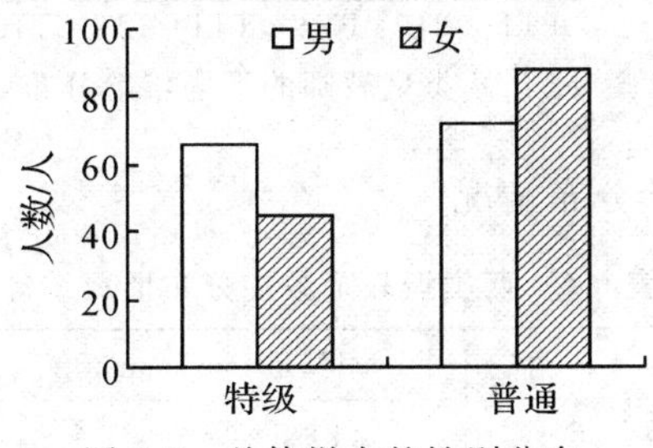

图 0-3　总体样本的性别分布

3. 两类型教师任教的学科分布

表 0-4　两类型教师任教的学科分布统计

学科	PT1	PT2	PT3	TT1	TT2	TT3	总计
文科	36	32	27	20	21	17	153
理科	16	18	23	12	10	26	105
艺体及其他	3	0	4	3	2	0	12
总计	55	50	54	35	33	43	270

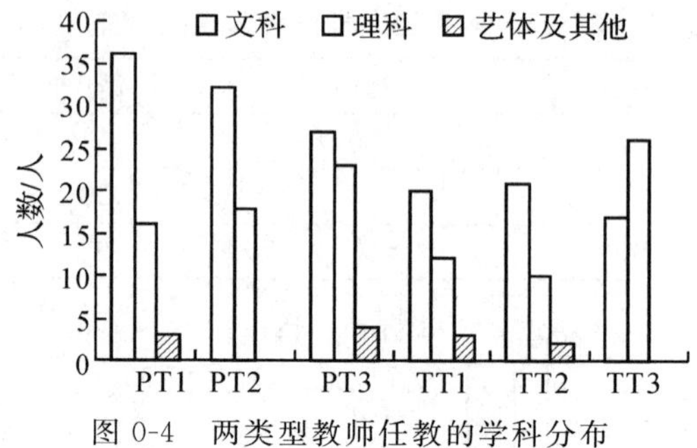

图 0-4 两类型教师任教的学科分布

4.两类型教师的年龄状况

表 0-5 两类型教师平均年龄数统计

类型	PT1	PT2	PT3	总体平均年龄(岁)
平均年龄(岁)	36.60	31.83	37.04	35.32
类型	TT1	TT2	TT3	总体平均年龄(岁)
平均年龄(岁)	43.06	44.33	47.93	45.32

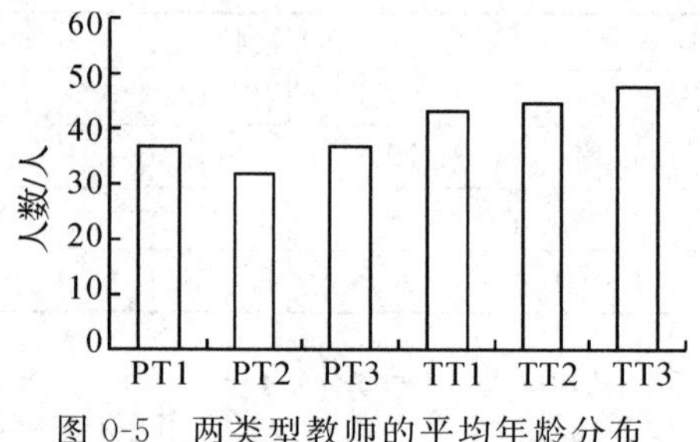

图 0-5 两类型教师的平均年龄分布

5.两类型教师的教龄分布情况

表 0-6 两类型教师教龄分布情况统计

类型	1～5 年	6～10 年	11～15 年	16～20 年	21 年以上	总计
PT1	4	16	11	9	15	55
PT2	13	18	6	5	8	50
PT3	5	14	8	8	17	52
TT1	0	0	2	12	21	35
TT2	0	0	0	10	23	33
TT3	0	0	0	3	40	43
总计	22	48	27	47	124	268

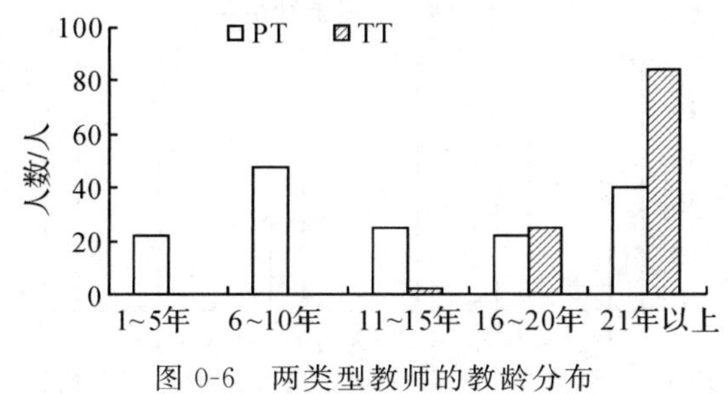

图 0-6 两类型教师的教龄分布

6. 两类型教师的第一学历(文化程度)分布情况

表 0-7 两类型教师的第一学历(文化程度)分布统计

学历(文化程度)	PT1	PT2	PT3	TT1	TT2	TT3	总体
初中	2	1	0	3	0	0	6
高中/师范	43	6	2	28	7	3	89
大专	10	37	21	3	19	19	109
本科	0	5	31	1	7	21	65
研究生	0	1	0	0	0	0	1
总体	55	50	54	35	33	43	270

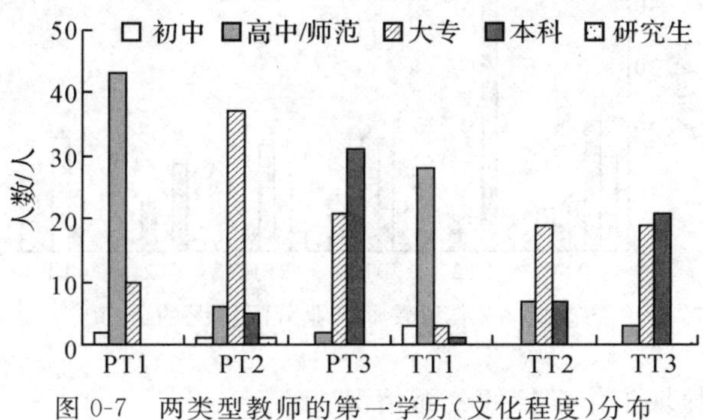

图 0-7 两类型教师的第一学历(文化程度)分布

7. 两类教师的第一学历是否属于师范类情况

表 0-8 两类教师的第一学历是否属于师范类情况统计

类型	PT1	PT2	PT3	TT1	TT2	TT3	总计
师范类	50	47	51	31	32	40	251
非师范类	5	2	3	4	1	3	18
总计	55	49	54	35	33	43	269

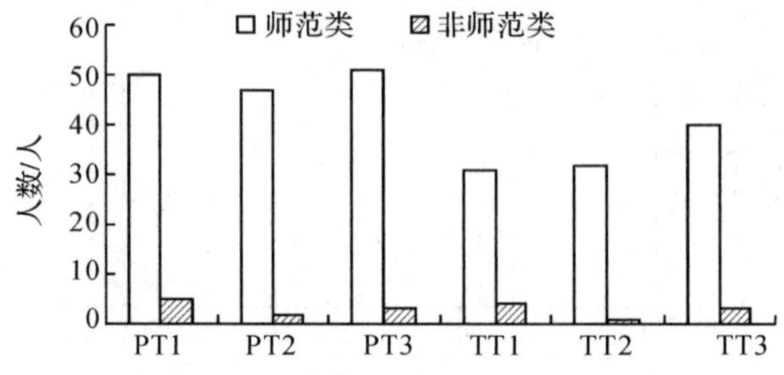

图 0-8 两类教师的第一学历是否属于师范类情况

8.两类型教师毕业分配情况

表 0-9 两类型教师毕业分配情况分布

学校分类	PT1	PT3	PT3	PT 总体	TT1	TT2	TT3	TT 总体
村校	15	2	1	18	3	2	0	5
乡镇校	21	42	18	81	9	14	10	33
县城校	8	1	18	27	17	7	18	42
地市校	4	3	8	15	4	8	10	22
省城学校	7	2	9	18	2	2	5	9
总计	55	50	54	159	35	33	43	111

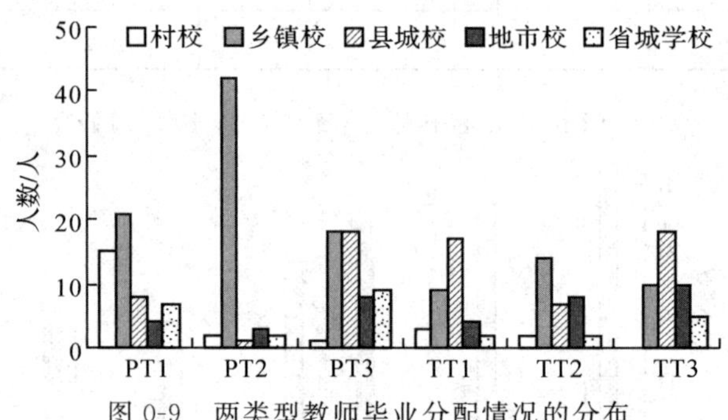

图 0-9 两类型教师毕业分配情况的分布

9.两类型教师现工作学校的分布情况

表 0-10 两类型教师现工作学校的分布情况统计

学校分类	PT1	PT2	PT3	PT 总计	TT1	TT2	TT3	TT 总计
村校	2	0	0	2	0	0	0	0
乡镇校	23	35	5	63	1	1	0	2
县城校	16	4	26	46	17	12	11	40
地市校	6	11	13	30	9	12	17	38
省城学校	8	0	8	16	8	8	15	31
总计	55	50	52	157	35	33	43	111

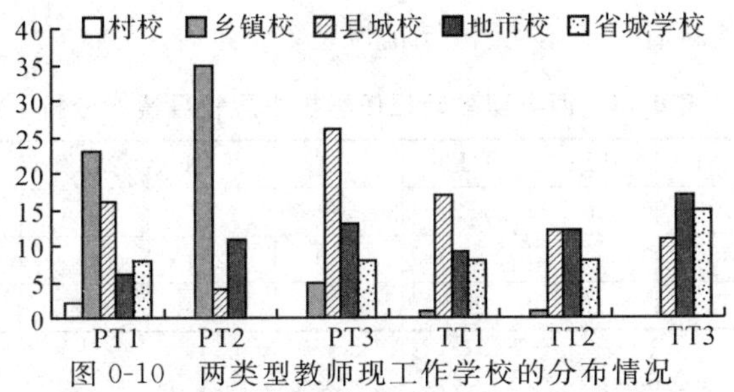

图 0-10　两类型教师现工作学校的分布情况

10. 两类型教师担任班主任的平均工作年限

表 0-11　两类型教师担任班主任的平均工作年限统计

类型(PT)	PT1	PT2	PT3	PT 总计
担任班主任的平均工作年限	10.39	5.20	6.28	7.42
类型(TT)	TT1	TT2	TT3	TT 总计
担任班主任的平均工作年限	10.23	11.18	10.60	10.66

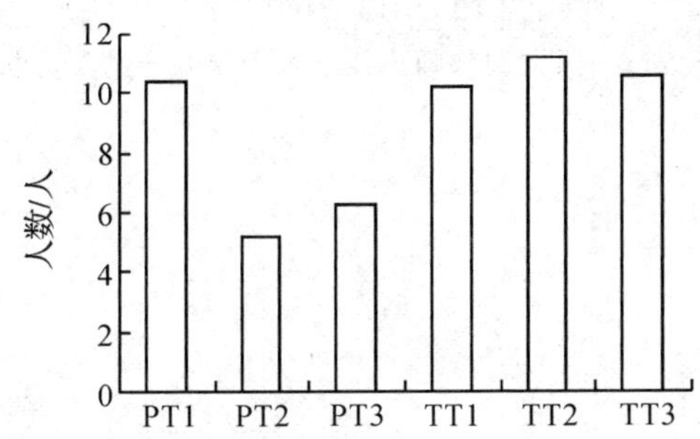

图 0-11　两类型教师担任班主任的平均工作年限统计

11. 两类型教师担任校级领导情况

表 0-12　两类型教师担任校级领导情况分析

领导分类	PT1	PT2	PT3	PT 总计	TT1	TT2	TT3	TT 总计
校级领导	4	4	6	14	24	17	15	56
非校级领导	51	45	44	140	11	16	28	55
总　计	55	49	50	154	35	33	43	111

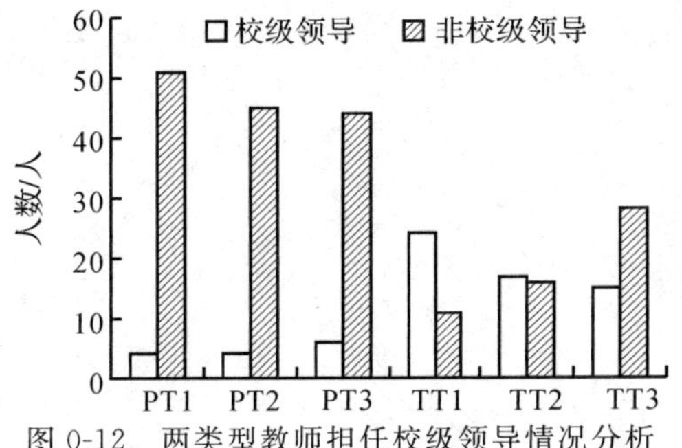

图 0-12　两类型教师担任校级领导情况分析

12. 两类型教师担任学校中层领导情况

表 0-13 两类型教师担任学校中层领导情况分析

领导分类	PT1	PT2	PT3	PT 总	TT1	TT2	TT3	TT 总计
中层领导	17	1	12	30	8	10	7	25
非中层领导	38	48	38	130	27	23	36	86
总　计	55	49	50	154	35	33	43	111

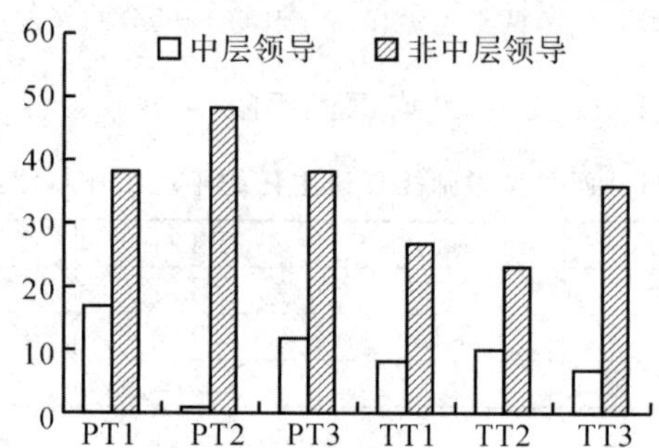

图 0-13 两类型教师担任学校中层领导情况分析

第一章　身心状况

第一节　身体状况

一、身体健康

本维度共有1道题目，为“你的身体很健康”。采用五点量表题设计，试图探究两类型教师的身体健康状况，具体统计结果如下：

（一）身体健康状况的自我评价

表1-1　两类型教师身体健康状况比较

教师类型	人数	平均值	标准差	t
特级	111	3.94	0.887	0.737
普通	160	3.84	1.108	

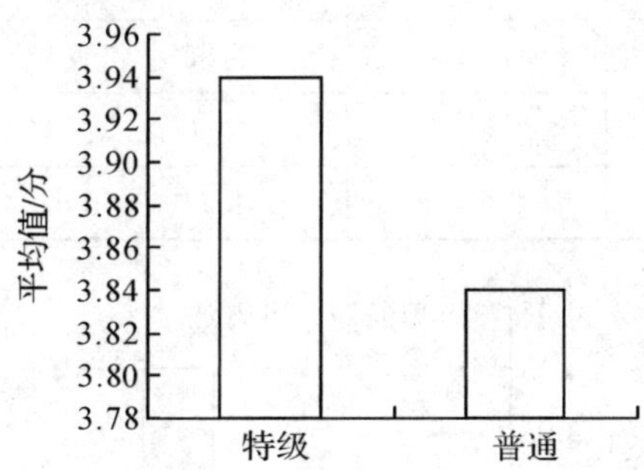

图1-1　两类型教师身体健康状况比较

两类型教师在这一维度上的平均得分分别为3.94和3.84，说明两类型教师对自我身体健康状况的评价比较好（最佳状况评价得分为5分），预示两类型教师都有良好的身体健康。经独立样本 t 检验表明，两类型教师之间的差异不显著。

（二）不同学段教师的身体健康状况

表1-2　不同学段教师的身体健康状况比较

	类型	人数	平均值	标准差	t
小学	特级	35	4.20	0.632	1.499
	普通	55	3.87	1.187	
初中	特级	33	4.03	1.015	1.118
	普通	50	3.76	1.117	
高中	特级	43	3.65	0.897	−1.286
	普通	54	3.91	1.033	

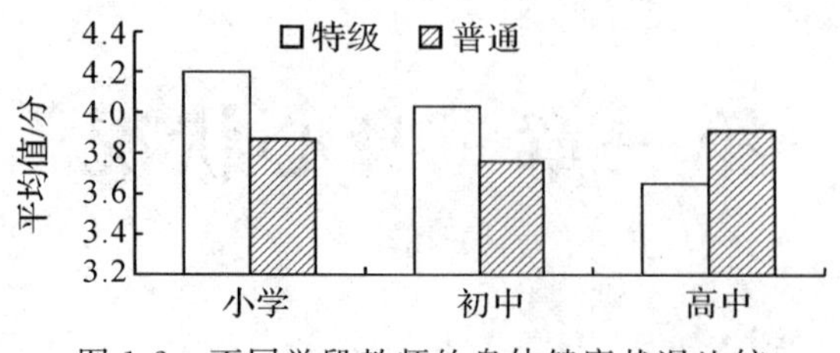

图 1-2 不同学段教师的身体健康状况比较

不同学段两类型教师在这一维度上的平均得分略有差异，经独立样本 t 检验表明，三个学段的两类型教师之间的差异不显著。

比较不同学段两类型教师在这一维度上的平均得分，在特级教师这个群体中，小学特级教师得分最高，初中特级教师次之，高中特级教师居后；在普通教师这个群体中，高中普通教师的得分最高，小学普通教师次之，初中普通教师居后。

(三)不同性别教师的身体健康状况

表 1-3 不同性别教师身体健康状况比较

	类型	人数	平均值	标准差	t
男	特级	66	3.89	0.897	0.279
	普通	72	3.85	1.057	
女	特级	45	4.00	0.879	0.812
	普通	88	3.84	1.154	

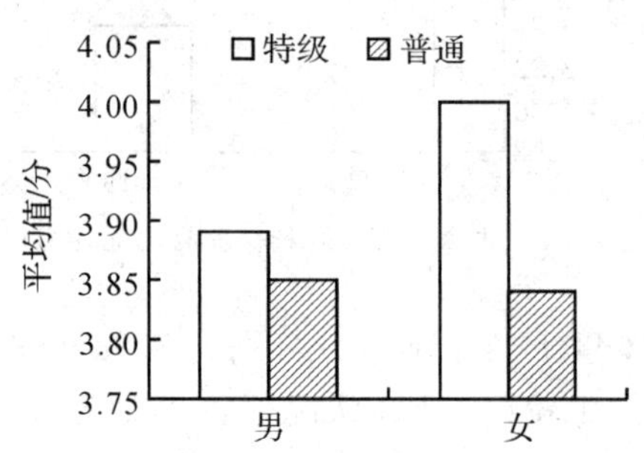

图 1-3 不同性别教师身体健康状况比较

不同性别两类型教师在这一维度上的平均得分均呈现特级教师略高于普通教师的特点，经独立样本 t 检验表明，不同性别的两类型教师之间的差异不显著。

比较不同性别两类型教师的平均得分，可见女特级教师的得分最高，男特级教师次之，男、女普通教师得分居后；在特级教师这个群体中，女特级教师得分略高于男特级教师；在普通教师这个群体中，性别之间的差异十分微小。

(四)不同教龄教师的身体健康状况

表 1-4 不同教龄教师身体健康状况比较

教龄	类型	人数	平均值	标准差	t
16～20 年	特级	25	4.08	0.759	1.021
	普通	22	3.77	1.270	
21 年以上	特级	84	3.88	0.924	0.830
	普通	40	3.73	1.086	

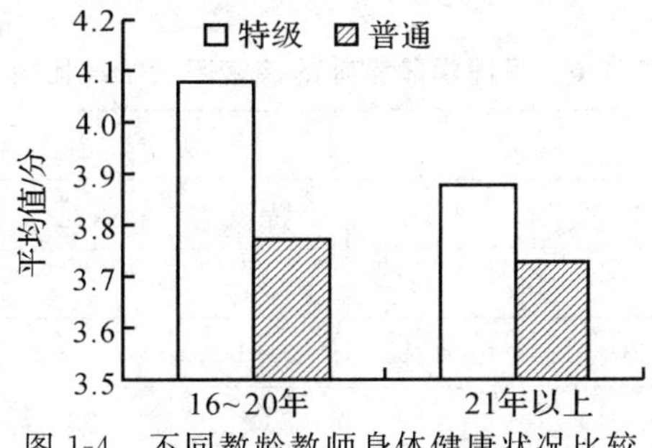

图 1-4 不同教龄教师身体健康状况比较

不同教龄的两类型教师在这一维度上的平均得分均呈现特级教师高于普通教师的趋向,但经独立样本 t 检验表明,不同教龄的两类型教师之间的不存在显著差异。

比较不同教龄两类型教师的平均得分,在特级教师这个群体中,21 年教龄以上的特级教师得分略低于 16～20 年教龄段的特级教师;在普通教师这个群体中,16～20 年教龄段的普通教师得分为 3.77,21 年教龄以上的普通教师得分为 3.73,前者略微高于后者,这说明教龄的长短(年龄)与教师的身体健康之间有一定联系,教龄短(年龄小)的教师的身体健康状况要好于教龄长(年龄大)的教师。

二、疾病困扰

本维度 1 道题目,采用多项选择题形式设计,题目为"教师工作很辛苦,我常会受到哪些疾病的困扰",共有七个选项,试图探究一些常见疾病在调查对象中的实际情况。

(一)两类型教师的疾病困扰状况

表 1-5 两类型教师的疾病困扰状况比较

项目内容	特级教师		普通教师		总计	
	N(人)	占比(%)	N(人)	占比(%)	N(人)	占比(%)
无	12	10.8	15	9.4	27	10.0
咽喉炎	55	49.5	97	60.6	152	56.1
颈椎腰椎病	51	45.9	66	41.3	117	43.2
神经衰弱	20	18.0	41	25.6	61	22.5
失眠	29	26.1	52	32.5	81	29.9
烦躁	27	24.3	78	48.8	105	38.7
其他	7	6.3	20	12.5	27	10.0

从总体样本来看，咽喉炎、颈椎腰椎病、烦躁、失眠是困扰教师的四种常见疾病，有56.1%的教师患有咽喉炎。比较而言，特级教师的疾病困扰比例要低于普通教师，在具体选项上，呈现较大差异，特级教师的咽喉炎比例为49.5%，普通教师则为60.6%，后者要高出前者11个百分点；患颈椎腰椎病的比例特级教师略高于普通教师；在神经衰弱、失眠、烦躁三个选项上，普通教师均高出特级教师，特别是"烦躁"，普通教师高出特级教师24个百分点多。

（二）不同学段教师的疾病困扰状况

表1-6　不同学段教师的疾病困扰状况比较

项目内容		小学		初中		高中	
		特级	普通	特级	普通	特级	普通
无	N(人)	7	9	2	1	3	5
	占比(%)	20.0	16.4	6.1	2.0	7.0	9.3
咽喉炎	N(人)	14	32	12	33	29	32
	占比(%)	40.0	58.2	36.4	66.0	67.4	59.3
颈椎腰椎病	N(人)	15	25	16	19	20	22
	占比(%)	42.9	45.5	48.5	38.0	46.5	40.7
神经衰弱	N(人)	4	13	6	16	10	12
	占比(%)	11.4	23.6	18.2	32.0	23.3	22.2
失眠	N(人)	12	18	9	22	8	12
	占比(%)	34.3	32.7	27.3	44.0	18.6	22.2
烦躁	N(人)	11	25	7	35	9	17
	占比(%)	31.4	45.5	21.2	70.0	20.9	31.5
其他	N(人)	0	7	6	9	1	3
	占比(%)	0	12.7	18.2	18.0	2.3	5.6

从上表可知，三学段的特级教师和普通教师的疾病困扰基本一致，位居前四位分别是咽喉炎、颈椎腰椎病、烦躁和失眠。

相比较而言，在三个学段的普通教师中，初中普通教师患咽喉炎的比例最高(66.0%)、高中次之(59.3%)、小学最低(58.2%)；在三个学段的特级教师中，患咽喉炎的比例高中最高(67.4%)、小学次之(40.0%)、初中略低(36.4%)。这种现象的个中原因还有待探究。

三学段的普通教师选择"烦躁"的比例远远高出特级教师，呈现较大差异；在三个学段的普通教师中，所选比例差异很大，初中最高(70.0%)、小学次之(45.5%)、高中略低(31.5%)；在三个学段的特级教师中，选择"烦躁"的比例接近，小学略高

(31.4%)、初中次之(21.2%)、高中略低(20.9%)。

(三)不同性别教师的疾病困扰状况

表 1-7　不同性别教师的疾病困扰状况比较

项目内容		男		女	
		特级	普通	特级	普通
无	N(人)	10	4	2	11
	占比(%)	15.2	5.6	4.4	12.5
咽喉炎	N(人)	27	46	28	51
	占比(%)	40.9	63.9	62.2	58.0
颈椎腰椎病	N(人)	24	27	27	39
	占比(%)	36.4	37.5	60.0	44.3
神经衰弱	N(人)	12	12	8	29
	占比(%)	18.2	16.7	17.8	33.0
失眠	N(人)	10	19	19	33
	占比(%)	15.2	26.4	42.2	37.5
烦躁	N(人)	15	33	12	45
	占比(%)	22.7	45.8	26.7	51.1
其他	N(人)	6	13	1	7
	占比(%)	9.1	18.1	2.2	8.0

从上表可知,不同性别教师的疾病困扰在具体项目上呈现较大差异。

在"咽喉炎"这一选项上,女特级教师高出男特级教师教师约 22 个百分点;男普通教师高出男特级教师 23 个百分点;女普通教师却略低于女特级教师。在"颈椎腰椎病"这一选项上,呈现女教师高出男教师的特点,患颈椎腰椎病的女特级教师比例最高(60.0)。在"烦躁"这一选项上,均呈现女教师高出男教师、普通教师高出特级教师的特点。男普通教师高出男特级教师 23 个百分点,女普通教师高出女特级教近 25 个百分点。

(四)不同教龄教师的疾病困扰状况

表 1-8　不同教龄教师的疾病困扰状况比较

项目内容		16～20 年		21 年以上	
		特级	普通	特级	普通
无	N(人)	3	2	9	1
	占比(%)	12.0	9.5	10.7	2.5
咽喉炎	N(人)	14	13	41	27
	占比(%)	56.0	61.9	48.8	67.5
颈椎腰椎病	N(人)	12	12	38	19
	占比(%)	48.0	57.1	45.2	47.5
神经衰弱	N(人)	2	6	18	8
	占比(%)	8.0	28.6	21.4	20.0

续表

项目内容		16～20 年		21 年以上	
		特级	普通	特级	普通
失眠	N(人)	9	5	20	11
	占比(%)	36.0	23.8	23.8	27.5
烦躁	N(人)	7	12	19	11
	占比(%)	28.0	57.1	22.6	27.5
其他	N(人)	2	0	5	6
	占比(%)	8.0	0	6.0	15.0

从上表可知，16～20 年教龄段和 21 年以上教龄段的特级教师和普通教师疾病困扰基本一致，位居前四位分别是咽喉炎、颈椎腰椎病、烦躁和失眠，呈现趋同状态。

相比较而言，16～20 年教龄段的特级教师和普通教师的烦躁困扰比例要高于 21 年以上教龄段的教师。特级教师高出约 6 个百分点，普通教师高出约 30 个百分点，呈现较大差异。

三、睡眠状况

本维度 1 道题目，采用多项选择题形式设计，题目为“你每天的睡眠时间大约是几小时”，共有 5 个选项，试图探究两类型教师的睡眠状况。

(一)两类型教师的睡眠状况

表 1-9　两类型教师睡眠状况比较

睡眠时间(小时)	特级		普通		总计	
	N(人)	占比(%)	N(人)	占比(%)	N(人)	%
≤6	28	25.2	34	21.9	62	23.3
7	58	52.3	77	49.7	135	50.8
8	22	19.8	35	22.6	57	21.4
9	3	2.7	8	5.2	11	4.1
≥10	0	0.0	1	0.6	1	0.4

从总体样本来看，近半教师(50.8%)的每天睡眠时间为 7 小时，睡眠时间在 6 小时及 6 小时以下的比例为 23.3%，睡眠时间为 8 小时的老师也有 21.4%的比例，睡眠时间在 9 小时以上比例只有 4.5%。在睡眠时间这个维度上，特级教师与普通教师之间的差异很小，在各个具体选项上的比例与总体样本非常接近。

（二）不同学段教师的睡眠状况

表 1-10　不同学段教师的睡眠状况比较

睡眠时间（小时）		小学		初中		高中	
		特级	普通	特级	普通	特级	普通
≤6	N(人)	8	9	10	11	10	13
	占比(%)	22.9	17.6	30.3	22.0	23.3	24.5
7	N(人)	14	26	17	26	27	25
	占比(%)	40.0	51.0	51.5	52.0	62.8	47.2
8	N(人)	12	12	5	10	5	13
	占比(%)	34.3	23.5	15.2	20.0	11.6	24.5
9	N(人)	1	3	1	3	1	2
	占比(%)	2.9	5.9	3.0	6.0	2.3	3.8
≥10	N(人)	0	1	0	0	0	0
	占比(%)	0	2.0	0	0	0	0

从上表可知，三学段的特级教师和普通教师的睡眠时间分布基本一致，绝大部分教师每天的睡眠时间为 6～8 小时。

相比较而言，在三个学段的普通教师中，每天睡眠时间为 7 小时的比例初中普通教师略高（52.0%），小学次之（51.0%），高中最低（47.2%）；在三个学段的特级教师中，高中最高（62.8%），初中次之（51.5%），小学最低（40.0%），高低之间相差近 23 个百分点。进一步分析可见，每天睡眠时间为 8 小时的小学特级教师要比高中特级教师也高出 23 个百分点。

（三）不同性别教师的睡眠时间

表 1-11　不同性别教师的睡眠时间比较

睡眠时间（小时）		男		女	
		特级	普通	特级	普通
≤6	N(人)	15	13	13	21
	占比(%)	22.7	18.1	28.9	25.3
7	N(人)	38	40	20	37
	占比(%)	57.6	55.6	44.4	44.6
8	N(人)	13	15	9	20
	占比(%)	19.7	20.8	20.0	24.1
9	N(人)	0	4	3	4
	占比(%)	0	5.6	6.7	4.8
≥10	N(人)	0	0	0	1
	占比(%)	0	0	0	1.2

从上表可知，不同性别教师的睡眠时间在具体项目上呈现较大差异。

每天睡眠时间在"≤6"这一选项上，女特级教师高出男特级教师教师6个多百分点；女普通教师高出男普通教师7个多百分点，女特级教师要高出男普通教师近11个百分点。每天睡眠时间在"7"这一选项上，男特级教师高出女特级教师教师13个多百分点；男普通教师高出女普通教师11个百分点。

（四）不同教龄教师的睡眠时间

表1-12　不同教龄教师的睡眠时间比较

睡眠时间（小时）		16～20年		21年以上	
		特级	普通	特级	普通
≤6	N(人)	3	4	25	8
	占比(%)	12.0	22.2	29.8	20.0
7	N(人)	13	11	43	20
	占比(%)	52.0	61.1	51.2	50.0
8	N(人)	7	3	15	10
	占比(%)	28.0	16.7	17.9	25.0
9	N(人)	2	0	1	2
	占比(%)	8.0	0	1.2	5.0
≥10	N(人)	0	0	0	0
	占比(%)	0	0	0	0

从上表可知，16～20年教龄段和21年以上教龄段的特级教师和普通教师睡眠时间分布基本一致，在具体项目上呈现较大差异。每天睡眠时间在"≤6"这一选项上，21年以上年教龄段的特级教师高出16～20教龄段的特级教师近18个百分点，这两个教龄段的普通教师之间的差异却很小。

四、身体锻炼

本维度1道题目，采用多项选择题形式设计，题目为"教师工作很忙，但我还能保证每天几小时的锻炼时间"，共有5个选项，试图探究不同类型教师的身体锻炼情况。

（一）两类型教师的身体锻炼时间

表1-13　两类型教师的身体锻炼时间比较

锻炼时间（小时）	特级		普通		总计	
	N(人)	占比(%)	N(人)	占比(%)	N(人)	%
0	26	23.4	67	42.7	93	34.7
≤0.5	55	49.5	63	40.1	118	44.0
0.5～1	25	22.5	22	14.0	47	17.5
1～1.5	5	4.5	5	3.2	10	3.7
≥1.5	0	0.0	0	0.0	0	0.0

从总体样本来看,44.0%的教师每天能抽出半小时的锻炼时间,34.7%的老师没有锻炼时间,每天能抽出半小时至一小时锻炼时间的老师比例只有17.5%。

相比较而言,特级教师每天锻炼时间为零的比例低于普通教师近20个百分点,每天锻炼在半小时以下的特级教师的比例高于普通教师近10个百分点,每天锻炼在半小时至一小时的特级教师的比例高于普通教师近9个百分点。换而言之,特级教师参加身体锻炼的比例明显高于普通教师。

(二)不同学段教师的身体锻炼时间

表1-14　不同学段教师身体锻炼时间比较

锻炼时间(小时)		小学		初中		高中	
		特级	普通	特级	普通	特级	普通
0	N(人)	7	23	8	24	11	20
	占比(%)	20.0	44.2	24.0	48.0	25.6	37.0
≤0.5	N(人)	21	19	10	20	24	24
	占比(%)	60.0	36.5	30.3	40.0	55.8	44.4
0.5~1	N(人)	5	8	12	6	8	7
	占比(%)	14.3	15.4	36.4	12.0	18.6	13.0
1~1.5	N(人)	2	2	3	0	0	3
	占比(%)	5.7	3.8	9.1	0.0	0.0	5.6
≥1.5	N(人)	0	0	0	0	0	0
	占比(%)	0.0	0.0	0.0	0.0	0.0	0.0

从上表可知,不同学段教师的身体锻炼情况在具体项目上呈现较大差异。

在三个学段的普通教师中,每天锻炼时间为0小时的比例,初中教师最高(48.0%)、小学次之(44.2%)、高中略低(37.0%),高低之间相差11个百分点;在三个学段的特级教师中,高中最高(25.6%)、初中次之(24.0%)、小学略低(20.0%),高低之间相差5个多百分点。

在三个学段的普通教师中,每天锻炼时间为半小时以下的比例,高中教师最高(44.4%)、初中次之(40.0%)、小学略低(36.5%),高低之间相差约8个百分点;在三个学段的特级教师中,小学最高(60.0%)、高中次之(55.8%),初中较低(30.3%),高低之间相差近30个百分点。

（三）不同性别教师的身体锻炼时间

表 1-15 不同性别教师的身体锻炼时间比较

锻炼时间（小时）		男		女	
		特级	普通	特级	普通
0	N(人)	13	23	13	44
	占比(%)	19.7	31.9	28.9	51.8
≤0.5	N(人)	36	38	19	25
	占比(%)	54.5	52.8	42.2	29.4
0.5～1	N(人)	14	8	11	14
	占比(%)	21.2	11.1	24.4	16.5
1～1.5	N(人)	3	3	2	2
	占比(%)	4.5	4.2	4.4	2.4
≥1.5	N(人)	0	0	0	0
	占比(%)	0.0	0.0	0.0	0.0

从上表可知，男教师参加锻炼的比例要远远高于女教师。不同性别教师的身体锻炼在具体项目上呈现较大差异。

每天锻炼时间为 0 的比例，女特级教师高出男特级教师教师约 10 个百分点；女普通教师高出男普通教师 20 个多百分点，女普通教师要高出男特级教师近 32 个多百分点。每天锻炼时间为半小时以下的比例，男特级教师高出女特级教师教师 12 个多百分点；男普通教师高出女普通教师 23 个多百分点。

（四）不同教龄教师的锻炼时间

表 1-16 不同教龄教师的身体锻炼时间比较

锻炼时间（小时）		16～20 年		21 年以上	
		特级	普通	特级	普通
0	N(人)	6	10	20	13
	占比(%)	24.0	52.6	23.8	32.5
≤0.5	N(人)	15	9	38	20
	占比(%)	60.0	47.4	45.2	50.0
0.5～1	N(人)	2	0	23	6
	占比(%)	8.0	0	27.4	15.0
1～1.5	N(人)	2	0	3	1
	占比(%)	8.0	0	3.6	2.5
≥1.5	N(人)	0	0	0	0
	占比(%)	0.0	0.0	0.0	0.0

从上表可知，16～20 年教龄段和 21 年以上教龄段的特级教师和普通教师锻炼时间分布基本一致，在具体项目上呈现较大差异。

每天锻炼时间为零的比例，16～20 年教龄段和 21 年以上教龄段的特级教师之间差异很小，所占比例非常接近。16～20 年教龄段和 21 年以上教龄段的普通教师之间差异较大，前者高出后者 20 个百分点。每天锻炼时间为半小时以下的比例，16～20 年教龄段的特级教师高出 21 年以上年教龄段的特级教师近 15 个百分点，这两个教龄段的普通教师之间的差异却很小。

第二节 心理状况

一、精神状态

本维度共有 1 道题目，为“你始终充满活力和精力旺盛”。采用五点量表题设计，试图探究两类型教师的精神状态，具体统计结果如下。

（一）不同类型教师的精神状态

表 1-17 不同类型教师的精神状态比较

教师类型	人数	平均值	标准差	t
特级	111	4.32	0.618	3.698**
普通	160	3.97	0.842	

** $p<0.01$

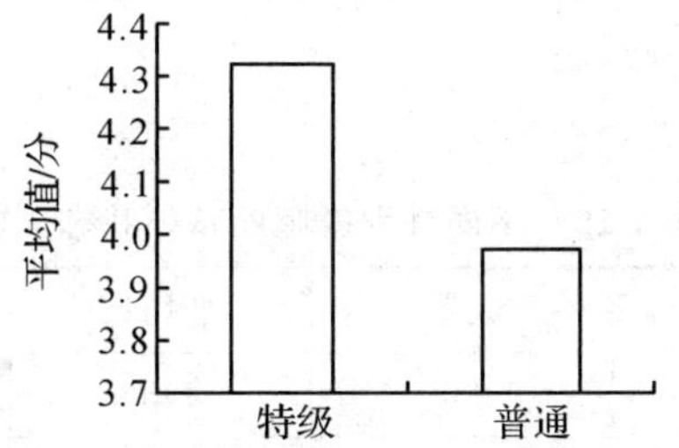

图 1-5 不同类型教师的精神状态比较

两类型教师在这一维度上的平均得分分别为 4.32 和 3.97，说明两类型教师的精神状态良好（最佳心态得分为 5 分）。经独立样本 t 检验表明，两类型教师之间的差异十分显著（$p<0.01$），特级教师精神状态明显优于普通教师。

（二）不同学段教师的精神状态

表 1-18 不同学段教师的精神状态比较

学段	类型	人数	平均值	标准差	t
小学	特级	35	4.34	0.684	1.902
	普通	55	4.02	0.850	
初中	特级	33	4.42	0.502	3.346**
	普通	50	3.80	0.990	
高中	特级	43	4.21	0.638	1.160
	普通	54	4.06	0.656	

** $p<0.01$

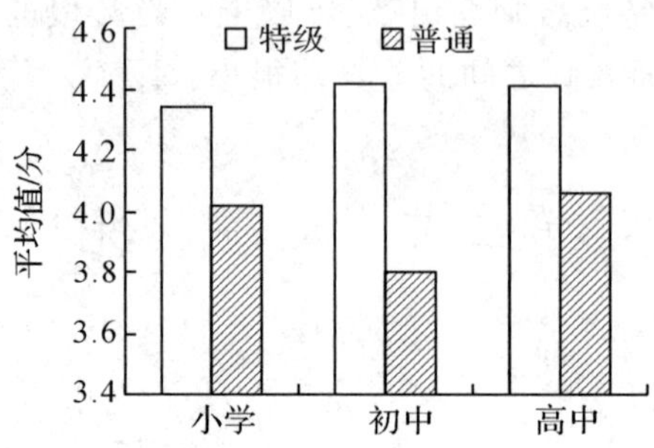

图 1-6　不同学段教师的精神状态比较

不同学段两类型教师在这一维度上的平均得分呈现差异，经独立样本 t 检验表明，小学阶段两类型教师之间的差异达到边缘显著，初中学段的两类型教师之间的差异十分显著($p<0.01$)，特级教师精神状态明显优于普通教师，高中学段的两类型教师没有显著差异。

比较不同学段两类型教师在这一维度上的平均得分，在特级教师这个群体中，三学段教师之间的得分略有差异，初中特级教师得分最高、小学特级教师次之、高中特级教师居后；在普通教师这个群体中，高中普通教师的得分最高、小学普通教师次之、初中普通教师得分最低。

(三)不同性别教师的精神状态

表 1-19　不同性别教师的精神状态比较

性别	类型	人数	平均值	标准差	t
男	特级	66	4.30	0.656	1.738
	普通	72	4.07	0.893	
女	特级	45	4.33	0.564	3.364**
	普通	88	3.89	0.794	

** $p<0.01$

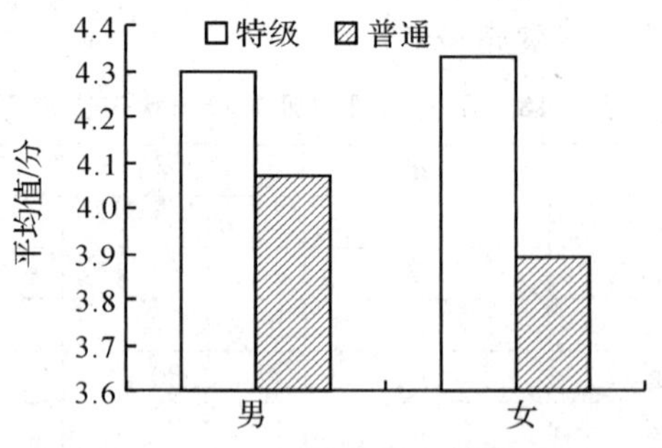

图 1-7　不同性别教师的精神状态比较

不同性别两类型教师在这一维度上的平均得分均呈现特级教师高于普通教师的特点，经独立样本 t 检验表明，女特级教师与女普通教师之间的差异十分显著（$p<0.01$），女特级教师精神状态明显优于女普通教师；男特级教师与男普通教师之间的差异不显著。

比较不同性别两类型教师的平均得分，在特级教师这个群体中，女特级教师得分略高于男特级教师；在普通教师这个群体中，男普通教师的得分略高于女普通教师。

（四）不同教龄教师的精神状态

表 1-20　不同教龄教师的精神状态比较

教龄	类型	人数	平均值	标准差	t
16～20 年	特级	25	4.20	0.408	0.683
	普通	22	4.05	1.046	
21 年以上	特级	84	4.35	0.668	0.924
	普通	40	4.23	0.698	

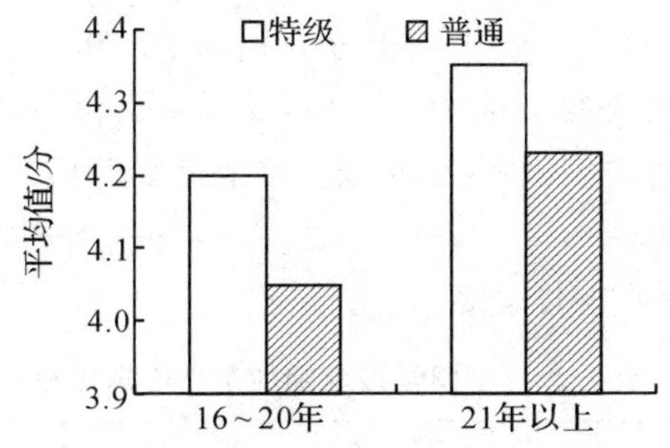

图 1-8　不同教龄教师的精神状态比较

不同教龄的两类型教师在这一维度上的平均得分均呈现特级教师略高于普通教师的趋向，但经独立样本 t 检验表明，不同教龄的两类型教师之间的不存在显著差异。

比较不同教龄两类型教师的平均得分，不管是特级教师还是普通教师，都是 21 年教龄以上的教师得分略高于 16～20 年教龄段的教师；这说明教龄的长短（年龄）与教师的精神状态之间有一定联系，教龄长（年龄大）的教师的精神状态反而要好于教龄短（年龄小）的教师。

二、教师心态

本维度共有 3 道题目，分别为“教师工作让我心情愉快、身心和谐”、“教师工作常常让我感到紧张、焦虑和压力（反向题）”、“教师工作常常会让我心情不好、情绪很差（反向题）”。采用五点量表题设计，试图探究两类型教师的工作心态，具体统计结果如下。

（一）两类型教师的工作心态

表 1-21 两类型教师的工作心态比较

教师类型	人数	平均值	标准差	t
特级	111	10.68	2.385	4.885**
普通	160	9.16	2.613	

** $p<0.01$

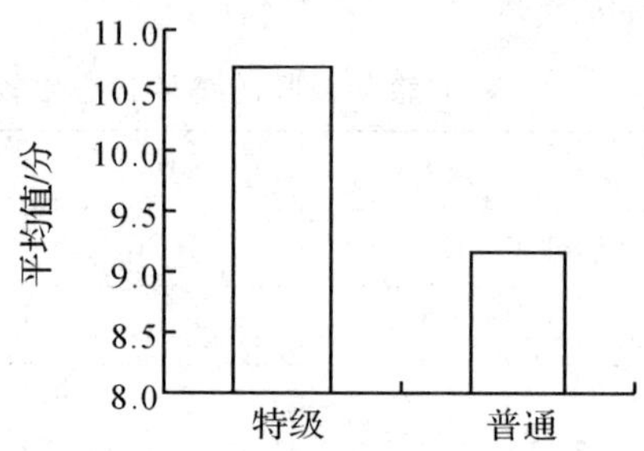

图 1-9 两类型教师的工作心态比较

两类型教师在这一维度上的平均得分分别为 10.68 和 9.16，说明两类型教师的工作心态一般（最佳心态得分应为 15 分），反过来也说明教师职业压力较大。经独立样本 t 检验表明，两类型教师之间的差异十分显著（$p<0.01$），特级教师职业心态明显优于普通教师。

（二）不同学段教师的工作心态

表 1-22 不同学段教师的工作心态比较

学段	类型	人数	平均值	标准差	t
小学	特级	35	11.06	2.014	3.132**
	普通	55	9.35	2.804	
初中	特级	33	10.76	10.76	4.589**
	普通	50	8.20	8.20	
高中	特级	43	10.33	2.533	0.951
	普通	54	9.85	2.359	

** $p<0.01$

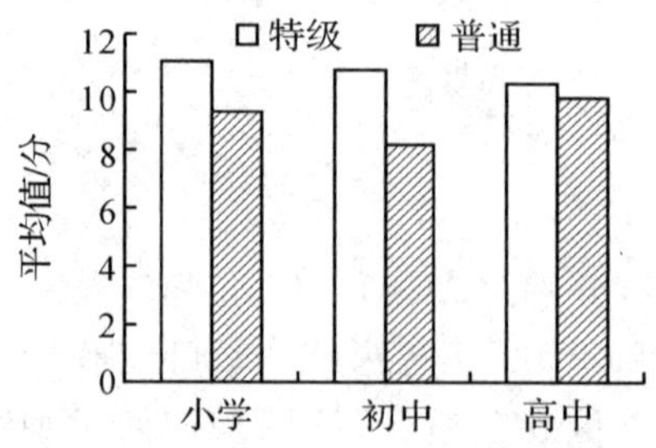

图 1-10 不同学段教师的工作心态比较

不同学段两类型教师在这一维度上的平均得分呈现差异，经独立样本 t 检验表明，在小学、初中两个学段的两类型教师之间的差异十分显著（$p<0.01$），特级教师工作心态明显优于普通教师，高中学段的两类型教师没有显著差异。

比较不同学段两类型教师在这一维度上的平均得分，在特级教师这个群体中，小学特级教师得分最高、初中特级教师次之、高中特级教师最低；在普通教师这个群体中，高中普通教师的得分最高、小学普通教师次之、初中普通教师得分最低（8.2 分），这说明普通初中教师的职业心态在三学段教师中是最糟糕的。

（三）不同性别教师的工作心态

表 1-23　不同性别教师的工作心态比较

	类型	人数	平均值	标准差	t
男	特级	66	10.70	2.411	3.025**
	普通	72	9.40	2.598	
女	特级	45	10.67	2.374	3.650**
	普通	88	8.97	2.624	

** $p<0.01$

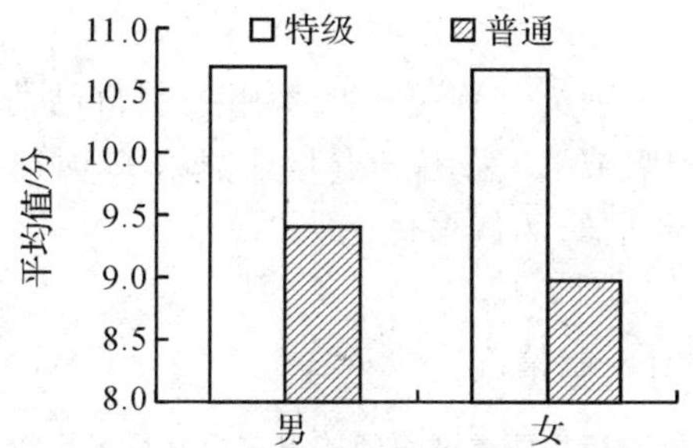

图 1-11　不同性别教师的工作心态比较

不同性别两类型教师在这一维度上的平均得分均呈现特级教师高于普通教师的特点，经独立样本 t 检验表明，不同性别的两类型教师之间的差异十分显著（$p<0.01$），特级教师工作心态明显优于普通教师。比较不同性别两类型教师的平均得分，在特级教师这个群体中，男特级教师得分略高于女特级教师；在普通教师这个群体中，男普通教师的得分高于女普通教师。这能否说明男教师的职业心态略好于女教师，还有待进一步的研究。

（四）不同教龄教师的工作心态

表 1-24　不同教龄教师的工作心态比较

教龄	类型	人数	平均值	标准差	t
16～20 年	特级	25	10.04	2.406	1.635
	普通	22	8.64	3.444	
21 年以上	特级	84	10.86	2.385	0.616
	普通	40	10.58	2.385	

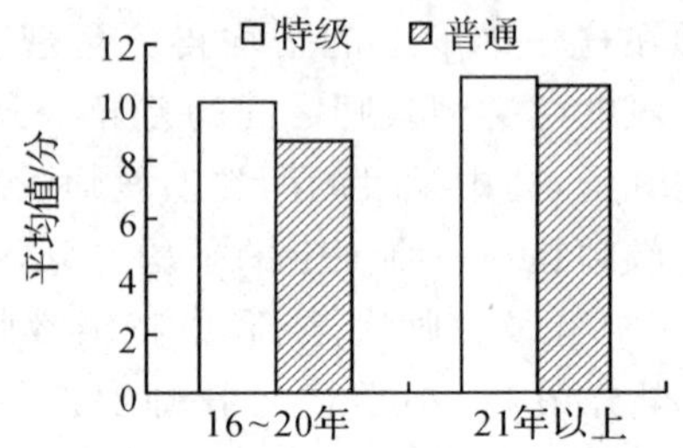

图 1-12　不同教龄教师的工作心态比较

不同教龄的两类型教师在这一维度上的平均得分均呈现特级教师高于普通教师的趋向，但经独立样本 t 检验表明，不同教龄的两类型教师之间的不存在显著差异。比较不同教龄两类型教师的平均得分，在特级教师这个群体中，21 年教龄以上的特级教师得分略高于 16～20 年教龄段的特级教师；在普通教师这个群体中，21 年教龄以上的普通教师得分为 10.58，16～20 年教龄段的普通教师得分为 8.64，前者明显高于后者，这说明教龄的长短（年龄）与教师的职业心态之间有一定联系，教龄长（年龄大）的教师的职业心态要好于教龄短（年龄小）的教师。

三、情绪状况

本维度有 2 道题目，分别为：“你是一个善于控制自己情绪的人”、“心情不好的时候，常常采取什么方式调节”。采用五点量表题和多项选择题设计，试图探究两类型教师的情绪自制力和情绪的调节能力。

（一）情绪控制

1. 两类型教师的情绪控制情况

表 1-25　两类型教师的情绪控制情况比较

教师类型	人数	平均值	标准差	t
特级	111	4.23	0.700	1.408
普通	160	4.10	0.818	

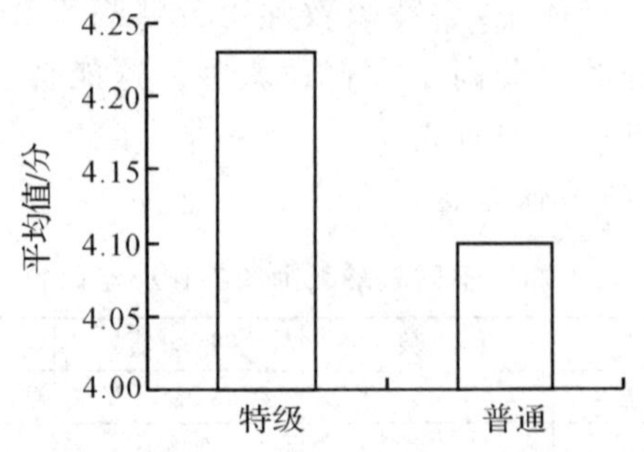

图 1-13　两类型教师的情绪控制情况比较

两类型教师在这一维度上的平均得分分别为4.23和4.10,说明两类型教师都有较强的情绪自制力,经独立样本 t 检验表明,两类型教师之间的差异不显著。

2.不同学段教师的情绪控制情况

表1-26 不同学段教师的情绪控制情况比较

学段	类型	人数	平均值	标准差	t
小学	特级	35	4.26	0.741	0.514
	普通	55	4.16	0.898	
初中	特级	33	4.27	0.674	0.764
	普通	50	4.14	0.833	
高中	特级	43	4.19	0.699	1.416
	普通	54	3.98	0.714	

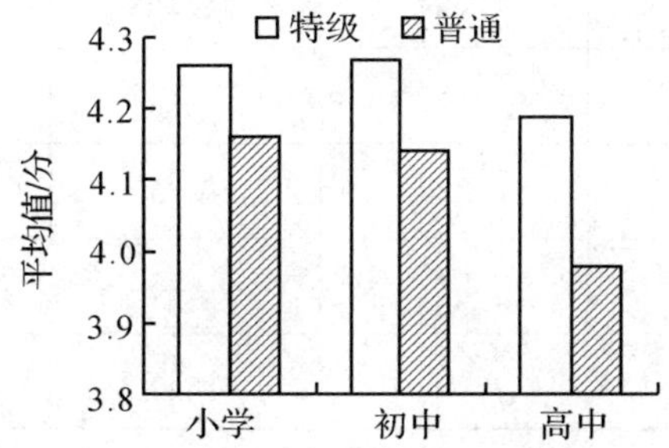

图1-14 不同学段教师的情绪控制情况比较

不同学段两类型教师在这一维度上的平均得分较高且呈现差异,经独立样本 t 检验表明,两类型教师之间的差异不显著。

比较不同学段两类型教师在这一维度上的平均得分,在特级教师这个群体中,三学段教师之间的得分差异很小;在普通教师这个群体中,高中普通教师的得分最低,这能否说明高中普通教师的情绪自制力就低于初中、小学普通教师的自制力还有待进一步研究,其中原因也有待进一步研究。

3.不同性别教师的情绪控制情况

表1-27 不同性别教师情绪控制情况比较

性别	类型	人数	平均值	标准差	t
男	特级	66	4.23	0.740	0.757
	普通	72	4.13	0.838	
女	特级	45	4.24	0.645	1.191
	普通	88	4.08	0.805	

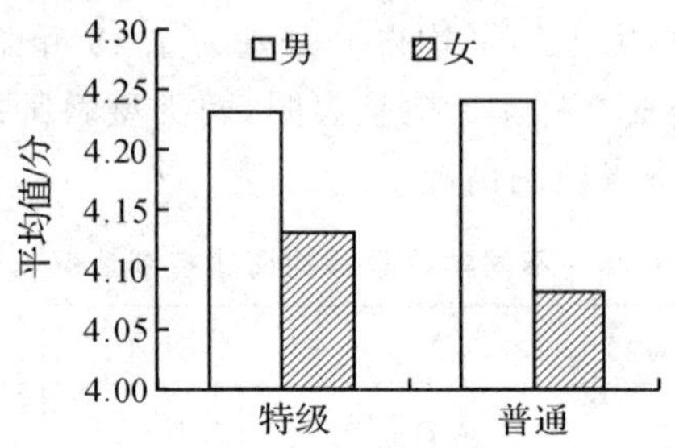

图 1-15 不同性别教师情绪控制情况比较

不同性别两类型教师在这一维度上的平均得分均呈现特级教师略高于普通教师的特点，经独立样本 t 检验表明，不同性别的两类型教师之间的差异不显著。

4. 不同教龄教师的情绪控制情况

表 1-28 不同教龄教师情绪控制情况比较

教龄	类型	人数	平均值	标准差	t
16～20 年	特级	25	4.12	0.666	0.368
	普通	22	4.05	0.722	
21 年以上	特级	84	4.26	0.713	−0.842
	普通	40	4.38	0.667	

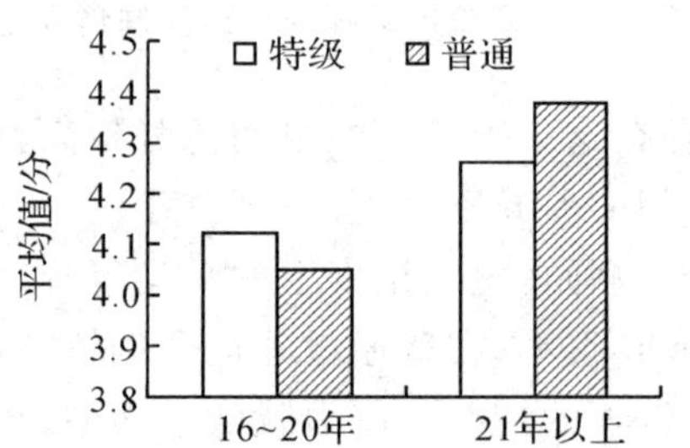

图 1-16 不同教龄教师情绪控制情况比较

不同教龄的两类型教师在这一维度上的平均得分差异很小，经独立样本 t 检验表明，不同教龄的两类型教师之间不存在显著差异。

比较不同教龄两类型教师的平均得分，不管是普通教师还是特级教师，21 年教龄以上的教师得分均略高于 16～20 年教龄段的教师，这说明教龄的长短（年龄）与教师的情绪自制力之间有一定联系，教龄长（年龄大）的教师的情绪自制力要好于教龄短（年龄小）的教师。

(二)情绪调节

1. 两类型教师的情绪调节方式

表 1-29 两类型教师情绪调节方式比较

项目内容	特级教师		普通教师		总体	
	N(人)	占比(%)	N(人)	占比(%)	N(人)	占比(%)
与同学、朋友聊天	48	43.2	84	53.2	132	48.7
找领导沟通,与同事说说,向家人讲讲	34	30.6	48	30.4	82	30.3
写日记,写博客	13	11.7	17	10.8	30	11.1
运动、娱乐与郊游	41	36.9	49	31.0	90	33.2
打牌、上网、游戏	7	6.3	45	28.5	52	19.2
其他方式	31	27.9	39	24.7	70	25.8

从上表可知,不管是特级教师,还是普通教师,最常采用的情绪调节方式是"与同学、朋友聊天",其次是"运动、娱乐与郊游","找领导沟通,与同事说说,向家人讲讲"位居第三。相比较而言,在"与同学、朋友聊天"的选项上,普通教师比特级教师要高出 10 个百分点;在"打牌、上网、游戏"的选项上,普通教师要高出特级教师 22 个百分点,呈现较大差异。

2. 不同学段教师情绪调节方式

表 1-30 不同学段教师情绪调节方式比较

项目内容		小学		初中		高中	
		特级	普通	特级	普通	特级	普通
与同学、朋友聊天	N(人)	16	29	14	29	18	26
	占比(%)	45.7	53.7	42.4	58.0	41.9	49.1
找领导沟通,与同事说说,向家人讲讲	N(人)	9	15	11	16	14	17
	占比(%)	25.7	27.8	33.3	32.0	32.6	32.1
写日记,写博客	N(人)	4	5	7	7	2	5
	占比(%)	11.4	9.3	21.2	14.0	4.7	9.4
运动、娱乐与郊游	N(人)	14	20	14	15	13	14
	占比(%)	40.0	37.0	42.4	30.0	30.2	26.4
打牌、上网、游戏	N(人)	2	17	4	15	1	12
	占比(%)	5.7	31.5	12.1	30.0	2.3	22.6
其他方式	N(人)	13	9	5	17	13	13
	占比(%)	37.1	16.7	15.2	34.0	30.2	24.5

从上表可知，三学段的特级教师和普通教师常采取的情绪调节方式前三位是“与同学、朋友聊天”、“运动、娱乐与郊游”、“找领导沟通，与同事说说，向家人讲讲”。相比较而言，普通教师选择“与同学、朋友聊天”的比例均远远高出特级教师；在三个学段的普通教师中，初中普通教师选择“与同学、朋友聊天”的比例最高(58.0%)、小学次之(53.7%)、高中最低(49.1%)；在三个学段的特级教师中，所选比例接近，小学略高(45.7%)、初中次之(42.4%)、高中略低(41.9%)。

三学段的普通教师选择“打牌、上网、游戏”的比例远远高出特级教师，呈现较大差异；在三个学段的普通教师中，所选比例接近，小学略高(31.5%)、初中次之(30.0%)、高中略低(22.6%)；在三个学段的特级教师中，所选比例接近，初中略高(12.1%)，小学次之(5.7%)，高中略低(2.3%)。

3.不同性别教师的情绪调节方式

表 1-31　不同性别教师的情绪调节方式比较

项目内容		男		女	
		特级	普通	特级	普通
与同学、朋友聊天	N(人)	24	30	24	54
	占比(%)	36.4	41.7	53.3	62.8
找领导沟通，与同事说说，向家人讲讲	N(人)	20	19	14	29
	占比(%)	30.3	26.4	31.1	33.7
写日记，写博客	N(人)	9	5	4	12
	占比(%)	13.6	6.9	8.9	14.0
运动、娱乐与郊游	N(人)	19	22	22	27
	占比(%)	28.8	30.6	48.9	31.4
打牌、上网、游戏	N(人)	5	27	2	18
	占比(%)	7.6	37.5	4.4	20.9
其他方式	N(人)	21	20	10	19
	占比(%)	31.8	27.8	22.2	22.1

从上表可知，不同性别教师的情绪调节在具体项目上呈现较大差异。不管是普通教师还是特级教师，选择“与同学、朋友聊天”的女教师均高出男教师约 20 个百分点；在同一性别教师中，男普通教师高出男特级教师 5 个多百分点，女普通教师高出女特级教师近 10 个百分点。

在“打牌、上网、游戏”的选项上，普通男教师要高出普通女教师约 17 个百分点，呈现较大差异；但在男女特级教师之间的差异却很小。

4. 不同教龄教师的情绪调节方式

表 1-32 不同教龄教师的情绪调节方式比较

项目内容		16～20 年		21 年以上	
		特级	普通	特级	普通
与同学、朋友聊天	N(人)	13	8	34	18
	占比(%)	52.0	38.1	40.5	45.0
找领导沟通，与同事说说，向家人讲讲	N(人)	5	2	28	18
	占比(%)	20.0	9.5	33.3	45.0
写日记，写博客	N(人)	5	2	8	1
	占比(%)	20.0	9.5	9.5	2.5
运动、娱乐与郊游	N(人)	12	2	28	10
	占比(%)	48.0	9.5	33.3	25.0
打牌、上网、游戏	N(人)	3	6	4	8
	占比(%)	12.0	28.6	4.8	20.0
其他方式	N(人)	5	6	26	12
	占比(%)	20.0	28.6	31.0	30.0

从上表可知，16～20 年教龄段和 21 年以上教龄段的特级教师和普通教师常采取的情绪调节方式是"与同学、朋友聊天"、"运动、娱乐与郊游"、"找领导沟通，与同事说说，向家人讲讲"，呈现趋同状态。

相比较而言，21 年以上教龄段的特级教师和普通教师，选择"找领导沟通，与同事说说，向家人讲讲"的比例均高于 16～20 年教龄段的特级教师和普通教师，特级教师高出约 13 个百分点，普通教师高出约 35 个百分点，呈现较大差异。

四、压力源

本维度的题目是："你认为引起教师心理压力或烦躁的因素有哪些"。采用多项选择题设计，试图想探究不同类型教师的压力源。

(一)两类型教师心理压力因素

表 1-33 两类型教师心理压力因素比较

项目内容	特级教师		普通教师		总体	
	N(人)	占比(%)	N(人)	占比(%)	N(人)	占比(%)
教育管理部门和学校的评价体制	86	77.5	113	71.1	199	73.7
教师待遇	33	29.7	82	51.6	115	42.6
学生成绩和学生管理	67	60.4	103	64.8	170	63.0

续表

项目内容	特级教师		普通教师		总	
	N(人)	占比(%)	N(人)	占比(%)	N(人)	占比(%)
新课程和教改	16	14.4	29	18.2	45	16.7
身体状况	29	26.1	42	26.4	71	26.3
家庭成员和家庭经济	19	17.1	40	25.2	59	21.9
人际交往	13	11.7	34	21.4	47	17.4
各种竞争压力	67	60.4	83	52.2	150	55.6
职称评定	26	23.4	66	41.5	92	34.1
学生家长	20	18.0	46	28.9	66	24.4
其他	3	2.7	15	9.4	18	6.7

从上表可知，在11个引起教师心理压力或烦躁的因素中，位于前三位的分别是"教育管理部门和学校的评价体制"、"学生成绩和学生管理"、"各种竞争压力"。相比较而言，在"教师待遇"和"职称评定"这两个选项上的差异较大，普通教师分别高出特级教师近22和18个百分点。另外，有四分之一多的特级教师和普通教师认为"身体状况"是教师压力源的主要因素，这也表明教师的身体状况并不乐观，应引起政府和社会的重视。

（二）不同学段教师心理压力因素

表1-34　不同学段教师心理压力因素比较

项目内容		小学		初中		高中	
		特级	普通	特级	普通	特级	普通
教育管理部门和学校的评价体制	N(人)	28	35	26	34	32	43
	占比(%)	80.0	63.6	78.8	68.0	74.4	81.1
教师待遇	N(人)	10	25	13	29	10	28
	占比(%)	28.6	45.5	39.4	58.0	23.3	52.8
学生成绩和学生管理	N(人)	20	27	23	42	24	34
	占比(%)	57.1	49.1	69.7	84.0	55.8	64.2
新课程和教改	N(人)	8	6	1	9	7	14
	占比(%)	22.9	10.9	3.0	18.0	16.3	26.4
身体状况	N(人)	8	15	7	12	14	15
	占比(%)	22.9	27.3	21.2	24.0	32.6	28.3
家庭成员和家庭经济	N(人)	7	13	6	12	6	15
	占比(%)	20.0	23.6	18.2	24.0	14.0	28.3
人际交往	N(人)	6	11	3	10	4	13
	占比(%)	17.1	20.0	9.1	20.0	9.3	24.5
各种竞争压力	N(人)	18	20	22	29	27	34
	占比(%)	51.4	36.4	66.7	58.0	62.8	64.2
职称评定	N(人)	10	20	7	30	9	16
	占比(%)	28.6	36.4	21.2	60.0	20.9	30.2

续表

项目内容		小学		初中		高中	
		特级	普通	特级	普通	特级	普通
学生家长	N(人)	10	18	5	18	5	10
	占比(%)	28.6	32.7	15.2	36.0	11.6	18.9
其他	N(人)	3	6	0	6	0	3
	占比(%)	8.6	10.9	0.0	12.0	0.0	5.7

从上表可知，在11个引起教师心理压力或烦躁的因素中，在学段上的表现同中有异。相比较而言，在三个学段中，初中普通教师的“职称评定”压力最大，高出小学普通教师近24个百分点，高出高中普通教师近30个百分点；在“教师待遇”这个选项上，也是初中普通教师反应较强烈。在“身体状况”这个选项上，高中教师的反应略高于其他两个学段的教师。

（三）不同性别教师心理压力因素

表1-35　不同性别教师心理压力因素比较

项目内容		男		女	
		特级	普通	特级	普通
教育管理部门和学校的评价体制	N(人)	54	52	32	61
	占比(%)	81.8	72.2	71.1	70.1
教师待遇	N(人)	21	40	12	42
	占比(%)	31.8	55.6	26.7	48.3
学生成绩和学生管理	N(人)	38	46	29	57
	占比(%)	57.6	63.9	64.4	65.5
新课程和教改	N(人)	8	18	8	11
	占比(%)	12.1	25.0	17.8	12.6
身体状况	N(人)	14	20	15	22
	占比(%)	21.2	27.8	33.3	25.3
家庭成员和家庭经济	N(人)	11	24	8	16
	占比(%)	16.7	33.3	17.8	18.4
人际交往	N(人)	7	15	6	19
	占比(%)	10.6	20.8	13.3	21.8
各种竞争压力	N(人)	41	38	26	45
	占比(%)	62.1	52.8	57.8	51.7
职称评定	N(人)	13	33	13	33
	占比(%)	19.7	45.8	28.9	37.9
学生家长	N(人)	11	19	9	27
	占比(%)	16.7	26.4	20.0	31.0
其他	N(人)	3	8	0	7
	占比(%)	4.5	11.1	0.0	8.0

从上表可知，在 11 个引起教师心理压力或烦躁的因素中，在性别上的表现同中有异。

相比较而言，在“教育管理部门和学校的评价体制”这一因素的评价上，男特级教师认同度最高(81.8%)，高出男普通教师、女特级教师、女普通教师约 10 个百分点。在“家庭成员和家庭经济”这一因素的评价上，男特级教师、女特级教师和女普通教师之间的差异很小，但男普通教师与女普通教师之间的差异却比较大，高出近 15 个百分点。

(四)不同教龄教师心理压力因素

表 1-36　不同教龄教师心理压力因素比较

项目内容		16～20 年		21 年以上	
		特级	普通	特级	普通
教育管理部门和学校的评价体制	N(人)	20	13	64	30
	占比(%)	80.0	61.9	76.2	75.0
教师待遇	N(人)	8	7	24	14
	占比(%)	32.0	33.3	28.6	35.0
学生成绩和学生管理	N(人)	19	13	46	22
	占比(%)	76.0	61.9	54.8	55.0
新课程和教改	N(人)	3	5	13	8
	占比(%)	12.0	23.8	15.5	20.0
身体状况	N(人)	7	4	22	13
	占比(%)	28.0	19.0	26.2	32.5
家庭成员和家庭经济	N(人)	5	4	14	9
	占比(%)	20.0	19.0	16.7	22.5
人际交往	N(人)	3	2	10	5
	占比(%)	12.0	9.5	11.9	12.5
各种竞争压力	N(人)	18	9	48	23
	占比(%)	72.0	42.9	57.1	57.5
职称评定	N(人)	10	9	15	12
	占比(%)	40.0	42.9	17.9	30.0
学生家长	N(人)	7	11	13	5
	占比(%)	28.0	52.4	15.5	12.5
其他	N(人)	1	1	2	4
	占比(%)	4.0	4.8	2.4	10.0

从上表可知，在 11 个引起教师心理压力或烦躁的因素中，在不同教龄段上的表现同中有异。相比较而言，在“教育管理部门和学校的评价体制”、“学生成绩和学生管理”、“各种竞争压力”这三个主要选项上，16～20 年教龄的特级教师的认同度均高于 21 年以上教龄的特级教师，且呈现较大差异；不同教龄段的普通教师之间也呈现这一特点。

第二章　生存状态

第一节　职业状态

一、职业现状

本维度共有2道题目，一是"'考不完的试，做不完的活，操不完的心，压得我透不过气来'是我教师职业生涯的真实写照"；二是"教师职业太累，工作压力太大，责任太重，使我常常惶恐不安，心绪不宁，几乎无法正常工作和生活！"采用五点量表题设计（这是2道反向题，得分低，说明状况好），试图探究两类型教师的职业状态，具体统计结果如下。

（一）两类型教师职业状态

表 2-1　两类型教师职业状态比较

教师类型	人数	平均值	标准差	t
特级	111	5.11	2.196	−5.465**
普通	160	6.65	2.342	

** $p<0.01$

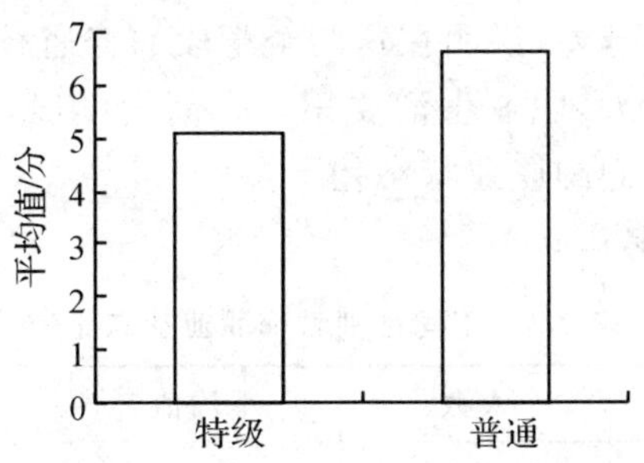

图 2-1　两类型教师职业状态比较

特级和普通教师在职业状态维度上的平均得分分别为5.11和6.65，这说明总体上教师的职业状态处于中等水平。独立样本 t 检验结果表明，特级和普通教师在职业状态这一维度上的得分差异十分显著（$p<0.01$），普通教师的得分显著高于特级教师，得分越高职业状态越差，说明普通教师的职业状态比特级教师要差，工作压力要大，职业生活要累。

（二）不同学段教师职业状态

表 2-2 不同学段教师职业状态比较

学段	类型	人数	平均值	标准差	t
小学	特级	35	4.37	2.073	−3.488**
	普通	55	6.07	2.364	
初中	特级	33	4.61	1.784	−6.958**
	普通	50	7.70	2.102	
高中	特级	43	6.09	2.255	−0.282
	普通	54	6.22	2.237	

** $p<0.01$

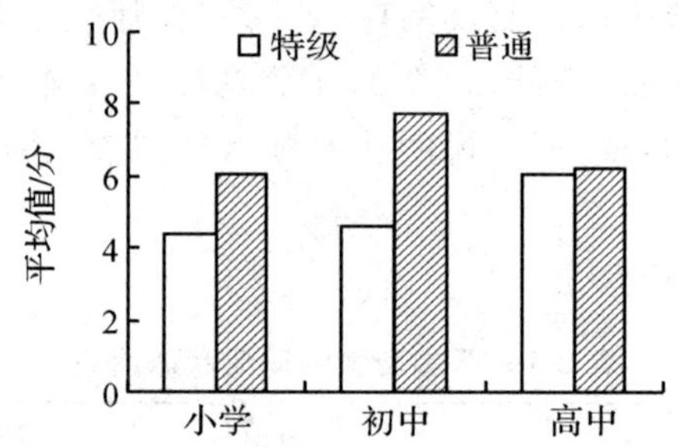

图 2-2 不同学段教师职业状态比较

不同学段教师职业状态存在差异，独立样本 t 检验结果表明，在小学段和初中段，特级和普通教师的职业状态差异十分显著（$p<0.01$），特级教师得分低于普通教师，得分越高职业状态越差，说明在这两个学段的普通教师比特级教师的职业状态要差，感觉工作压力要大，职业生活要累。在高中学段，特级教师和普通教师的得分差异不显著，说明他们的职业状态差不多。

（三）不同性别教师职业状态

表 2-3 不同性别教师职业状态比较

性别	类型	人数	平均值	标准差	t
男	特级	66	5.30	2.053	−4.595**
	普通	72	6.94	2.135	
女	特级	45	4.82	2.386	−3.531**
	普通	88	6.41	2.485	

** $p<0.01$

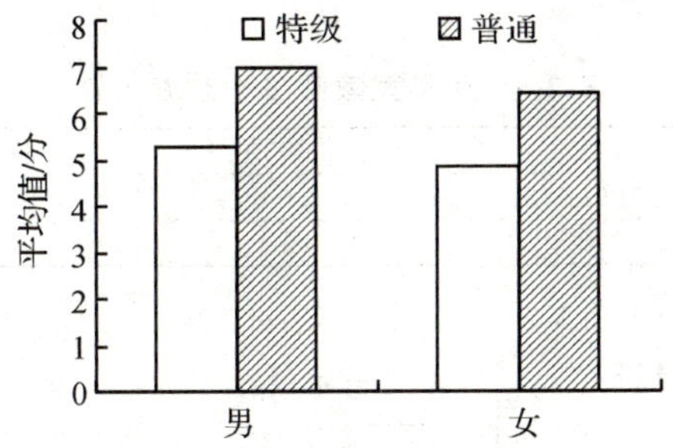

图 2-3　不同性别教师职业状态比较

不同性别特级和普通教师的职业状态存在差异，独立样本 t 检验结果表明，在男性和女性中，特级和普通教师差异都十分显著（$p<0.01$），特级教师在该维度上的得分都要低于普通教师，得分越高职业状态越差，这说明在男性和女性中，普通教师的职业状态都要比特级教师的要差，感觉工作压力要大，职业生活要累。

（四）不同教龄教师职业状态

表 2-4　不同教龄教师职业状态比较

教龄	类型	人数	平均值	标准差	t
16～20 年	特级	25	5.32	1.930	−1.875
	普通	22	6.55	2.540	
21 年以上	特级	84	5.07	2.296	−1.553
	普通	40	5.78	2.486	

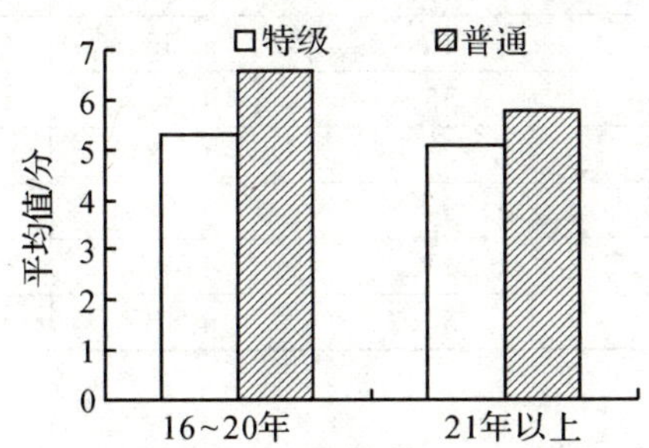

图 2-4　不同教龄教师职业状态比较

不同教龄的两类型教师在这一维度上的平均得分均呈现特级教师低于普通教师的趋向，但经独立样本 t 检验表明，不同教龄的两类型教师之间的不存在显著差异。

二、工作态度

本维度共有 1 道题目，为“对待工作，我总是积极进取，乐观向上。”采用五点量表题设计，试图探究两类型教师的工作态度，具体统计结果如下。

（一）两类型教师工作态度

表 2-5　两类型教师工作态度比较

教师类型	人数	平均值	标准差	t
特级	111	4.54	0.536	3.602**
普通	160	4.23	0.787	

** $p<0.01$

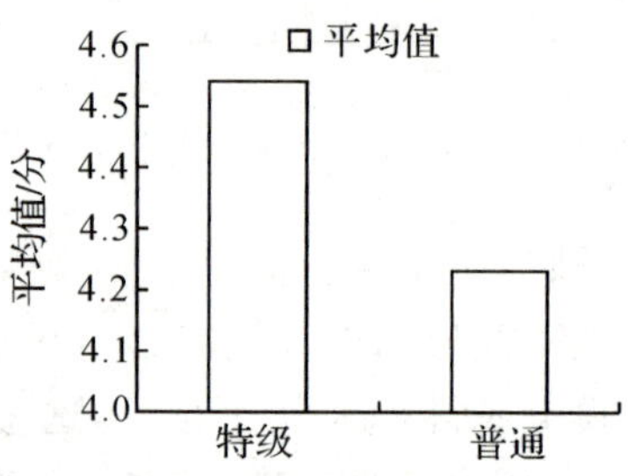

图 2-5　两类型教师工作态度比较

特级和普通教师在这一维度上的平均得分分别为 4.54 和 4.23，说明他们的工作态度较好（最高工作态度得分为 5 分）。独立样本 t 检验结果表明，两类型教师在工作态度维度上差异十分显著（$p<0.01$），特级教师的得分显著高于普通教师，这说明特级教师的工作态度优于普通教师。

（二）不同学段教师工作态度

表 2-6　不同学段教师工作态度比较

学段	类型	人数	平均值	标准差	t
小学	特级	35	4.66	0.482	2.322*
	普通	55	4.33	0.747	
初中	特级	33	4.48	0.508	3.208**
	普通	50	3.92	0.922	
高中	特级	43	4.49	0.592	0.511
	普通	54	4.43	0.602	

* $p<0.05$，** $p<0.01$

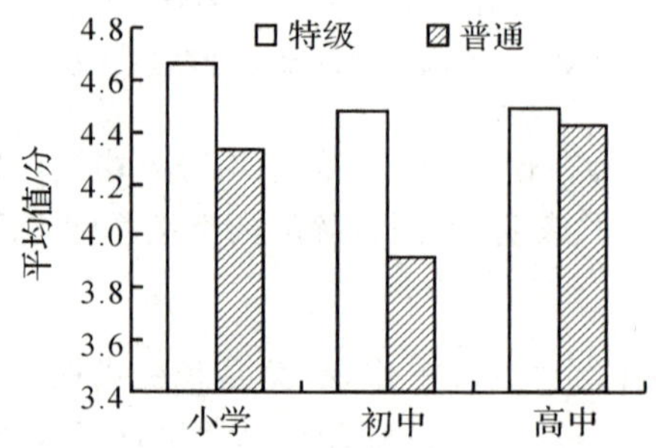

图 2-6　不同学段教师工作态度比较

独立样本 t 检验结果表明，小学段教师的工作态度差异显著（$p<0.05$），特级教师的得分要高于普通教师；初中段教师的工作态度差异十分显著 $p<0.01$，特级教师的得分要高于普通教师；高中段教师的工作态度差异不显著。这说明小学初中段特级教师的工作态度均比普通教师要好。

（三）不同性别教师工作态度

表 2-7　不同性别教师工作态度比较

性别	类型	人数	平均值	标准差	t
男	特级	66	4.47	0.561	1.891
	普通	72	4.24	0.847	
女	特级	45	4.64	0.484	3.428**
	普通	88	4.23	0.739	

** $p<0.01$

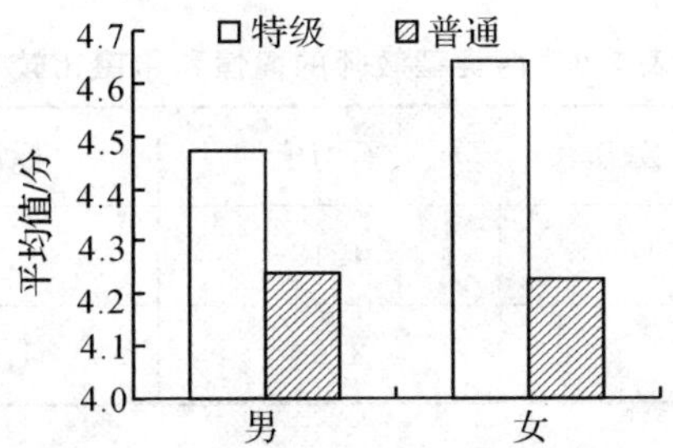

图 2-7　不同性别教师工作态度比较

独立样本 t 检验结果表明，男性特级和普通教师的工作态度差异不显著；女性特级和普通教师的工作态度差异十分显著（$p<0.01$），特级女教师的得分要高于普通女教师。

（四）不同教龄教师工作态度

表 2-8　不同教龄教师工作态度比较

教龄	类型	人数	平均值	标准差	t
16～20 年	特级	25	4.36	0.490	0.852
	普通	22	4.18	0.907	
21 年以上	特级	84	4.60	0.540	1.389
	普通	40	4.45	0.552	

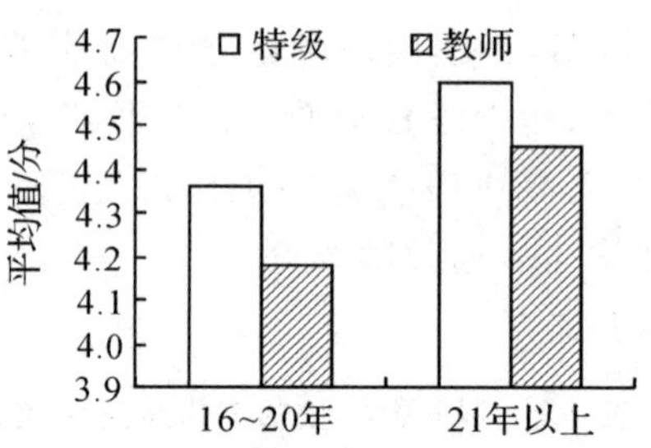

图 2-8 不同教龄教师工作态度比较

独立样本 t 检验结果表明,不同教龄特级和普通教师的工作态度差异均不显著。这说明教龄对教师的工作态度影响不大。

三、憧憬和希望

本维度共有 1 道题目,为"我对现在的工作充满热情,对自己的未来充满希望。"采用五点量表题设计,试图探究两类型教师对工作的憧憬和希望,具体统计结果如下。

(一)两类型教师的憧憬和希望

表 2-9 两类型教师的憧憬和希望比较

教师类型	人数	平均值	标准差	t
特级	111	4.18	0.876	4.278**
普通	160	3.66	1.045	

** $p<0.01$

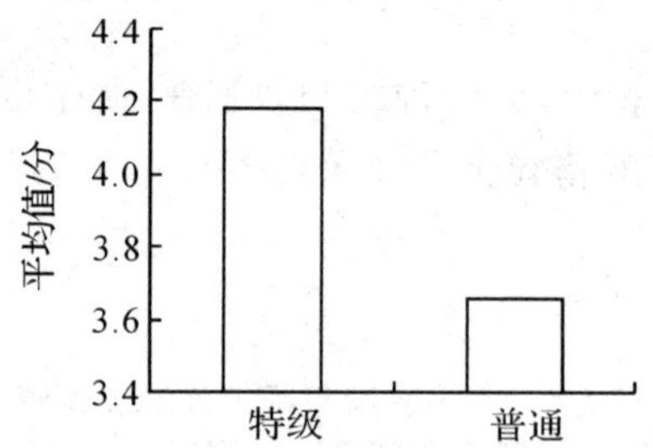

图 2-9 两类型教师的憧憬和希望比较

特级和普通教师在这一维度上的平均得分分别为 4.18 和 3.66,说明他们对未来的憧憬和希望处于中等偏上水平(最高憧憬和希望得分为 5 分)。独立样本 t 检验结果表明,特级和普通教师的憧憬和希望差异十分显著($p<0.01$),特级教师的得分明显高于普通教师。

(二)不同学段教师的憧憬和希望

表 2-10 不同学段教师的憧憬和希望比较

学段	类型	人数	平均值	标准差	t
小学	特级	35	4.54	0.611	4.570**
	普通	55	3.65	1.040	
初中	特级	33	4.15	0.834	3.122**
	普通	50	3.42	1.162	
高中	特级	43	3.91	0.996	−0.002
	普通	54	3.91	0.896	

** $p<0.01$

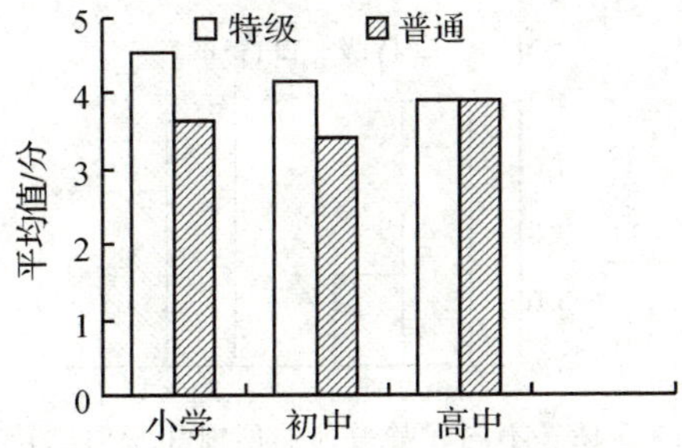

图 2-10 不同学段教师的憧憬和希望比较

独立样本 t 检验结果表明,小学和初中段两类型教师的憧憬和希望差异十分显著($p<0.01$),特级教师的得分均高于普通教师;高中段两类型教师的憧憬和希望差异则不显著。这说明学段对教师的憧憬和希望影响较大。

(三)不同性别教师的憧憬和希望

表 2-11 不同性别教师的憧憬和希望比较

性别	类型	人数	平均值	标准差	t
男	特级	66	4.17	0.834	3.466**
	普通	72	3.58	1.110	
女	特级	45	4.20	0.944	2.644**
	普通	88	3.73	0.991	

** $p<0.01$

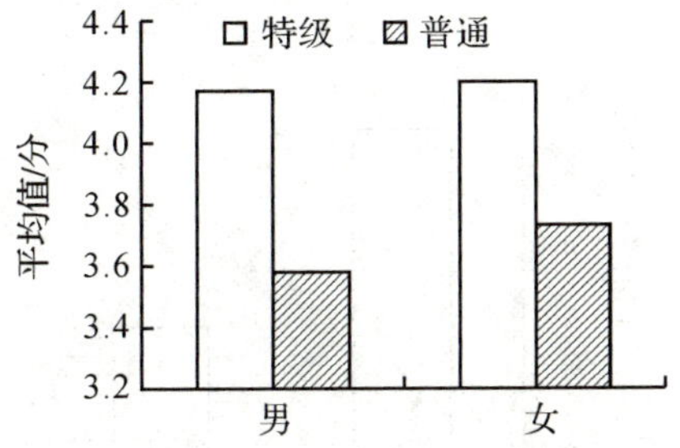

图 2-11 不同性别教师的憧憬和希望比较

独立样本 t 检验结果表明，不同性别两类型教师的憧憬和希望差异均十分显著（$p<0.01$），特级教师的得分均高于普通教师。

（四）不同教龄教师的憧憬和希望

表 2-12　不同教龄教师的憧憬和希望比较

教龄	类型	人数	平均值	标准差	t
16～20 年	特级	25	4.20	0.816	1.910
	普通	22	3.68	1.041	
21 年以上	特级	84	4.15	0.898	1.379
	普通	40	3.93	0.797	

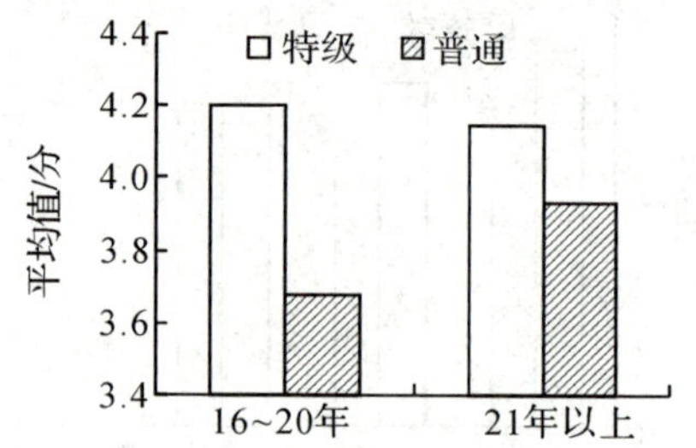

图 2-12　不同教龄教师的憧憬和希望比较

独立样本 t 检验结果表明，不同教龄两类型教师的憧憬和希望差异均不显著，说明教龄对教师憧憬和希望的影响不大。

四、假日工作情况

本维度共有 1 道题目，为“因为学校的教育教学工作太多，周末、周日以及节假日你也要常常加班加点。”采用五点量表题设计，试图探究两类型教师的假日工作情况，具体统计结果如下。

（一）两类型教师加班情况

表 2-13　两类型教师加班情况比较

教师类型	人数	平均值	标准差	t
特级	111	4.16	1.092	2.023*
普通	160	3.89	1.105	

* $p<0.05$

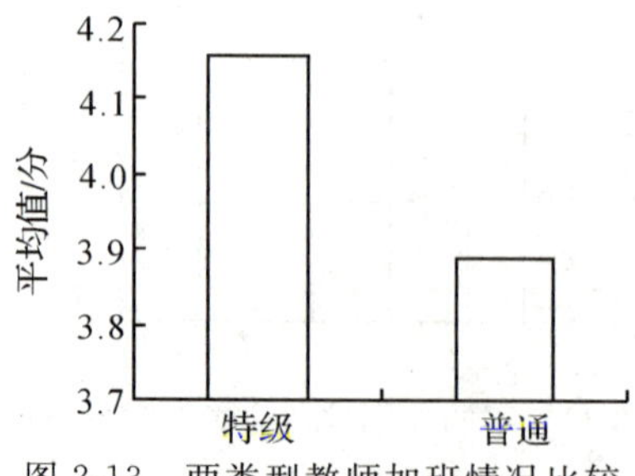

图 2-13　两类型教师加班情况比较

特级和普通教师在这一维度上的平均得分分别为4.16和3.89，说明他们的加班情况较多(最高假日工作情况得分为5分)。独立样本t检验结果表明，特级和普通教师的假日工作情况差异显著($p<0.05$)，特级教师的得分要高于普通教师，说明特级教师比普通教师教育教学工作要繁重，节假日还在工作的情况要多。

(二)不同学段教师加班情况

表 2-14　不同学段教师加班情况比较

学段	类型	人数	平均值	标准差	t
小学	特级	35	4.26	0.852	2.225*
	普通	55	3.76	1.122	
初中	特级	33	3.79	1.244	0.475
	普通	50	3.66	1.171	
高中	特级	43	4.37	1.092	0.717
	普通	54	4.22	0.965	

* $p<0.05$

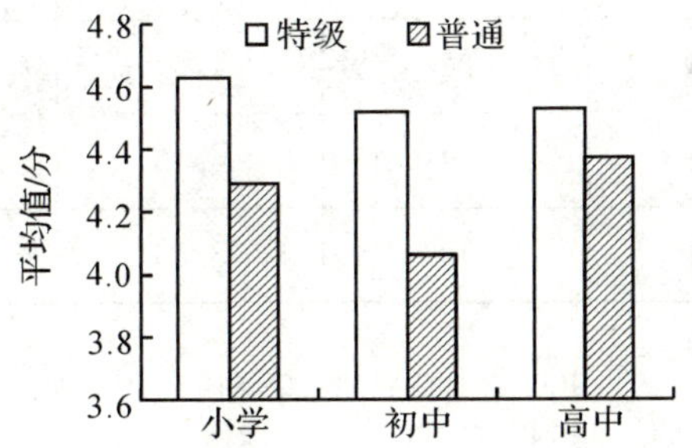

图 2-14　不同学段教师加班情况比较

独立样本t检验结果表明，小学段特级和普通教师的假日工作情况差异显著($p<0.05$)，特级教师的得分要高于普通教师，说明小学特级教师比普通教师教育教学工作要繁重，节假日加班要多；初中和高中段两类型教师的假日工作情况差异均不显著。这说明学段对教师假日工作情况的影响较大。

(三)不同性别教师加班情况

表 2-15　不同性别教师加班情况比较

	类型	人数	平均值	标准差	t
男	特级	66	4.20	1.099	0.837
	普通	72	4.04	1.080	
女	特级	45	4.11	1.092	1.725
	普通	88	3.76	1.114	

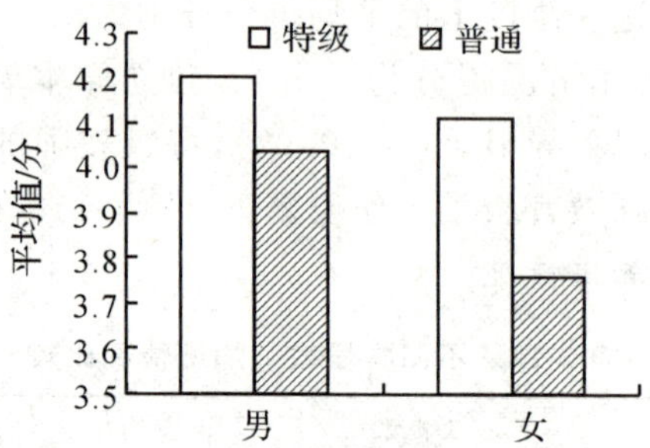

图 2-15　不同性别教师加班情况比较

独立样本 t 检验结果表明，不同性别特级和普通教师的假日工作情况差异均不显著，说明性别对教师假日工作情况的影响不大。

（四）不同教龄教师加班情况

表 2-16　不同教龄教师加班情况比较

教龄	类型	人数	平均值	标准差	t
16～20 年	特级	25	4.20	0.957	0.507
	普通	22	4.05	1.133	
21 年以上	特级	84	4.15	1.135	1.421
	普通	40	3.85	1.075	

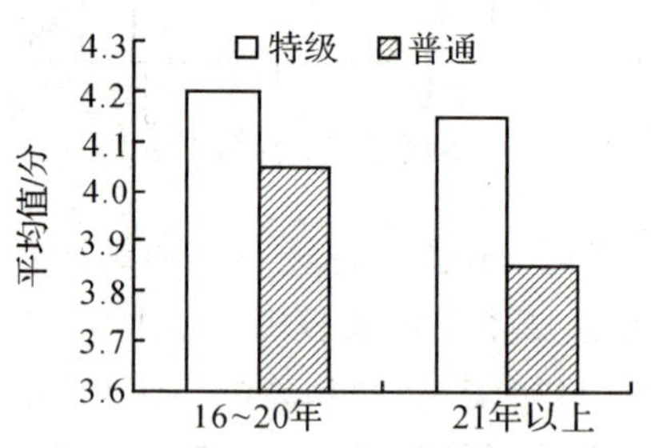

图 2-16　不同教龄教师加班情况比较

独立样本 t 检验结果表明，不同教龄特级和普通教师的假日工作情况差异均不显著，说明教龄对教师假日工作情况的影响不大。

五、工作时间

本维度 1 道题目，采用多项选择题形式设计，题目为："你一天的工作时间大约几小时?"共有四个选项，试图探究不同类型教师的每天工作时间。

（一）两类型教师每天工作时间概况

表 2-17　两类型教师每天工作时间统计

工作时间（小时）	特级		普通		总计	
	N（人）	占比（%）	N（人）	占比（%）	N（人）	占比（%）
≤7	4	3.6	11	7.1	15	5.6
8	19	17.1	33	21.3	52	19.5
9	21	18.9	31	20.0	52	19.5
≥10	67	60.4	80	51.6	147	54.2

总体上两类型教师每天工作时间≥10 小时的占大多数，为 54.2%，其中特级教师的人数比普通教师要多；每天工作时间为 8 或 9 个小时的均占 19.5%，特级和普通教师人数差不多；每天工作时间≤7 个小时的人数最少，占 5.6%，特级比普通教师人数要少。

（二）不同学段教师每天工作时间概况

表 2-18　不同学段教师每天工作时间统计

工作时间（小时）		小学		初中		高中	
		特级	普通	特级	普通	特级	普通
≤7	N（人）	0	4	1	5	3	2
	占比（%）	0	7.8	3.0	10.0	7.0	3.7
8	N（人）	5	17	7	5	7	11
	占比（%）	14.3	33.3	21.2	10.0	16.3	20.4
9	N（人）	7	16	6	6	8	9
	占比（%）	20.0	31.4	18.2	12.0	18.6	16.7
≥10	N（人）	23	14	19	34	25	31
	占比（%）	65.7	27.5	57.6	68.0	58.1	57.4

不同学段教师每天工作时间有所差异。每天工作时间≥10 小时的教师中，小学段特级教师人数百分比高于普通教师；初中段，特级教师人数百分比低于普通教师；高中段特级和普通教师人数百分比差不多。每天工作时间为 9 小时的教师中，小学段特级教师人数百分比低于普通教师；初中段特级教师人数百分比稍微高于普通教师；高中段两类型教师人数百分比差不多。每天工作时间为 8 小时的教师中，小学和高中段特级教师人数百分比都低于普通教师；初中段特级教师人数百分比高于普通教师。每天工作时间≤7 小时的教师中，小学和初中段特级教师人数百分比都低于普通教师；高中段特级教师人数百分比高于普通教师。这说明学段对教师每天的工作时间影响很大。

(三)不同性别教师每天工作时间概况

表 2-19 不同性别教师每天工作时间统计

工作时间(小时)		男		女	
		特级	普通	特级	普通
≤7	N(人)	1	4	3	7
	占比(%)	1.5	5.6	6.7	8.4
8	N(人)	15	18	4	15
	占比(%)	22.7	25.0	8.9	18.1
9	N(人)	9	11	12	20
	占比(%)	13.6	15.3	26.7	24.1
≥10	N(人)	41	39	26	41
	占比(%)	62.1	54.2	57.8	49.4

不同性别教师每天工作时间有所差异。每天工作时间≥10 小时的教师中,男女特级教师人数百分比均高于普通教师;每天工作时间为 9 小时的教师中,男女两类型教师的人数百分比相差不大。每天工作时间为 8 小时的教师中,男性特级和普通教师的人数百分比相差不大,而女性特级教师人数百分比要低于普通教师很多。每天工作时间≤7 小时的教师中,男女特级教师人数百分比均低于普通教师。这说明性别跟教师每天的工作时间有关系。

(四)不同教龄教师每天工作时间概况

表 2-20 不同教龄教师每天工作时间统计

工作时间(小时)		16～20 年		21 年以上	
		特级	普通	特级	普通
≤7	N(人)	1	1	3	1
	占比(%)	4.0	5.6	3.6	2.5
8	N(人)	5	5	14	10
	占比(%)	20.0	27.8	16.7	25.0
9	N(人)	5	6	16	10
	占比(%)	20.0	33.3	19.0	25.0
≥10	N(人)	14	6	51	19
	占比(%)	56.0	33.3	60.7	47.5

不同教龄教师每天工作时间有所差异。每天工作时间≥10 小时的教师中,再不同教龄的教师中,特级教师人数百分比均大大高于普通教师;每天工作时间为8～9小时的教师中,不同教龄教师的人数百分比相差不大。每天工作时间为 8 小时的教师中,男性特级和普通教师的人数百分比相差不大,而女性特级教师人数百分比要低于普通教师很多。每天工作时间≤7 小时的教师中,两类型教师人数百分比相差不大。这说明教龄跟教师每天的工作时间有一定关系。

第二节　人际交往

一、领导关系

本维度共有 1 道题目，为“你与学校领导的关系很融洽”，采用五点量表题设计，试图探究不同类型教师的人际交往状况，具体统计结果如下。

（一）两类型教师与领导关系状况

表 2-21　两类型教师与领导关系比较

教师类型	人数	平均值	标准差	t
特级	111	4.36	0.644	2.961**
普通	160	4.11	0.700	

** $p<0.01$

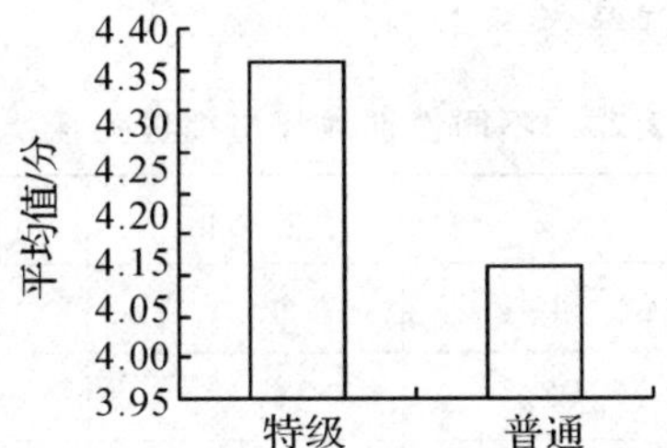

图 2-17　两类型教师与领导关系比较

特级和普通教师与领导的关系平均得分分别为 4.36 和 4.11，处于中上水平（最高得分为 5 分），关系较融洽。独立样本 t 检验结果表明，特级和普通教师与领导的关系状况差异十分显著（$p<0.01$），特级教师与领导的关系状况要优于普通教师。

（二）不同学段教师与领导关系状况

表 2-22　不同阶段教师与领导关系比较

	类型	人数	平均值	标准差	t
小学	特级	35	4.54	0.505	2.154*
	普通	55	4.27	0.622	
初中	特级	33	4.42	0.751	3.116**
	普通	50	3.94	0.652	
高中	特级	43	4.16	0.615	0.351
	普通	54	4.11	0.793	

* $p<0.05$，** $p<0.01$

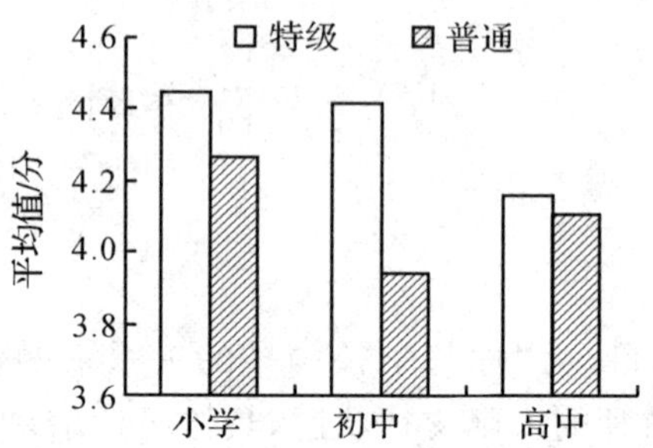

图 2-18　不同阶段教师与领导关系比较

独立样本 t 检验结果表明，小学段特级和普通教师与领导的关系状况差异显著（$p<0.05$），特级教师与领导的关系状况优于普通教师；初中段特级和普通教师与领导的关系状况差异十分显著（$p<0.01$），特级教师与领导的关系状况优于普通教师；高中段特级和普通教师与领导的关系状况差异不显著。这说明学段对教师与领导的关系状况影响较大。

（三）不同性别教师与领导关系状况

表 2-23　不同性别教师与领导关系状况

性别	类型	人数	平均值	标准差	t
男	特级	66	4.27	0.669	0.778
	普通	72	4.18	0.718	
女	特级	45	4.49	0.589	3.607**
	普通	88	4.06	0.684	

** $p<0.01$

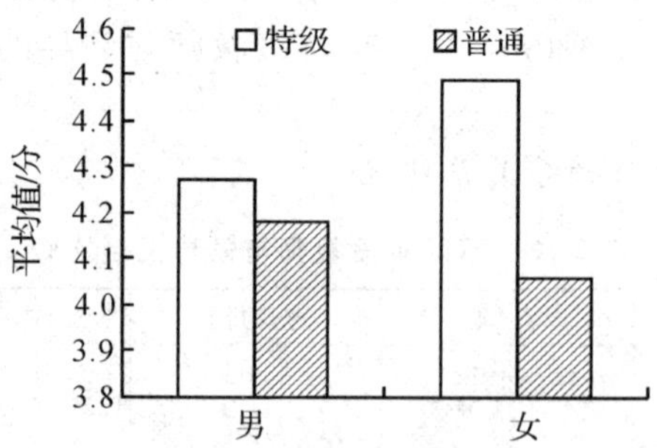

图 2-19　不同性别教师与领导关系状况

独立样本 t 检验结果表明，女性特级和普通教师与领导的关系状况差异十分显著（$p<0.01$），特级女教师与领导的关系状况优于普通女教师；男性特级和普通教师与领导的关系状况差异不显著。这说明性别对教师与领导的关系状况影响较大。

（四）不同教龄教师与领导关系状况

表 2-24　不同教龄教师与领导关系比较

教龄	类型	人数	平均值	标准差	t
16～20 年	特级	25	4.40	0.577	1.783
	普通	22	4.09	0.610	
21 年以上	特级	84	4.35	0.668	0.555
	普通	40	4.28	0.640	

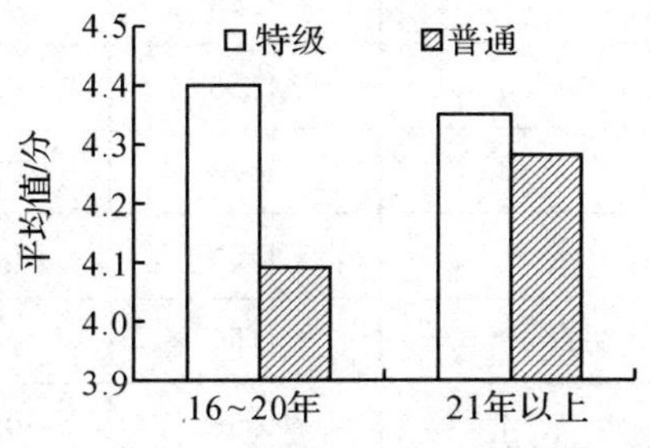

图 2-20　不同教龄教师与领导关系比较

独立样本 t 检验结果表明，不同教龄特级和普通教师与领导的关系状况差异不显著。这说明教龄对教师与领导的关系状况影响不大。

二、同事关系

本维度共有 1 道题目，为“你与同事的关系很和谐”。采用五点量表题设计，试图探究不同类型教师的同事关系，具体统计结果如下。

（一）两类型教师与同事关系状况

表 2-25　两类型教师与同事关系比较

教师类型	人数	平均值	标准差	t
特级	111	4.61	0.635	1.079
普通	160	4.53	0.593	

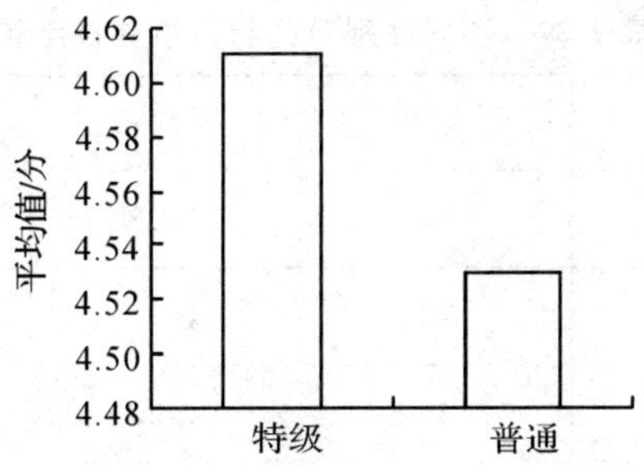

图 2-21　两类型教师与同事关系比较

特级和普通教师与同事关系状况的平均得分分别为4.61和4.53，处于较高水平(最高得分为5分)，关系较融洽。独立样本t检验结果表明，特级和普通教师与同事的关系状况差异不显著。

(二)不同学段教师与同事关系状况

表 2-26　不同学段教师与同事关系比较

	类型	人数	平均值	标准差	t
小学	特级	35	4.63	0.646	0.755
	普通	55	4.53	0.604	
初中	特级	33	4.73	0.452	1.600
	普通	50	4.52	0.646	
高中	特级	43	4.51	0.736	−0.339
	普通	54	4.56	0.538	

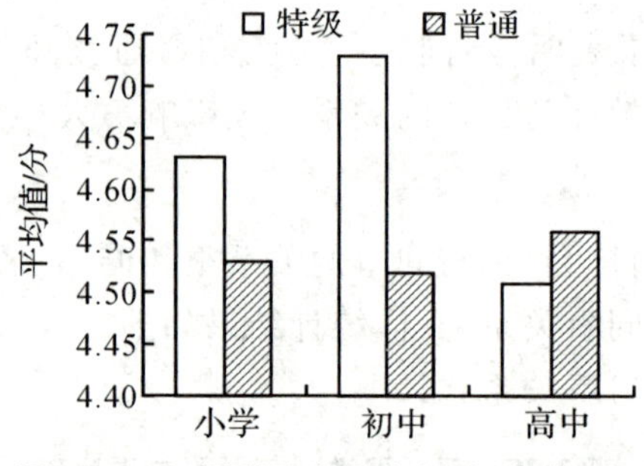

图 2-22　不同学段教师与同事关系比较

独立样本t检验结果表明，不同学段特级和普通教师与同事的关系状况差异不显著，说明学段对教师与同事的关系状况影响不大。

(三)不同性别教师与同事关系状况

表 2-27　不同性别教师与同事关系比较

	类型	人数	平均值	标准差	t
男	特级	66	4.62	0.576	1.044
	普通	72	4.51	0.628	
女	特级	45	4.60	0.720	0.479
	普通	88	4.55	0.565	

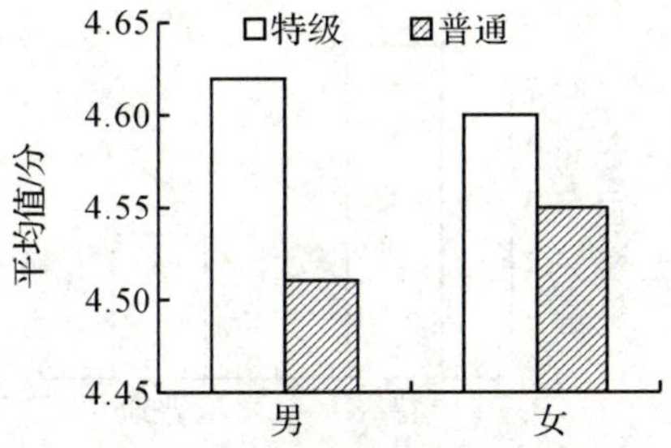

图 2-23 不同性别教师与同事关系比较

独立样本 t 检验结果表明，不同性别特级和普通教师与同事的关系状况差异不显著，说明性别对教师与同事关系状况的影响不大。

（四）不同教龄教师与同事关系状况

表 2-28 不同教龄教师与同事关系比较

教龄	类型	人数	平均值	标准差	t
16～20 年	特级	25	4.64	0.490	1.171
	普通	22	4.45	0.596	
21 年以上	特级	84	4.60	0.679	−0.864
	普通	40	4.70	0.516	

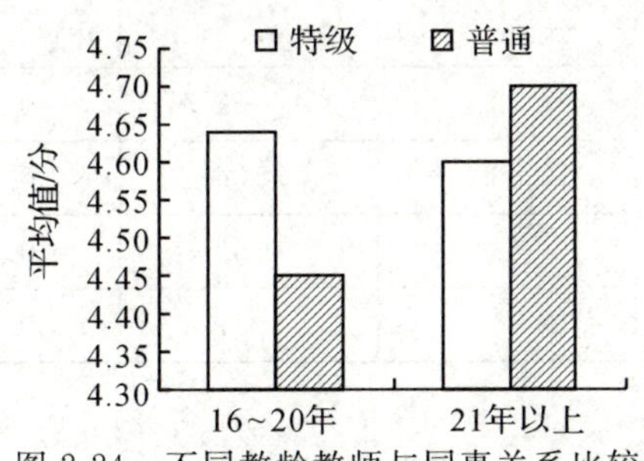

图 2-24 不同教龄教师与同事关系比较

独立样本 t 检验结果表明，不同教龄特级和普通教师与同事的关系状况差异不显著，说明教龄对教师与同事的关系状况影响不大。

三、师生关系

本维度共有 1 道题目，为“你与学生的关系很默契”。采用五点量表题设计，试图探究不同类型教师的学生关系，具体统计结果如下。

（一）两类型教师与学生的关系

表 2-29 两类型教师与学生的关系比较

教师类型	人数	平均值	标准差	t
特级	111	4.56	0.534	3.741**
普通	160	4.24	0.767	

** $p<0.01$

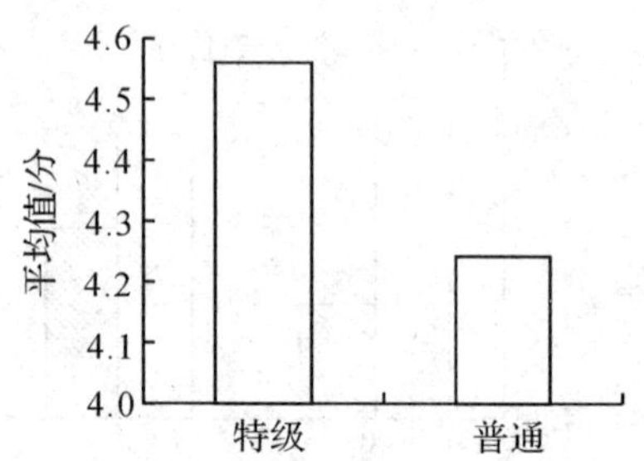

图 2-25 两类型教师与学生的关系比较

特级和普通教师与学生关系状况的平均得分分别为 4.56 和 4.24，处于中上水平(最高得分为 5 分)，关系较默契。独立样本 t 检验结果表明，特级和普通教师与学生的关系状况差异十分显著($p<0.01$)，特级教师与学生的关系状况要优于普通教师。

(二)不同学段教师与学生的关系

表 2-30 不同学段教师与学生的关系比较

	类型	人数	平均值	标准差	t
小学	特级	35	4.63	0.490	2.171*
	普通	55	4.29	0.832	
初中	特级	33	4.52	0.619	2.662**
	普通	50	4.06	0.843	
高中	特级	43	4.53	0.505	1.450
	普通	54	4.37	0.592	

* $p<0.05$，** $p<0.01$

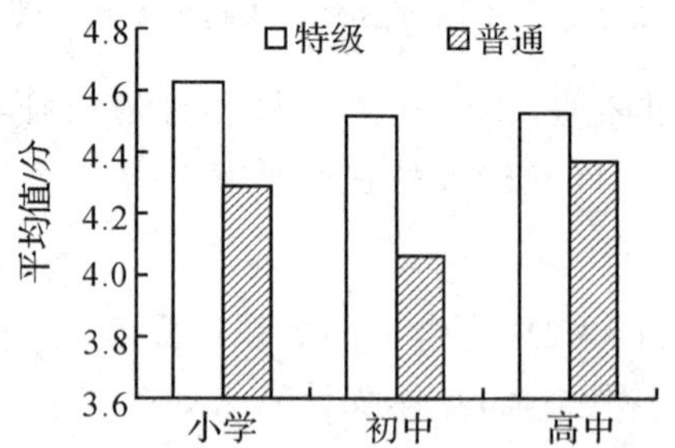

图 2-26 不同学段教师与学生的关系比较

独立样本 t 检验结果表明，小学段特级和普通教师与学生的关系状况差异显著($p<0.05$)，特级教师与学生的关系状况要优于普通教师；初中段特级和普通教师与学生的关系状况差异十分显著($p<0.01$)，特级教师与学生的关系状况要优于普通教师；高中段特级和普通教师与学生的关系状况差异不显著。这说明学段对

教师与学生的关系状况影响较大。

（三）不同性别教师与学生的关系

表 2-31 不同性别教师与学生的关系比较

	类型	人数	平均值	标准差	t
男	特级	66	4.50	0.504	2.885**
	普通	72	4.17	0.805	
女	特级	45	4.64	0.570	2.699**
	普通	88	4.31	0.733	

** $p<0.01$

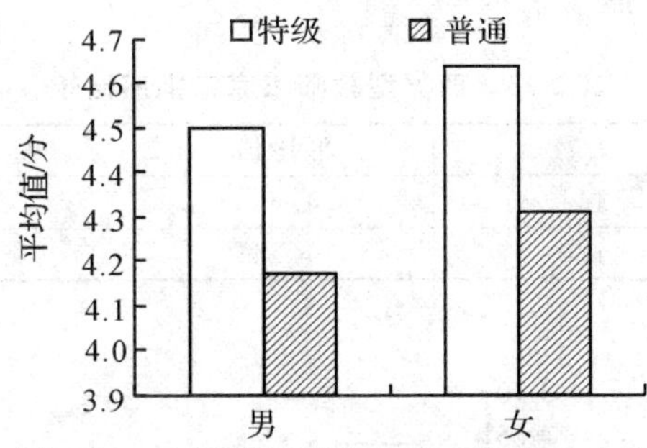

图 2-27 不同性别教师与学生的关系比较

独立样本 t 检验结果表明，在男性和女性中，特级和普通教师与学生的关系状况差异均十分显著（$p<0.01$），特级教师与学生的关系状况均优于普通教师。

（四）不同教龄教师与学生的关系

表 2-32 不同教龄教师与学生的关系比较

	类型	人数	平均值	标准差	t
16～20 年	特级	25	4.52	0.586	1.393
	普通	22	4.27	0.631	
21 年以上	特级	84	4.56	0.523	1.707
	普通	40	4.35	0.834	

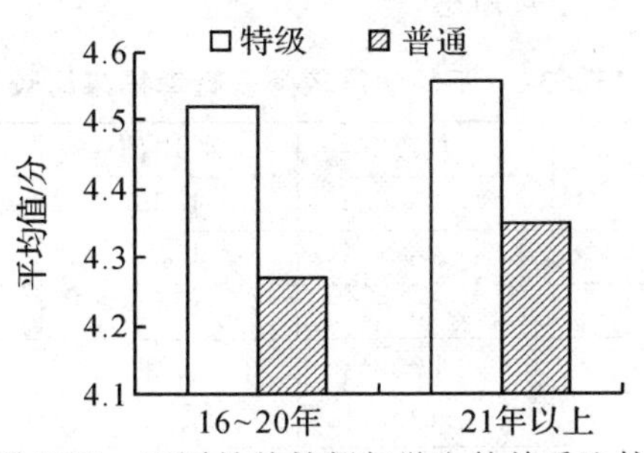

图 2-28 不同教龄教师与学生的关系比较

独立样本 t 检验结果表明，不同教龄特级和普通教师与学生的关系状况差异均不显著，说明教龄对教师与学生的关系状况影响不大。

第三节　家庭生活

一、家庭幸福感

本维度共有1道题目，为“你的家庭很幸福”。采用五点量表题设计，试图探究两类型教师的家庭幸福感，具体统计结果如下。

(一)两类型教师家庭幸福感

表2-33　两类型教师家庭幸福感比较

教师类型	人数	平均值	标准差	t
特级	111	4.64	0.553	2.205*
普通	160	4.44	0.815	

* $p<0.05$

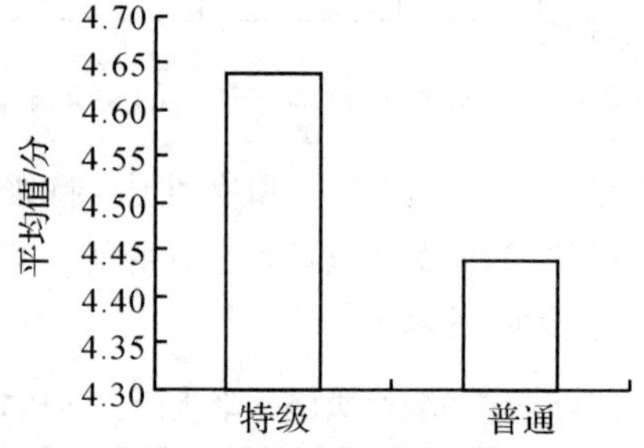

图2-29　两类型教师家庭幸福感比较

特级和普通教师在家庭幸福感维度上的平均得分分别为4.64和4.44，处于较高水平(最高得分为5分)，幸福感较高。独立样本 t 检验结果表明，特级和普通教师在家庭幸福感上的得分差异显著($p<0.05$)，特级教师的得分要高于普通教师，说明特级教师的家庭幸福感要高。

(二)不同学段教师家庭幸福感

表2-34　不同学段教师家庭幸福感比较

学段	类型	人数	平均值	标准差	t
小学	特级	35	4.66	0.482	0.022
	普通	55	4.65	0.584	
初中	特级	33	4.55	0.666	1.915
	普通	50	4.14	1.088	
高中	特级	43	4.70	0.513	1.652
	普通	54	4.50	0.637	

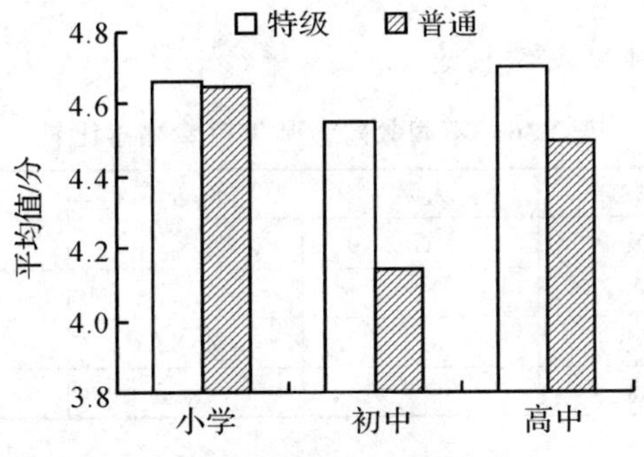

图 2-30　不同学段教师家庭幸福感比较

独立样本 t 检验结果表明，不同学段特级和普通教师在家庭幸福感上的得分差异均不显著，说明学段对教师的家庭幸福感影响不大。

（三）不同性别教师家庭幸福感

表 2-35　不同性别教师家庭幸福感比较

性别	类型	人数	平均值	标准差	t
男	特级	66	4.70	0.495	2.321*
	普通	72	4.40	0.914	
女	特级	45	4.56	0.624	0.616
	普通	88	4.48	0.727	

* $p<0.05$

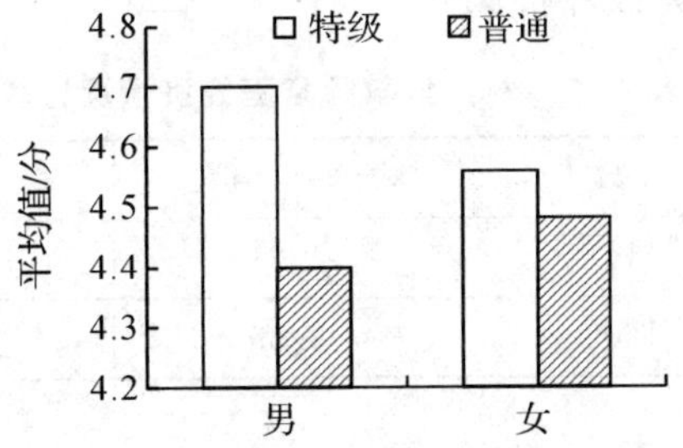

图 2-31　不同性别教师家庭幸福感比较

独立样本 t 检验结果表明，在男性中，特级和普通教师在家庭幸福感上的得分差异显著（$p<0.05$），特级男教师的得分要高于普通男教师，说明特级男教师的家庭幸福感要高；在女性中，特级和普通教师的在家庭幸福感上的得分差异不显著。这说明性别对教师的家庭幸福感有影响。

(四)不同教龄教师家庭幸福感

表 2-36 不同教龄教师家庭幸福感比较

教龄	类型	人数	平均值	标准差	t
16～20 年	特级	25	4.52	0.653	1.144
	普通	22	4.27	0.827	
21 年以上	特级	84	4.67	0.523	1.028
	普通	40	4.55	0.714	

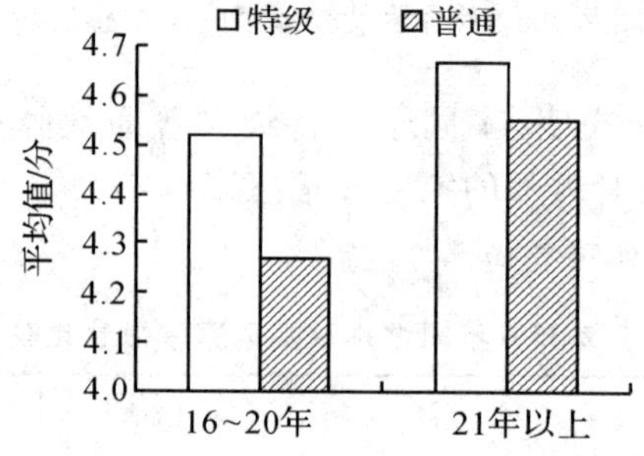

图 2-32 不同教龄教师家庭幸福感比较

独立样本 t 检验结果表明，不同教龄的特级和普通教师在家庭幸福感上的得分差异均不显著，说明教龄对教师的家庭幸福感影响不大。

二、家庭经济

本维度共有 1 道题目，为"你的家庭经济情况很好"。采用五点量表题设计，试图探究不同类型教师的家庭经济状况，具体统计结果如下。

(一)两类型教师家庭经济情况

表 2-37 两类型教师家庭经济情况比较

教师类型	人数	平均值	标准差	t
特级	111	4.21	0.764	4.430**
普通	160	3.69	1.059	

** $p<0.01$

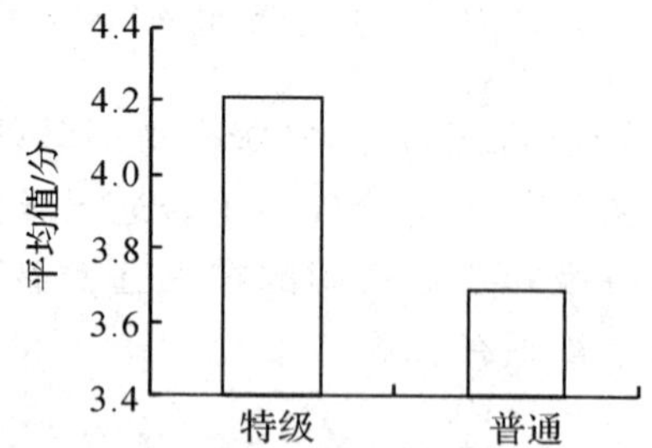

图 2-33 两类型教师家庭经济情况比较

特级和普通教师家庭经济状况的平均得分分别为4.21和3.69，处于中等偏上水平（最高得分为5分），经济状况中等偏上。独立样本 t 检验结果表明，特级和普通教师的家庭经济状况差异十分显著（$p<0.01$），特级教师的家庭经济状况要优于普通教师，说明教师类型对教师的家庭经济状况影响较大。

（二）不同学段教师家庭经济情况

表2-38　不同学段教师家庭经济情况比较

学段	类型	人数	平均值	标准差	t
小学	特级	35	4.26	0.780	1.899
	普通	55	3.91	0.888	
初中	特级	33	4.12	0.893	3.370**
	普通	50	3.26	1.275	
高中	特级	43	4.23	0.649	2.334*
	普通	54	3.85	0.899	

* $p<0.05$，** $p<0.01$

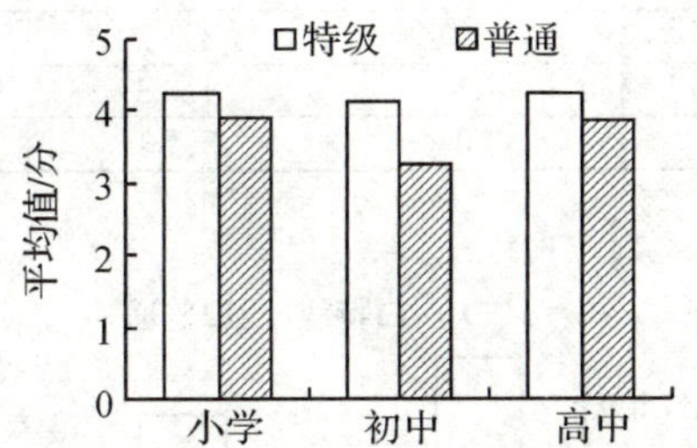

图2-34　不同学段教师家庭经济情况比较

独立样本t检验结果表明，小学段特级和普通教师的家庭经济状况差异不显著；初中段特级和普通教师的家庭经济状况差异显著（$p<0.05$），特级教师的家庭经济状况要优于普通教师；高中段特级和普通教师的家庭经济状况差异十分显著（$p<0.01$），特级教师的家庭经济状况要优于普通教师。这说明学段对教师的家庭经济状况影响较大。

（三）不同性别教师家庭经济情况

表2-39　不同学段教师家庭经济情况比较

性别	类型	人数	平均值	标准差	t
男	特级	66	4.17	0.692	4.559**
	普通	72	3.46	1.074	
女	特级	45	4.27	0.863	2.211*
	普通	88	3.88	1.015	

* $p<0.05$，** $p<0.01$

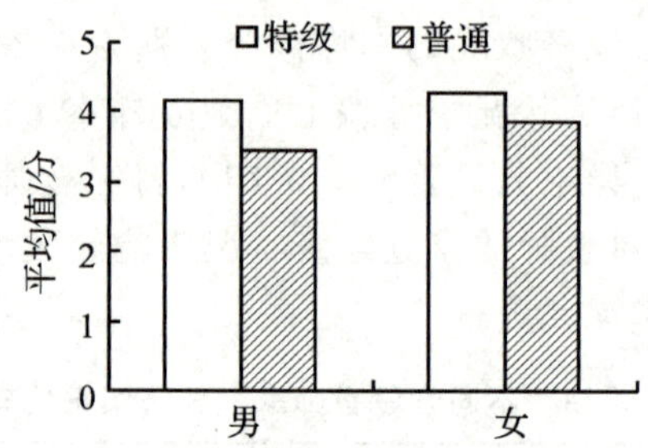

图 2-35 不同学段教师家庭经济情况比较

独立样本 t 检验结果表明，在男性中，特级和普通教师的家庭经济状况差异显著（$p<0.05$），特级教师的家庭经济状况要优于普通教师；在女性中，特级和普通教师的家庭经济状况差异十分显著（$p<0.01$），特级教师的家庭经济状况要优于普通教师。

（四）不同教龄教师家庭经济情况

表 2-40 不同教龄教师家庭经济情况比较

教龄	类型	人数	平均值	标准差	t
16～20 年	特级	25	4.32	0.627	2.721**
	普通	22	3.77	0.752	
21 年以上	特级	84	4.18	0.809	2.118*
	普通	40	3.83	0.984	

* $p<0.05$，** $p<0.01$

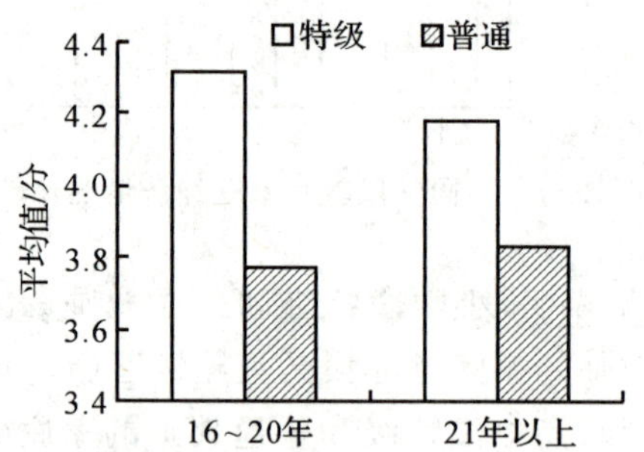

图 2-36 不同教龄教师家庭经济情况比较

独立样本 t 检验结果表明，教龄在 16～20 年的教师中，特级和普通教师的家庭经济状况差异显著（$p<0.05$），特级教师的家庭经济状况要优于普通教师；教龄在 21 年以上的教师中，特级和普通教师的家庭经济状况差异十分显著（$p<0.01$），特级教师的家庭经济状况要优于普通教师。

三、生活难事

本维度 1 道题目，采用多项选择题形式设计，题目为“目前，你生活中的主要困难是(可多选)”共有六个选项，试图探究不同类型教师的生活困难。

（一）两类型教师生活中的主要困难

表 2-41 两类型教师生活中的主要困难统计

主要困难	特级		普通		总计	
	N(人)	占比(%)	N(人)	占比(%)	N(人)	占比(%)
家庭经济困难	2	1.8	41	25.8	43	15.9
家庭成员身体状况	13	11.7	25	15.7	38	14.0
子女上学和就业	19	17.1	27	17.0	46	17.0
住房	11	9.9	53	33.3	64	23.6
没有困难	54	48.6	30	18.9	84	31.0
其他	23	20.7	45	28.3	68	25.1

从总体上看，教师的困难主要是住房，占 23.6%，其次是子女上学和就业，家庭经济困难和家庭成员身体状况，分别占 17.0%，15.9%和 14.0%，没有困难的占 31.0%。特级教师中没有困难的人数占 48.6%，存在的困难主要为子女上学和就业和家庭成员身体状况；普通教师中没有困难的人数要少于特级教师占 31.0%，存在的困难主要为住房，其次是子女上学和就业，以及家庭经济困难和家庭成员身体状况。这说明两类型教师的困难状况有差异。

（二）不同学段教师生活中的主要困难

表 2-42 不同学段教师生活中的主要困难统计

主要困难		小学		初中		高中	
		特级	普通	特级	普通	特级	普通
家庭经济困难	N(人)	0	12	2	17	0	12
	占比(%)	0.0	22.2	6.1	34.0	0.0	22.2
家庭成员身体状况	N(人)	4	9	4	10	5	6
	占比(%)	11.4	16.7	12.1	20.0	11.6	11.1
子女上学和就业	N(人)	6	4	6	10	7	12
	占比(%)	17.1	7.4	18.2	20.0	16.3	22.2
住房	N(人)	5	17	2	19	4	16
	占比(%)	14.3	31.5	6.1	38.0	9.3	29.6
没有困难	N(人)	17	14	16	6	21	10
	占比(%)	48.6	25.9	48.5	12.0	48.8	18.5
其他	N(人)	6	16	6	13	11	16
	占比(%)	17.1	29.6	18.2	26.0	25.6	29.6

各个学段没有困难的特级教师人数百分比均要大大高于普通教师，存在住房和家庭经济困难的普通教师人数百分比均要大大高于特级教师。小学段，存在子女上学和就业困难的特级教师人数百分比要高于普通教师，存在家庭成员身体状况困难的普通教师人数百分比要高于特级教师。初中段，存在子女上学和就业困难以及家庭成员身体状况困难的普通教师人数百分比均高于特级教师。高中段，存在子女上学和就业困难的普通教师人数百分比高于特级教师。这说明不同学段教师没有困难和主要困难状况差别不大，次要困难状况有差异。

（三）不同性别教师生活中的主要困难

表 2-43 不同性别教师生活中的主要困难统计

主要困难		男		女	
		特级	普通	特级	普通
家庭经济困难	N(人)	1	29	1	12
	占比(%)	1.5	40.3	2.2	13.8
家庭成员身体状况	N(人)	7	11	6	14
	占比(%)	10.6	15.3	13.3	16.1
子女上学和就业	N(人)	9	12	10	15
	占比(%)	13.6	16.7	22.2	17.2
住房	N(人)	6	31	5	22
	占比(%)	9.1	43.1	11.1	25.3
没有困难	N(人)	31	7	23	23
	占比(%)	47.0	9.7	51.1	26.4
其他	N(人)	19	17	4	28
	占比(%)	28.8	23.6	8.9	32.2

没有困难的特级男女教师人数百分比均高于普通男女教师，存在住房和家庭经济困难的普通男女教师人数百分比均要大大高于特级男女教师。存在子女上学和就业困难的普通男教师人数百分比要高于特级男教师，普通女教师人数百分比要低于特级女教师。存在家庭成员身体状况困难的普通男女教师人数百分比均高于特级男女教师。存在其他困难的特级男教师人数百分比要高于普通男教师，特级女教师要大大低于普通女教师。这说明性别跟两类型教师的困难状况之间有一定关系。

(四)不同教龄教师生活中的主要困难

表 2-44 不同教龄教师生活中的主要困难统计

主要困难		16～20 年		21 年以上	
		特级	普通	特级	普通
家庭经济困难	N(人)	1	1	1	7
	占比(%)	4.0	4.8	1.2	17.5
家庭成员身体状况	N(人)	1	3	12	6
	占比(%)	4.0	14.3	14.3	15.0
子女上学和就业	N(人)	2	3	17	10
	占比(%)	8.0	14.3	20.2	25.0
住房	N(人)	4	4	7	8
	占比(%)	16.0	19.0	8.3	20.0
没有困难	N(人)	16	6	38	12
	占比(%)	64.0	28.6	45.2	30.0
其他	N(人)	3	8	18	7
	占比(%)	12.0	38.1	21.4	17.5

没有困难的不同教龄特级教师人数百分比均大大高于普通教师,存在住房和家庭经济困难的不同教龄普通教师人数百分比均要高于特级教师。存在子女上学和就业和家庭成员身体状况困难的不同教龄普通教师人数百分比均要高于特级教师。教龄在16～20年的教师中,存在其他困难的普通教师人数百分比要大大高于特级教师,教龄在21年以上的教师中,存在其他困难的普通教师人数百分比要低于特级教师。

四、家务时间

本维度1道题目,采用多项选择题形式设计,题目为“你每天做家务所花的时间(小时)?”共有四个选项,试图探究不同类型教师的每天家务时间。

(一)两类型教师每天的家务时间

表 2-45 两类型教师每天做家务时间统计

做家务时间(小时)	特级		普通		总计	
	N(人)	占比(%)	N(人)	占比(%)	N(人)	占比(%)
≤0.5	59	53.2	71	46.1	129	48.9
0.5～1	36	32.7	54	35.1	90	34.1
1～2	14	12.7	20	13.0	34	12.9
≥2	2	1.8	9	5.8	11	4.2

从总体上看，教师每天做家务时间≤0.5 小时的人数最多，占 48.9%，其次是做家务时间为 0.5～1 小时和 1～2 小时，分别占 34.1%和 12.9%，最后是做家务时间≥2 小时，占 4.2%。特级和普通教师每天做家务时间人数百分比最多的均≤0.5 小时，其次是 0.5～1 小时和 1～2 小时候，最后是≥2 小时。

(二)不同学段教师每天做家务时间

表 2-46　不同学段教师每天做家务时间统计

做家务时间(小时)		小学		初中		高中	
		特级	普通	特级	普通	特级	普通
≤0.5	N(人)	21	21	15	28	22	22
	占比(%)	60.0	42.0	45.5	56.0	52.4	41.5
0.5～1	N(人)	9	21	11	18	16	14
	占比(%)	25.7	42.0	33.3	36.0	38.1	26.4
1～2	N(人)	4	7	6	1	4	12
	占比(%)	11.4	14.0	18.2	2.0	9.5	22.6
≥2	N(人)	1	1	1	3	0	5
	占比(%)	2.9	2.0	3.0	6.0	0	9.4

小学段，每天做家务时间≥2 小时或者 1～2 小时的特级教师和普通教师差不多，每天做家务时间为 0.5～1 小时的特级教师人数百分比要低于普通教师，每天做家务时间≤0.5 小时的特级教师人数百分比要大大高于普通教师。初中段，每天做家务时间≥2 小时或者 0.5～1 小时的特级教师和普通教师差不多，每天做家务时间为 1～2 小时的特级教师人数百分比要大大高于普通教师，每天做家务时间为≤0.5 小时的特级教师人数百分比要大大低于普通教师。高中段，每天做家务时间≥2 小时或者 1～2 小时的特级教师人数百分比大大低于普通教师，每天做家务时间≤0.5 小时或 0.5～1 小时的特级教师人数百分比要大大高于普通教师。

(三)不同性别教师每天做家务时间

表 2-47　不同性别教师每天做家务时间统计

做家务时间(小时)		男		女	
		特级	普通	特级	普通
≤0.5	N(人)	40	40	18	31
	占比(%)	61.5	56.3	40.0	37.3
0.5～1	N(人)	20	21	16	33
	占比(%)	30.8	29.6	35.6	39.8
1～2	N(人)	5	7	9	13
	占比(%)	7.7	9.9	20.0	15.7
≥2	N(人)	0	3	2	6
	占比(%)	0	4.2	4.4	7.2

每天做家务时间为≥2小时的普通男教师人数百分比要高于特级男教师，每天做家务时间为≤0.5小时、0.5～1小时和1～2小时的特级和普通男教师人数百分比差不多。每天做家务时间为≥2小时的普通女教师人数百分比要高于特级女教师，每天做家务时间为≤0.5小时或1～2小时的特级女教师人数百分比要高于普通女教师，每天做家务时间为0.5～1小时的普通女教师人数百分比要高于特级女教师。说明性别对两类型教师的每天做家务时间有影响。

（四）不同教龄教师每天做家务时间

表2-48 不同教龄教师每天做家务时间统计

做家务时间（小时）		16～20年		21年以上	
		特级	普通	特级	普通
≤0.5	N(人)	13	8	43	15
	占比(%)	52.0	44.4	51.8	38.5
0.5～1	N(人)	7	6	29	16
	占比(%)	28.0	33.3	34.9	41.0
1～2	N(人)	4	2	10	7
	占比(%)	16.0	11.1	12.0	17.9
≥2	N(人)	1	2	1	1
	占比(%)	4.0	11.1	1.2	2.6

教龄在16～20年的教师中，每天做家务时间为≥2小时的普通教师人数百分比要高于特级教师，而每天做家务时间≤0.5小时的普通教师人数百分比要低于特级教师，每天做家务时间为0.5～1小时和1～2小时的特级和普通教师人数百分比差不多。教龄在21年以上的教师中，每天做家务时间为0.5～1小时、1～2小时和≥2小时的普通教师人数百分比均要高于特级教师，每天做家务时间≤0.5小时的普通教师人数百分比要低于特级教师。这说明教龄和教师每天做家务时间有一定关系。

第三章　个性特质与师德修养

第一节　信心、理想与意志

本维度共有 3 道题目，为“我是一个很自信的人”、“我是一个有抱负的人”、“我是个意志坚强的人”。采用五点量表题设计，试图探究两类型教师在信心、理想与意志方面的状况，具体统计结果如下。

一、信心

（一）两类型教师的自信心

表 3-1　两类型教师自信心比较

教师类型	人数	平均值	标准差	t
特级	111	4.31	0.671	2.00*
普通	160	4.11	0.854	

* $p<0.05$

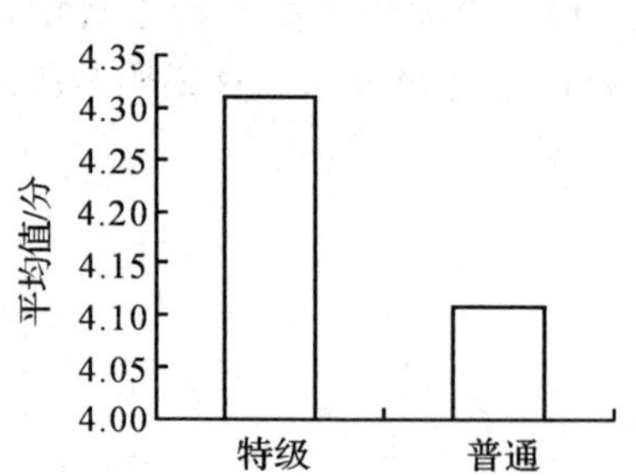

图 3-1　两类型教师自信心比较

两类型教师在这一维度上的平均得分分别为 4.31 和 4.11，说明两类型教师的自信程度较高（最佳自信状况得分应为 5 分），表明在职业心态上两类教师均感觉能够较好胜任自己的工作。经独立样本 t 检验表明，两类型教师在自信程度上差异显著（$p<0.05$），特级教师优于普通教师。

（二）不同学段的教师自信心

表 3-2　不同学段的教师自信心比较

学段	类型	人数	平均值	标准差	t
小学	特级	35	4.37	0.598	1.096
	普通	55	4.18	0.905	
初中	特级	33	4.27	0.801	1.855
	普通	50	3.90	0.953	
高中	特级	43	4.28	0.630	0.429
	普通	54	4.22	0.664	

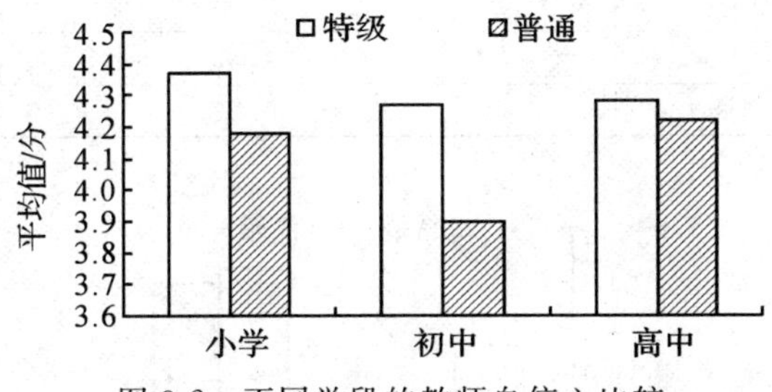

图 3-2　不同学段的教师自信心比较

不同学段两类型教师在这一维度上的平均得分略有差异，经独立样本 t 检验表明，三个学段的两类型教师之间的差异不显著。

比较不同学段两类型教师在这一维度上的平均得分，在特级教师这个群体中，小学特级教师得分最高，高中特级教师次之，初中特级教师居后；在普通教师这个群体中，高中普通教师的得分最高，小学普通教师次之，初中普通教师居后。

（三）不同性别教师的自信心

表 3-3　不同性别教师自信心比较

	类型	人数	平均值	标准差	t
男	特级	66	4.39	0.605	1.383
	普通	72	4.22	0.826	
女	特级	45	4.18	0.747	1.018
	普通	88	4.02	0.871	

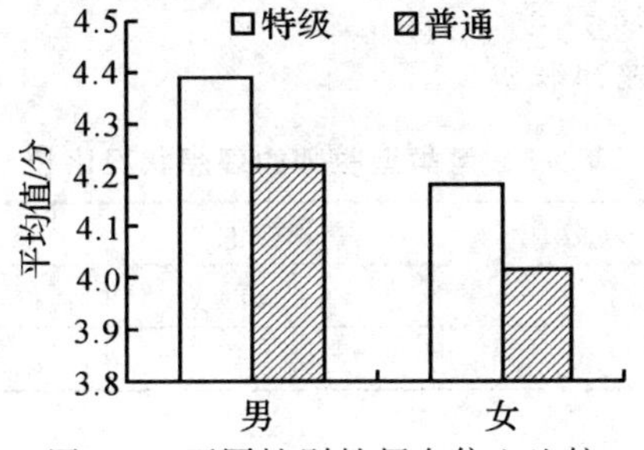

图 3-3　不同性别教师自信心比较

不同性别两类型教师在这一维度上的平均得分均呈现特级教师高于普通教师的特点，经独立样本 t 检验表明，不同性别的两类型教师之间的差异不显著。

比较不同性别两类型教师的平均得分，可知男特级教师的得分最高，男普通教师次之，女特级教师再次之，女普通教师得分居后。在两类教师群体中，均存在男教师自信程度强于女教师的现象。

（四）不同教龄教师的自信心

表 3-4　不同教龄教师自信心比较

教龄	类型	人数	平均值	标准差	t
16～20 年	特级	25	4.16	0.688	1.031
	普通	22	3.91	0.971	
21 年以上	特级	84	4.33	0.665	0.263
	普通	40	4.30	0.648	

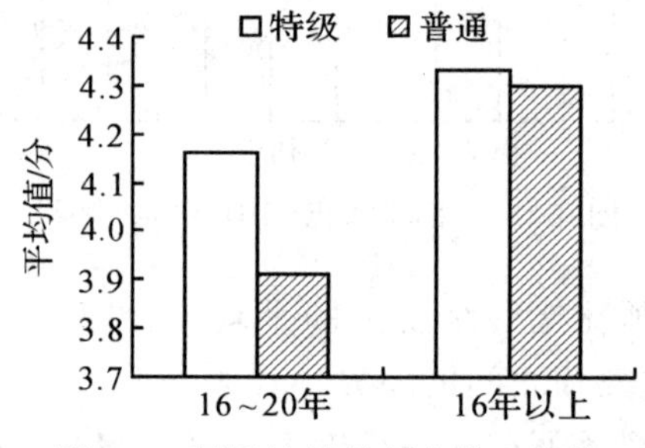

图 3-4　不同教龄教师自信心比较

不同教龄的两类型教师在这一维度上的平均得分均呈现特级教师高于普通教师的趋向，经独立样本 t 检验表明，不同教龄的两类型教师之间的不存在显著差异。

比较不同教龄两类型教师的平均得分，在两类教师群体中，都存在 21 年教龄以上的教师得分高于 16～20 年教龄段的教师的现象。这说明从总体看，教龄长（年龄大）的教师的自信程度要优于教龄短（年龄小）的教师，教龄的长短（年龄）与教师的自信心之间存在一定相关。

二、理想

（一）两类型教师的理想状况

表 3-5　两类型教师的理想状况比较

教师类型	人数	平均值	标准差	t
特级	111	4.32	0.660	2.865**
普通	160	4.04	0.861	

** $p<0.01$

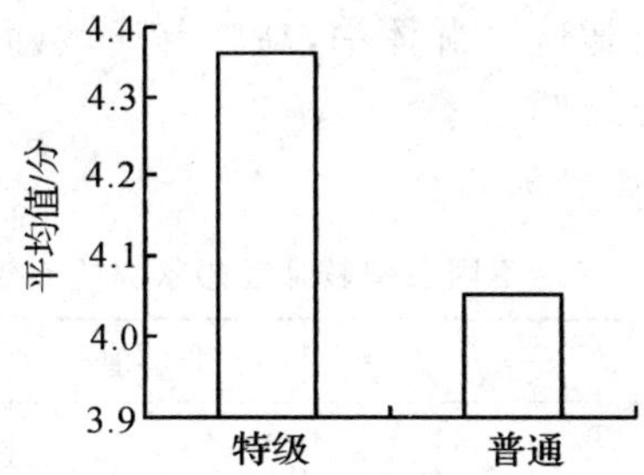

图 3-5　两类型教师的理想状况比较

两类型教师在这一维度上的平均得分呈现出特级教师高于普通教师的趋向，经独立样本 t 检验显示，两类型教师的理想状况存在十分显著的差异（$p<0.01$），特级教师明显优于普通教师。

（二）不同学段的教师的理想

表 3-6　不同学段教师理想状况的比较

学段	类型	人数	平均值	标准差	t
小学	特级	35	4.43	0.698	2.816**
	普通	55	3.95	0.848	
初中	特级	33	4.42	0.561	2.366*
	普通	50	3.96	1.029	
高中	特级	43	4.14	0.675	−0.426
	普通	54	4.20	0.683	

** $p<0.01$，* $p<0.05$

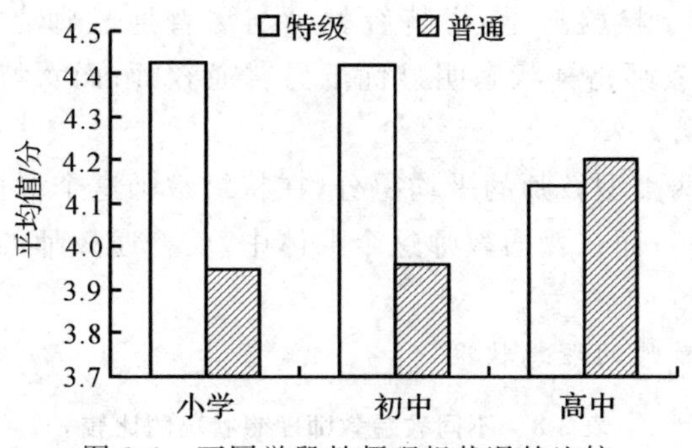

图 3-6　不同学段教师理想状况的比较

不同学段两类型教师在这一维度上的平均得分呈现差异，经独立样本 t 检验表明，小学阶段两类型教师之间的差异十分显著（$p<0.01$），初中学段的两类型教师之间也存在显著差异（$p<0.05$），特级教师抱负程度明显高于普通教师，高中学段的两类型教师没有显著差异。

比较不同学段两类型教师在这一维度上的平均得分，在特级教师这个群体中，三学段教师之间的得分略有差异，小学特级教师得分最高，初中特级教师次之，高中特级教师居后;在普通教师这个群体中,高中普通教师的得分最高,初中普通教师次之,小学普通教师得分最低。

(三)不同性别教师的理想状况

表 3-7 不同性别教师理想状况的比较

	类型	人数	平均值	标准差	t
男	特级	66	4.32	0.660	2.092*
	普通	72	4.03	0.934	
女	特级	45	4.31	0.668	1.910
	普通	88	4.05	0.801	

* $p<0.05$

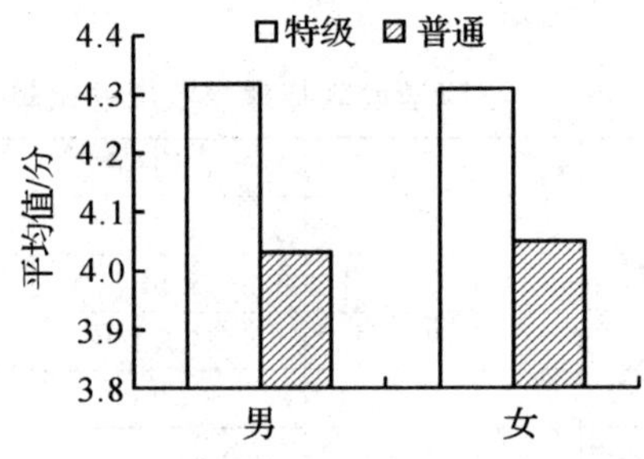

图 3-7 不同性别教师理想状况的比较

不同性别两类型教师在这一维度上的平均得分均呈现特级教师高于普通教师的特点,经独立样本 t 检验显示,男特级教师与男普通教师之间的存在显著差异($p<0.05$),男特级教师精神状态明显优于男普通教师;而女特级教师与女普通教师之间的差异不显著。

比较不同性别两类型教师的平均得分,在特级教师这个群体中,男特级教师得分略高于女特级教师;而在普通教师这个群体中,女普通教师的得分略高于男普通教师。

(四)不同教龄教师的理想状况

表 3-8 不同教龄教师理想状况的比较

教龄	类型	人数	平均值	标准差	t
16～20 年	特级	25	4.28	0.678	2.702**
	普通	22	3.68	0.839	
21 年以上	特级	84	4.33	0.646	1.465
	普通	40	4.15	0.662	

** $p<0.01$

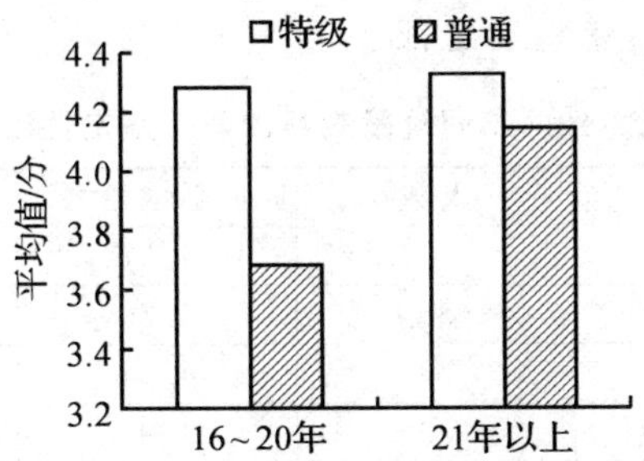

图 3-8　不同教龄教师理想状况的比较

从总体看来，不同教龄的两类型教师在这一维度上的平均得分均呈现特级教师高于普通教师的趋向。经独立样本 t 检验表明，在 16～20 年教龄段的特级教师与普通教师之间存在十分显著差异，而在 21 年教龄以上的特级教师与普通教师之间不存在显著差异。

比较不同教龄两类型教师的平均得分，不管是特级教师还是普通教师，都是 21 年教龄以上的教师得分略高于教龄段的教师。这说明教龄的长短（年龄）与教师的抱负高低有一定联系，教龄长（年龄大）的教师的抱负程度高于教龄短（年龄小）的教师。

三、意志

（一）两类型教师的意志坚定性

表 3-9　两类型教师的意志坚定性比较

教师类型	人数	平均值	标准差	t
特级	111	4.40	0.678	1.753
普通	160	4.23	0.861	

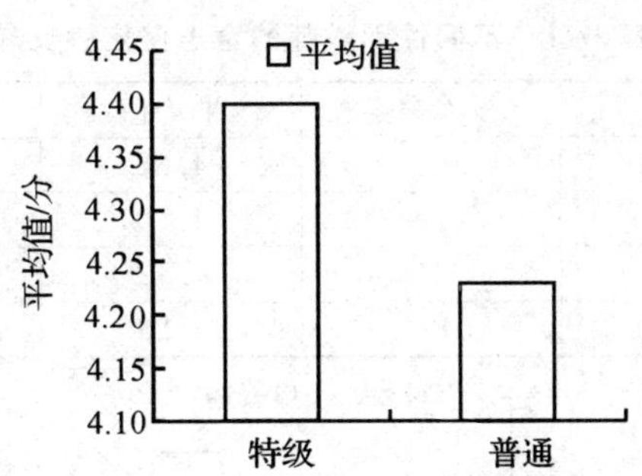

图 3-9　两类型教师的意志坚定性比较

两类型教师在这一维度上的平均得分分别为 4.40 和 4.23，说明两类型教师对自我意志坚定性评价比较好（最佳状况评价得分为 5 分），预示两类型教师都有较为坚定的思想意志。经独立样本 t 检验表明，两类型教师之间不存在显著差异。

（二）不同学段教师的意志坚定性

表 3-10　不同阶段教师的意志坚定性比较

学段	类型	人数	平均值	标准差	t
小学	特级	35	4.57	0.502	1.758
	普通	55	4.29	0.854	
初中	特级	33	4.36	0.699	1.743
	普通	50	4.02	0.979	
高中	特级	43	4.28	0.766	−0.760
	普通	54	4.39	0.656	

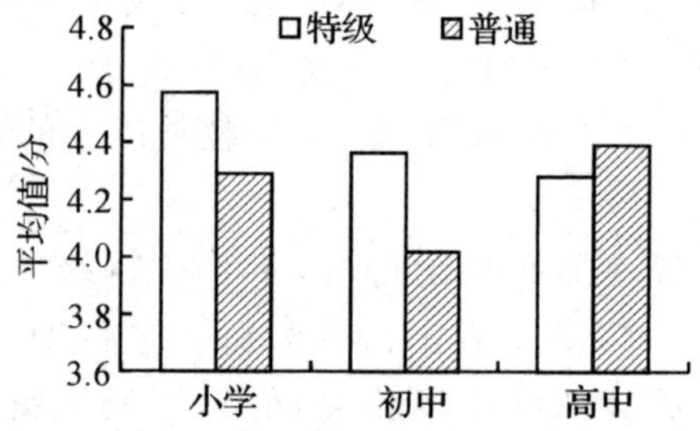

图 3-10　不同阶段教师的意志坚定性比较

不同学段两类型教师在这一维度上的平均得分略有差异，经独立样本 t 检验表明，三个学段的两类型教师之间的差异不显著。

比较不同学段两类型教师在这一维度上的平均得分，在特级教师这个群体中，小学特级教师得分最高，初中特级教师次之，高中特级教师居后；在普通教师这个群体中，高中普通教师的得分最高，小学普通教师次之，初中普通教师居后。

（三）不同性别教师的意志坚定性

表 3-11　不同性别教师的意志坚定性比较

性别	类型	人数	平均值	标准差	t
男	特级	66	4.38	0.696	1.641
	普通	72	4.15	0.899	
女	特级	45	4.42	0.657	0.971
	普通	88	4.28	0.830	

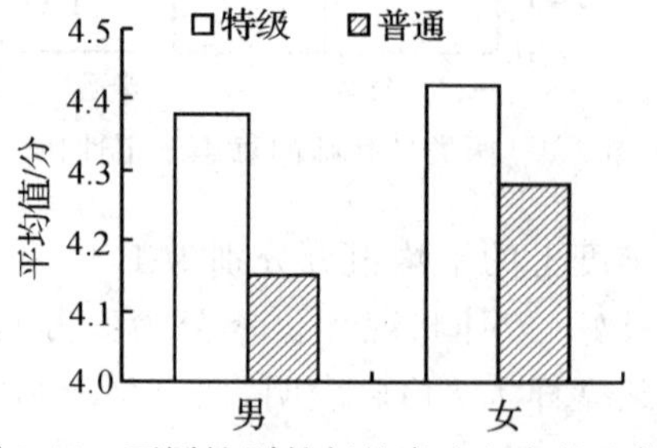

图 3-11　不同性别教师的意志坚定性比较

不同性别两类型教师在这一维度上的平均得分均呈现特级教师高于普通教师的特点，经独立样本 t 检验表明，不同性别的两类型教师之间的差异不显著。

比较不同性别两类型教师的平均得分，可见在特级教师这个群体中，女特级教师得分略高于男特级教师；在普通教师这个群体中，性别之间的差异十分不大。

（四）不同教龄教师的意志坚定性

表 3-12　不同教龄教师的意志坚定性比较

教龄	类型	人数	平均值	标准差	t
16～20 年	特级	25	4.32	0.557	1.395
	普通	22	4.05	0.785	
21 年以上	特级	84	4.42	0.715	0.305
	普通	40	4.38	0.705	

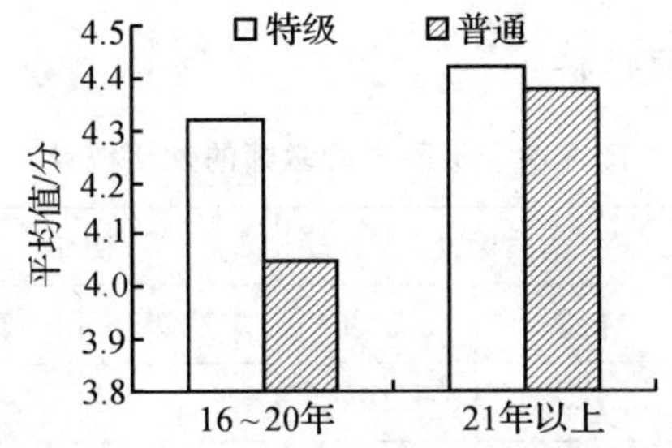

图 3-12　不同教龄教师的意志坚定性比较

不同教龄的两类型教师在这一维度上的平均得分均呈现特级教师高于普通教师的趋向，但经独立样本 t 检验表明，不同教龄的两类型教师之间的不存在显著差异。

比较不同教龄两类型教师的平均得分，不论在特级教师还是普通教师群体中，均存在 21 年教龄以上的教师得分高于 16～20 年教龄段教师的现象，教龄长（年龄大）的教师的意志坚定性要强于教龄短（年龄小）的教师，这说明教龄的长短（年龄）与教师的意志坚定性之间有一定内在联系。

第二节　性格与气质

一、性格

本维度 1 道题目，采用多项选择题形式设计，题目为“你觉得自己属于哪一类型的人”，共有三个选项，试图探究性格类型在调查对象中的情况。

（一）两类型教师的性格

表 3-13　两类型教师的性格比较

性格	特级		普通		总计	
	N(人)	占比(%)	N(人)	占比(%)	N(人)	占比(%)
性格外向，活泼开朗	22	20.0	47	29.6	69	25.7
内向沉稳	33	30.0	45	28.3	78	29.0
两者之间	55	50.0	67	42.1	122	45.4

从总体样本来看，有 25.7%的教师自选为性格外向，活泼开朗类型，有 29%自选为内向沉稳型，有 45.4%自认为介于两者之间。比较而言，自选为开朗型的特级教师比例要低于普通教师 9.6 个百分点，自选为内向型的特级教师比例较普通教师多 1.7 个百分点，而自认为介于两者之间的特级教师则比普通教师多 7.9 个百分点。

（二）不同学段教师的性格

表 3-14　不同学段教师的性格统计

性格		小学		初中		高中	
		特级	普通	特级	普通	特级	普通
性格外向，活泼开朗	N(人)	7	19	7	13	8	15
	占比(%)	20.6	34.5	21.2	26.5	18.6	27.8
内向沉稳	N(人)	7	17	9	14	17	13
	占比(%)	20.6	30.9	27.3	28.6	39.5	24.1
两者之间	N(人)	20	19	17	22	18	26
	占比(%)	58.8	34.5	51.5	44.9	41.9	48.1

从上表可知，三个学段的特级教师和普通教师中外向和内向型教师所占比例大致相当，而性格介于两者之间的教师在三个学段所占比例都较大。

相比较而言，在三个学段的普通教师中，小学普通教师性格活泼者所占的比例最高(34.5%)，初、高中比例大致相当；在三个学段的特级教师中，差异不明显。小学普通教师性格内向沉稳者所占比例最高(30.9%)，初中次之(28.6%)，高中最低(24.1%)；在三个学段的特级教师中，性格内向者高中教师比例最大(39.5%)，初中次之(27.3%)，小学最低(20.6%)。

在三个学段的普通教师中，选择性格在两者之间者高中教师比例最高(48.1%)，初中略低(44.9%)，小学最低(34.5%)；在三个学段的特级教师中，选择性格两者之间者小学比例最高(58.8%)，初中次之(51.5%)，高中最低(41.8%)。

（三）不同性别教师的性格

表 3-15　不同性别教师的性格统计

性格		男		女	
		特级	普通	特级	普通
性格外向，活泼开朗	N(人)	8	17	14	30
	占比(%)	12.1	23.6	31.8	34.5
内向沉稳	N(人)	26	24	7	21
	占比(%)	39.4	33.3	15.9	24.1
两者之间	N(人)	32	31	23	36
	占比(%)	48.5	43.1	52.3	41.4

在“性格外向”这一选项上，女特级教师高出男特级教师教师约 20 个百分点；女普通教师高出男特级教师约 11 个百分点；而在此项上女特级教师却略低于女普通教师。

在“性格内向”选项上，无论普通教师或特级教师均呈现出男教师高出女教师的特点。其中，性格沉稳的男特级教师所占比例最高(39.4)高出女特级教师 23 个百分点。

（四）不同教龄教师的性格

表 3-16　不同教龄教师的性格统计

性格		16～20 年		21 年以上	
		特级	普通	特级	普通
性格外向，活泼开朗	N(人)	6	6	16	8
	占比(%)	25.0	28.6	19.0	20.0
内向沉稳	N(人)	4	6	28	15
	占比(%)	16.7	28.6	33.3	37.5
两者之间	N(人)	14	9	40	17
	占比(%)	58.3	42.9	47.6	42.5

从上表可知，16～20 年教龄段和 21 年以上教龄段的特级教师和普通教师性格特点基本一致，均呈现出两者之间最多，内向者次之，外向者最少的状态。

二、做事风格

本维度共有 1 道题目，为“我平时做事及时迅速而且总想尽善尽美”。采用五点量表题设计，试图探究两类型教师的做事风格，具体统计结果如下。

(一)两类型教师的做事风格

表 3-17 两类型教师的做事风格比较

教师类型	人数	平均值	标准差	t
特级	111	4.50	0.699	2.571*
普通	160	4.28	0.691	

* $p<0.05$

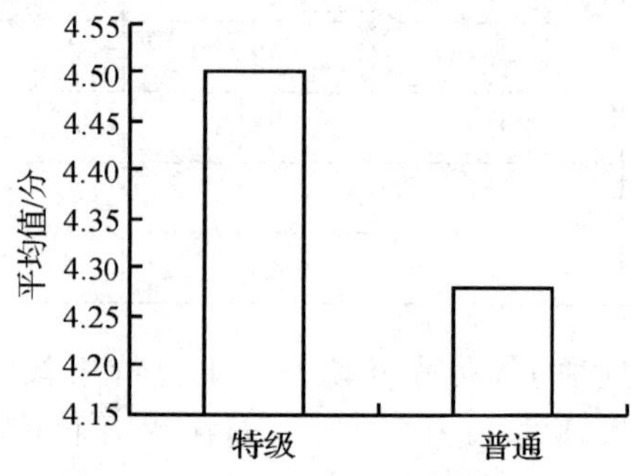

图 3-13 两类型教师的做事风格比较

两类型教师在这一维度上的平均得分分别为 4.50 和 4.28,说明两类型均有良好的做事习惯和做事风格。经独立样本 t 检验表明,两类型教师之间的差异显著($p<0.05$),特级教师明显优于普通教师。

(二)不同学段教师的做事风格

表 3-18 不同学段教师的做事风格比较

学段	类型	人数	平均值	标准差	t
小学	特级	35	4.66	0.482	2.677**
	普通	55	4.29	0.712	
初中	特级	33	4.45	0.833	1.141
	普通	50	4.20	0.782	
高中	特级	43	4.40	0.728	0.608
	普通	54	4.31	0.577	

** $p<0.01$

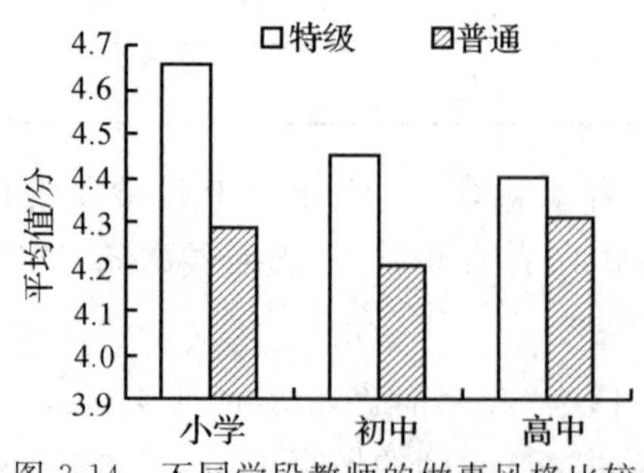

图 3-14 不同学段教师的做事风格比较

不同学段两类型教师在这一维度上的平均得分均呈现出特级教师高于普通教师的趋向，经独立样本 t 检验显示，小学阶段的两类型教师的做事风格存在十分显著的差异（$p<0.01$），特级教师明显优于普通教师。初中、高中阶段的两类型教师的做事风格没有显著差异。

比较不同学段两类型教师在这一维度上的平均得分，在特级教师这个群体中，小学特级教师得分最高，初中特级教师次之，高中特级教师居后；在普通教师这个群体中，高中普通教师的得分最高，小学普通教师次之，初中普通教师居后。

（三）不同性别教师的做事风格

表 3-19　不同性别教师的做事风格比较

性别	类型	人数	平均值	标准差	t
男	特级	66	4.47	0.638	1.812
	普通	72	4.26	0.692	
女	特级	45	4.53	0.786	1.873
	普通	88	4.28	0.694	

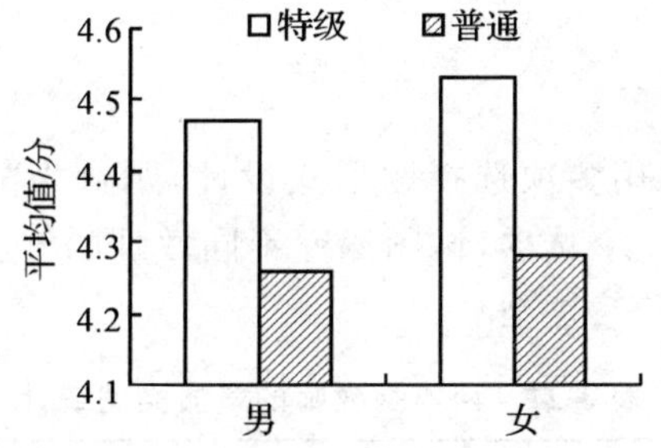

图 3-15　不同性别教师的做事风格比较

不同性别两类型教师在这一维度上的平均得分均呈现特级教师略高于普通教师的特点，经独立样本 t 检验表明，不同性别的两类型教师之间的差异不显著。

比较不同性别两类型教师的平均得分，可见女特级教师的得分最高，男特级教师次之，男女普通教师得分居后；在特级教师这个群体中，女特级教师得分略高于男特级教师；在普通教师这个群体中，性别之间的差异十分微小。

（四）不同教龄教师的做事风格

表 3-20　不同教龄教师的做事风格比较

教龄	类型	人数	平均值	标准差	t
16～20 年	特级	25	4.64	0.490	2.099*
	普通	22	4.27	0.703	
21 年以上	特级	84	4.46	0.752	0.863
	普通	40	4.35	0.533	

* $p<0.05$

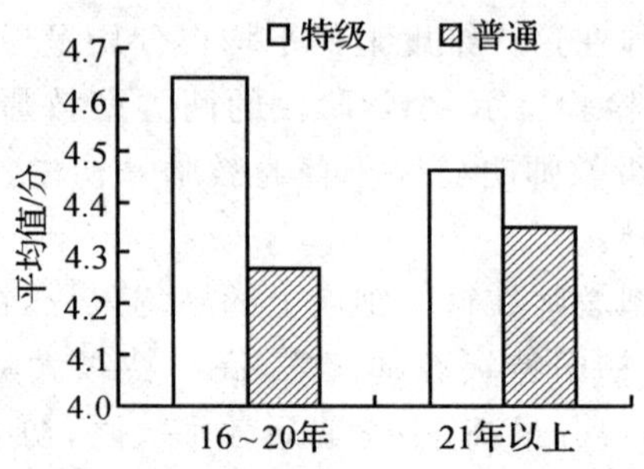

图 3-16　不同教龄教师的做事风格比较

不同教龄的两类型教师在这一维度上的平均得分均呈现特级教师略高于普通教师的趋向。经独立样本 t 检验表明，16～20 年教龄段的两类型教师之间存在显著差异（$p<0.05$），21 年以上教龄段的两类型教师之间不存在显著差异。

比较不同教龄两类型教师的平均得分，在特级教师中，教龄在 16～20 年的教师得分略高于教龄在 21 年以上的教师；而在普通教师中，则是 21 年教龄以上的教师得分略高于 16～20 年教龄段的教师；这说明教龄的长短（年龄）与教师的做事风格之间有一定内在关联。

三、气质

本维度 1 道题目，采用多项选择题形式设计，题目为“你觉得自己更偏向于下列哪种气质类型”，共有 4 个选项，试图探究不同教师的气质类型情况。

（一）两类型教师的气质类型

表 3-21　两类型教师的气质类型统计

气质	特级		普通		总计	
	N（人）	占比（%）	N（人）	占比（%）	N（人）	占比（%）
急躁型	13	11.7	35	22.2	48	17.8
安静型	61	55.5	74	46.8	135	50.2
弱型	0	0.0	9	5.7	9	3.3
灵活型	37	33.3	40	25.3	77	28.6

从总体样本来看，有 50.2%的教师自选为安静型，有 28.6%自选为灵活型，有 17.8%自认为急躁型，仅 3.3%自选为弱型。相比较而言，安静型的特级教师比例要高于普通教师 8.7 个百分点，急躁型的特级教师比例要低于普通教师 10.5 个百分点，灵活型的特级教师比例要高于普通教师 8 个百分点。

（二）不同学段教师的气质类型

表 3-22 不同学段教师的气质类型统计

气质		小学		初中		高中	
		特级	普通	特级	普通	特级	普通
急躁型	N(人)	4	14	3	12	6	9
	占比(%)	11.4	25.9	9.1	24.0	14.0	17.0
安静型	N(人)	18	23	19	24	24	27
	占比(%)	51.4	42.6	57.6	48.0	55.8	50.9
弱型	N(人)	0	3	0	3	0	2
	占比(%)	0.0	5.6	0.0	6.0	0	3.8
灵活型	N(人)	13	14	11	11	13	15
	占比(%)	37.1	25.9	33.3	22.0	30.2	28.3

从上表可知，不同学段的普通和特级教师自选类型由安静型、灵活型、急躁型到弱型呈现递减趋势。

相比较而言，在三个学段的普通教师中，高中普通教师选择安静型的比例最高(50.9%)，初中次之(48.0%)，小学最低(42.6%)；在三个学段的特级教师中，初中最高(57.6%)，高中略低(55.8%)，小学最少(51.4%)。三学段的普通教师选择"急躁型"和"弱型"的比例均高出特级教师，呈现较大差异；在三个学段的特级教师中，选择"弱型"的均为零。选择"急躁型"普通教师比例小学最高(25.9%)，初中略低(24.0%)，高中最低(17.0%)。

（三）不同性别教师的气质类型

表 3-23 不同性别教师的气质类型统计

气质		男		女	
		特级	普通	特级	普通
急躁型	N(人)	7	10	6	25
	占比(%)	10.6	13.9	13.3	29.1
安静型	N(人)	38	41	23	33
	占比(%)	57.6	56.9	51.1	38.4
弱型	N(人)	0	2	0	7
	占比(%)	0.0	2.8	0.0	8.1
灵活型	N(人)	21	19	16	21
	占比(%)	31.8	26.4	35.6	24.4

从上表可知，不同性别教师的气质类型在具体项目上呈现较大差异。

在"安静型"这一选项上，女特级教师高出女普通教师约 13 个百分点；男普通教师高出女普通教师 18 个百分点；男特级教师高出女特级教师 6 个百分点。在"急躁型"和"弱型"选项上，均呈现出女教师高出男教师的特点，普通教师高出特级教师的特点，其中女普通教师尤为显著。在"灵活型"这一选项上，男、女教师比例大致相当。

(四)不同教龄教师的气质类型

表 3-24 不同教龄教师的气质类型统计

气质		16～20 年		21 年以上	
		特级	普通	特级	普通
急躁型	N(人)	3	6	10	3
	占比(%)	12.0	28.6	11.9	7.7
安静型	N(人)	13	10	46	24
	占比(%)	52.0	47.6	54.8	61.5
弱型	N(人)	0	3	0	1
	占比(%)	0.0	14.3	0.0	2.6
灵活型	N(人)	9	2	28	11
	占比(%)	36.0	9.5	33.3	28.2

从上表可知,16～20 年教龄段和 21 年以上教龄段的特级教师和普通教师气质类型基本一致,从安静型、灵活型、急躁型到弱型呈递减趋势。相比较而言,无论特级教师和普通教师,16～20 年教龄段的与 21 年以上教龄段的教师相比,急躁型和弱型的比例高,安静型和灵活型的比例少,呈现较大差异。

第三节 兴趣爱好

一、认同

本维度共有 1 道题目,为"我认为兴趣爱好对教师的成长很有帮助"。采用五点量表题设计,试图探究两类型教师对兴趣爱好的认同,具体统计结果如下。

(一)两类型教师对兴趣的认同

表 3-25 两类型教师对兴趣的认同比较

教师类型	人数	平均值	标准差	t
特级	111	4.19	0.733	−0.590
普通	160	4.24	0.759	

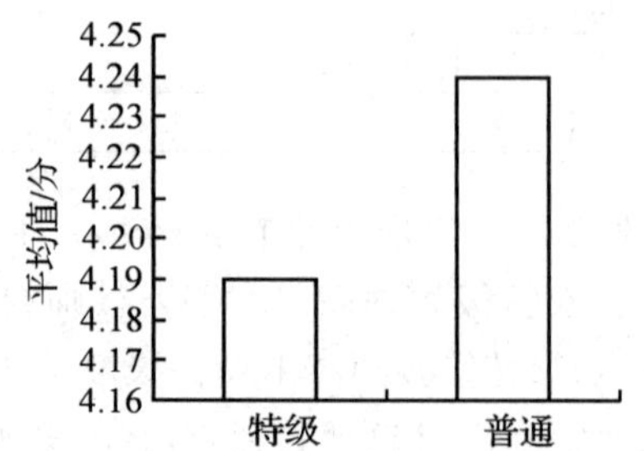

图 3-17 两类型教师对兴趣的认同比较

两类型教师在这一维度上的平均得分分别为4.19和4.24，说明两类型教师均对兴趣对教师成长持肯定态度(最佳状况评价得分为5分)。经独立样本 t 检验表明，两类型教师之间的差异不显著。

(二)不同学段教师对兴趣的认同

表 3-26　不同学段教师对兴趣的认同比较

学段	类型	人数	平均值	标准差	t
小学	特级	35	4.09	0.781	−0.654
	普通	55	4.20	0.826	
初中	特级	33	4.18	0.769	0.901
	普通	50	4.02	0.820	
高中	特级	43	4.28	0.666	−1.803
	普通	54	4.50	0.541	

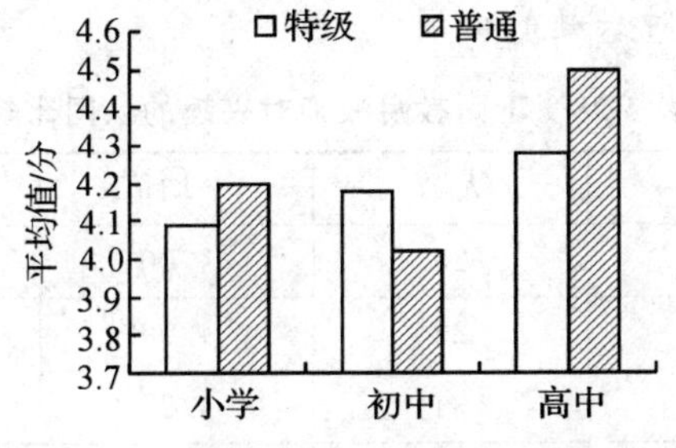

图 3-18　不同学段教师对兴趣的认同比较

不同学段两类型教师在这一维度上的平均得分略有差异，经独立样本 t 检验表明，三个学段的两类型教师之间的差异不显著。

比较不同学段两类型教师在这一维度上的平均得分，在特级教师这个群体中，高中特级教师得分最高，初中特级教师次之，小学特级教师居后；在普通教师这个群体中，高中普通教师的得分最高，小学普通教师次之，初中普通教师居后。

(三)不同性别教师对兴趣的认同

表 3-27　不同性别教师对兴趣的认同比较

性别	类型	人数	平均值	标准差	t
男	特级	66	4.23	0.675	−0.179
	普通	72	4.25	0.801	
女	特级	45	4.13	0.815	−0.758
	普通	88	4.24	0.727	

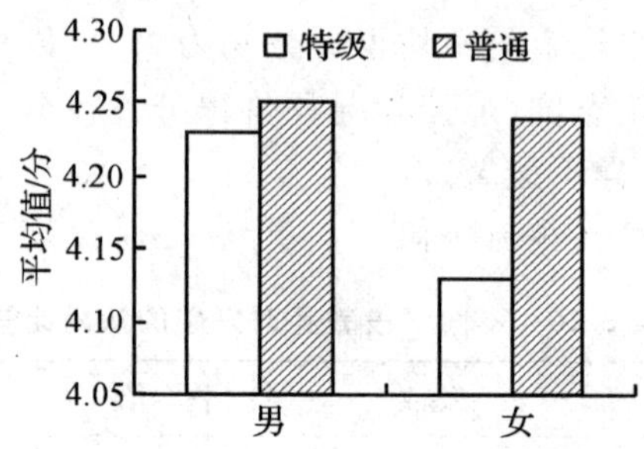

图 3-19 不同性别教师对兴趣的认同比较

不同性别两类型教师在这一维度上的平均得分均呈现男教师高于女教师，普通教师略高于特级教师的特点，经独立样本 t 检验表明，不同性别的两类型教师之间的差异不显著。

比较不同性别两类型教师的平均得分，可见男普通教师的得分最高，女普通教师次之，男女特级教师得分居后；在特级教师这个群体中，男特级教师得分略高于女特级教师；在普通教师这个群体中，性别之间的差异十分微小。

（四）不同教龄教师对兴趣的认同

表 3-28 不同教龄教师对兴趣的认同比较

教龄	类型	人数	平均值	标准差	t
16～20 年	特级	25	4.00	0.816	－0.359
	普通	22	4.09	0.921	
21 年以上	特级	84	4.25	0.709	－1.159
	普通	40	4.40	0.591	

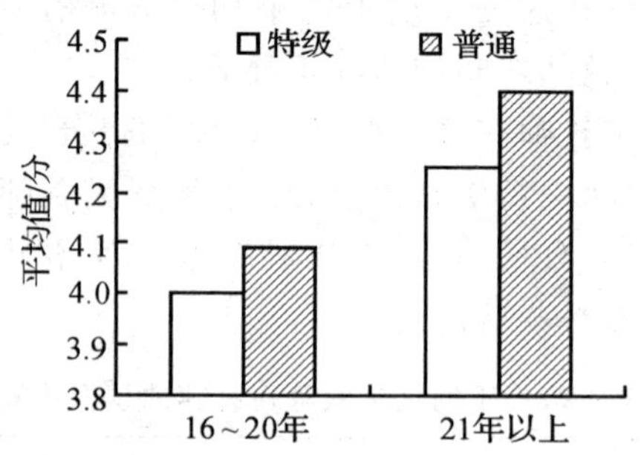

图 3-20 不同教龄教师对兴趣的认同比较

不同教龄的两类型教师在这一维度上的平均得分均呈现普通教师高于特级教师的趋向，但经独立样本 t 检验表明，不同教龄的两类型教师之间不存在显著差异。

比较不同教龄两类型教师的平均得分，无论是特级教师还是普通教师，21 年教龄以上的特级教师得分均高于16～20年教龄段的特级教师。这说明教龄的长短(年龄)与兴趣对教师成长的认同度之间有一定联系,教龄长(年龄大)的教师的对兴趣的认同度要高于教龄短(年龄小)的教师。

二、广度

本维度1道题目,为“我的兴趣爱好非常广泛”。采用五点量表题设计,试图探究两类型教师的兴趣广度情况,具体统计结果如下。

(一)两类型教师的兴趣广度

表3-29　两类型教师的兴趣广度比较

教师类型	人数	平均值	标准差	t
特级	111	3.84	0.949	−0.365
普通	160	3.88	0.974	

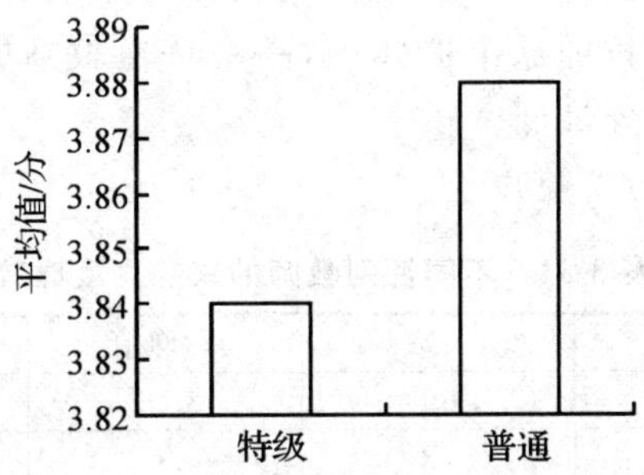

图3-21　两类型教师的兴趣广度比较

由上表可知,两类型教师在这一维度上的平均得分分别为3.84和3.88,说明两类型教师的兴趣广度较好(最佳得分为5分)。经独立样本t检验表明,两类型教师之间没有显著差异,普通教师兴趣广度略优于特级教师。

(二)不同学段教师的兴趣广度

表3-30　不同学段教师的兴趣广度比较

学段	类型	人数	平均值	标准差	t
小学	特级	35	3.86	1.004	−0.692
	普通	55	4.00	0.923	
初中	特级	33	3.97	0.847	1.804
	普通	50	3.58	1.032	
高中	特级	43	3.72	0.984	−1.534
	普通	54	4.02	0.921	

不同学段两类型教师在这一维度上的平均得分呈现差异,经独立样本 t 检验表明,三个学段的两类型教师没有显著差异。

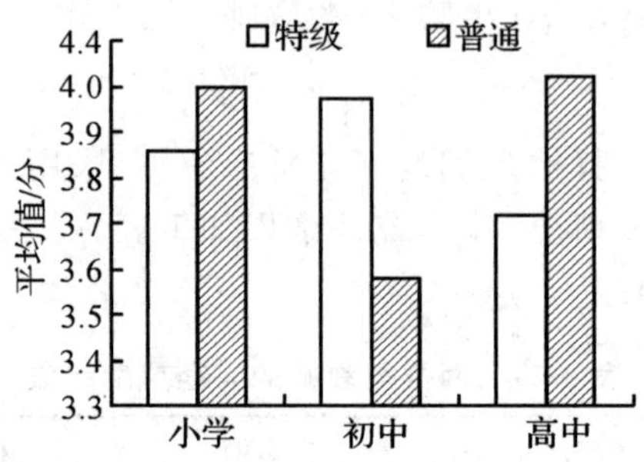

图 3-22　不同学段教师的兴趣广度比较

比较不同学段两类型教师在这一维度上的平均得分,在特级教师这个群体中,三学段教师之间的得分略有差异,初中特级教师得分最高,小学特级教师次之,高中特级教师居后;在普通教师这个群体中,高中普通教师的得分最高,小学普通教师次之,初中普通教师得分最低。

(三)不同性别教师的兴趣广度

表 3-31　不同性别教师的兴趣广度比较

性别	类型	人数	平均值	标准差	t
男	特级	66	3.92	0.917	−0.468
	普通	72	4.00	0.979	
女	特级	45	3.71	0.991	−0.409
	普通	88	3.78	0.964	

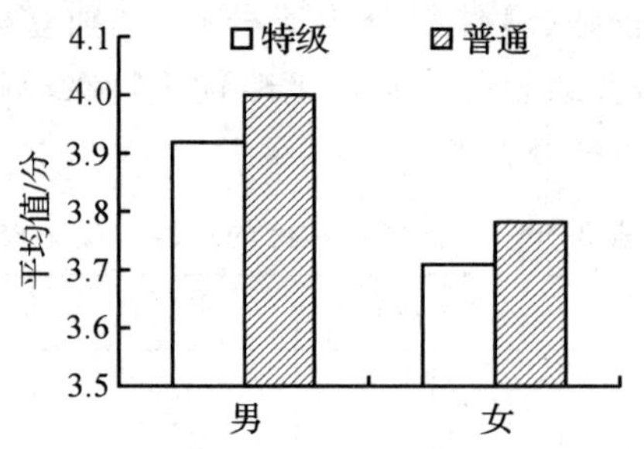

图 3-23　不同性别教师的兴趣广度比较

不同性别两类型教师在这一维度上的平均得分均呈现普通教师略高于特级教师的特点,经独立样本 t 检验表明,不同性别的两类型教师之间的差异不显著。

比较不同性别两类型教师的平均得分,可见男普通教师的得分最高,男特级教师次之,女普通教师和特级教师的得分居后;说明普通教师比特级教师具有更好的兴趣广度,男教师比女教师的兴趣更广泛。

(四)不同教龄教师的兴趣广度

表 3-32　不同教龄教师的兴趣广度比较

教龄	类型	人数	平均值	标准差	t
16～20 年	特级	25	3.88	0.971	1.077
	普通	22	3.59	0.854	
21 年以上	特级	84	3.82	0.946	−1.422
	普通	40	4.08	0.888	

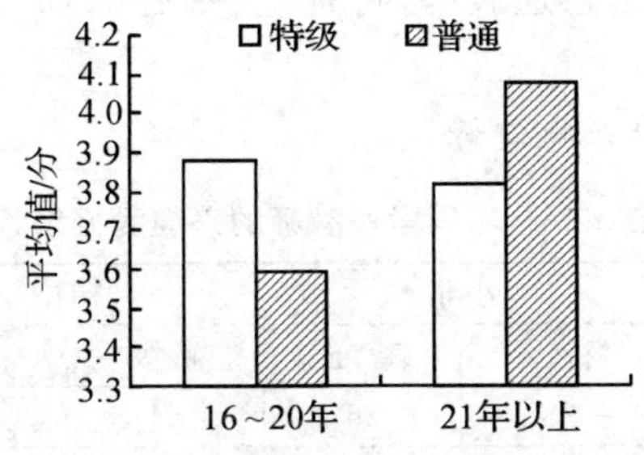

图 3-24　不同教龄教师的兴趣广度比较

不同教龄的两类型教师在这一维度上的平均得分均呈现特级教师与普通教师大致相当的趋向，经独立样本 t 检验表明，不同教龄的两类型教师之间不存在显著差异。

比较不同教龄两类型教师的平均得分，在特级教师这个群体中，16～20 年教龄段的特级教师得分略高于 21 年教龄以上的特级教师，说明教龄短(年龄小)的特级教师兴趣广度优于教龄长(年龄大)的特级教师；而在普通教师这个群体中，21 年教龄以上的特级教师得分高于 16～20 年教龄段的普通教师，这说明教龄长(年龄大)的普通教师的兴趣广度优于教龄短(年龄小)的普通教师。

三、兴趣内容

本维度 1 道题目，采用多项选择题形式设计，题目为“我的兴趣爱好是……”共有 5 个选项(可多选)，试图探究不同类型教师的兴趣爱好情况。

(一)两类型教师的兴趣爱好

表 3-33　两类型教师的兴趣爱好统计

兴趣	特级		普通		总计	
	N(人)	占比(%)	N(人)	占比(%)	N(人)	占比(%)
看书学习	81	73.0	84	53.5	165	61.6
体育、旅游、书画摄影与音乐	37	33.3	74	47.1	111	41.4
电视、上网、游戏与交游	33	29.7	83	52.9	116	43.3
某专业领域的学习和提升	45	40.5	42	26.8	87	32.5
时事新闻，经济财贸	40	36.0	51	32.5	91	34.0
没有什么爱好	8	7.2	7	4.5	15	5.6
其他	9	8.1	5	3.2	14	5.2

从总体样本来看,看书、上网电视、体育旅游、时事新闻是最受教师青睐的活动,有 61.6%的教师选择"看书学习"为自己的爱好。

比较而言,特级教师与普通教师的兴趣爱好,在具体选项上,呈现较大差异。特级教师以"看书学习"为兴趣的比例为 73.0%,普通教师则为 53.5%,前者要高出后者近 20 个百分点;而在"体育旅游"和"电视上网"选项上的普通教师所占比例则高出特级教师约 14 和 23 个百分点;在"专业学习"、"时事新闻"和"其他爱好"三个选项上,特级教师均高出普通教师,特别是"专业学习"上,特级教师高出普通教师约 14 个多百分点。

(二)不同学段教师的兴趣爱好

表 3-34 不同学段教师的兴趣爱好统计

兴趣		小学		初中		高中	
		特级	普通	特级	普通	特级	普通
看书学习	N(人)	28	26	24	27	29	30
	占比(%)	80.0	48.1	72.7	55.1	67.4	56.6
体育、旅游、书画摄影与音乐	N(人)	11	24	9	24	17	25
	占比(%)	31.4	44.4	27.3	49.0	39.5	47.2
电视、上网、游戏与交游	N(人)	8	30	12	26	13	26
	占比(%)	22.9	55.6	36.4	53.1	30.2	49.1
某专业领域的学习和提升	N(人)	14	9	13	15	18	18
	占比(%)	40.0	16.7	39.4	30.6	41.9	34.0
时事新闻,经济财贸	N(人)	10	16	13	13	17	22
	占比(%)	28.6	29.6	39.4	26.5	39.5	41.5
没有什么爱好	N(人)	5	4	2	2	1	1
	占比(%)	14.3	7.4	6.1	4.1	2.3	1.9
其他	N(人)	3	3	5	1	1	1
	占比(%)	8.6	5.6	15.2	2.0	2.3	1.9

从上表可知,三学段的特级教师和普通教师的兴趣爱好基本一致,位居前四的分别是看书学习、体育旅游、电视上网和时事新闻。

相比较而言,在三个学段的普通教师中,高中普通教师选择"看书学习"的比例最高(56.6%),初中次之(55.1%),小学最低(48.1%);在三个学段的特级教师中,小学最高(80.0%),初中次之(72.7%),高中略低(67.4%)。这种现象的个中原因还有待探究。

三学段的普通教师选择"电视上网"的比例远远高出特级教师,呈现较大差异;在三个学段的普通教师中,所选比例差异很大,小学最高(55.6%),初中次之(53.1%),高中略低(49.1%);在三个学段的特级教师中,初中最高(36.4%),高中次之(30.2%),小学最低(22.9%)。

(三)不同性别教师的兴趣爱好

表 3-35 不同性别教师的兴趣爱好统计

兴趣		男		女	
		特级	普通	特级	普通
看书学习	N(人)	53	35	28	49
	占比(%)	80.3	50.0	62.2	56.3
体育、旅游、书画摄影与音乐	N(人)	23	34	14	40
	占比(%)	34.8	48.6	31.1	46.0
电视、上网、游戏与交游	N(人)	16	35	17	48
	占比(%)	24.2	50.0	37.8	55.2
某专业领域的学习和提升	N(人)	27	23	18	19
	占比(%)	40.9	32.9	40.0	21.8
时事新闻，经济财贸	N(人)	31	28	9	23
	占比(%)	47.0	40.0	20.0	26.4
没有什么爱好	N(人)	1	2	7	5
	占比(%)	1.5	2.9	15.6	5.7
其他	N(人)	6	1	3	4
	占比(%)	9.1	1.4	6.7	4.6

从上表可知，不同性别教师的兴趣爱好在具体项目上呈现较大差异。在“看书学习”这一选项上，男特级教师高出女特级教师教师约 22 个百分点；男特级教师高出男普通教师近 30 个百分点；女普通教师却略低于女特级教师。在“电视上网”选项上，呈现女教师高出男教师的特点，其中女普通教师比例最高(55.2%)；女特级教师高出男特级教师 13 个百分点，女普通教师高出女特级教 17 个百分点。

(四)不同教龄教师的兴趣爱好

表 3-36 不同教龄教师的兴趣爱好统计

兴趣		16～20 年		21 年以上	
		特级	普通	特级	普通
看书学习	N(人)	20	10	59	27
	占比(%)	80.0	50.0	70.2	69.2
体育、旅游、书画摄影与音乐	N(人)	8	6	29	17
	占比(%)	32.0	30.0	34.5	43.6
电视、上网、游戏与交游	N(人)	8	5	25	23
	占比(%)	32.0	25.0	29.8	59.0
某专业领域的学习和提升	N(人)	12	5	33	14
	占比(%)	48.0	25.0	39.3	35.9
时事新闻，经济财贸	N(人)	7	8	33	13
	占比(%)	28.0	40.0	39.3	33.3
没有什么爱好	N(人)	0	2	8	1
	占比(%)	0.0	10.0	9.5	2.6
其他	N(人)	3	1	6	0
	占比(%)	12.0	5.0	7.1	0.0

从上表可知，不同教龄教师的兴趣爱好在具体项目上呈现出一定的差异。16～20年教龄段教师的兴趣爱好中，位居前四的分别是看书学习、专业学习、时事新闻和体育旅游；而21年以上教龄段的教师的兴趣爱好中，位居前四位则分别是看书学习、电视上网、体育旅游和专业学习。相比较而言，21年以上教龄段的特级教师和普通教师在“体育旅游”这一项上的比例要高于16～20年教龄段的教师。特级教师高出约2.5个百分点，普通教师高出约14个百分点，呈现较大差异。

第四章　教育观与新课程

第一节　学生主体意识

本维度1道题目，为“我很认同‘学生是永远的教育主体’这个观点”。采用五点量表题设计，试图探究两类型教师的学生观，具体统计结果如下。

(一)两类型教师的学生主体意识

表4-1　两类型教师的学生主体意识比较

教师类型	人数	平均值	标准差	t
特级	111	4.39	0.728	−0.229
普通	160	4.43	1.620	

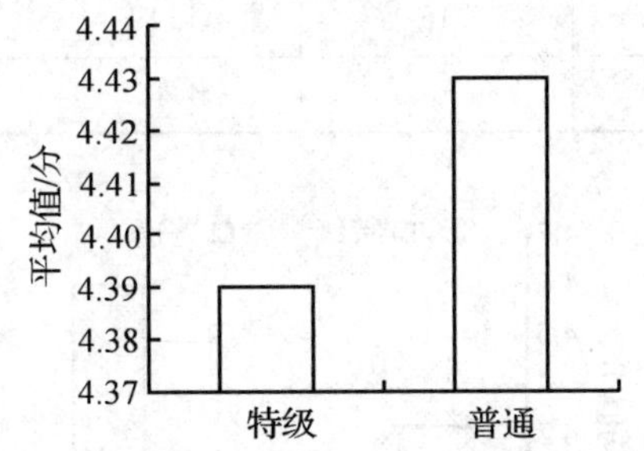

图4-1　两类型教师的学生主体意识比较

特级和普通教师在学生主体意识这一维度上的平均得分分别为4.39和4.43，处于中上近优水平(最高分为5分)，说明两类型教师均高度赞同“学生是永远的教育主体”这个观点。独立样本t检验结果表明，特级和普通教师在学生主体意识这一维度上的差异不显著。

(二)不同学段教师的学生主体意识

表4-2　不同学段教师的学生主体意识比较

学段	类型	人数	平均值	标准差	t
小学	特级	35	4.37	0.690	0.862
	普通	55	4.22	0.896	
初中	特级	33	4.42	0.663	−0.640
	普通	50	4.72	2.595	
高中	特级	43	4.37	0.817	0.120
	普通	54	4.35	0.828	

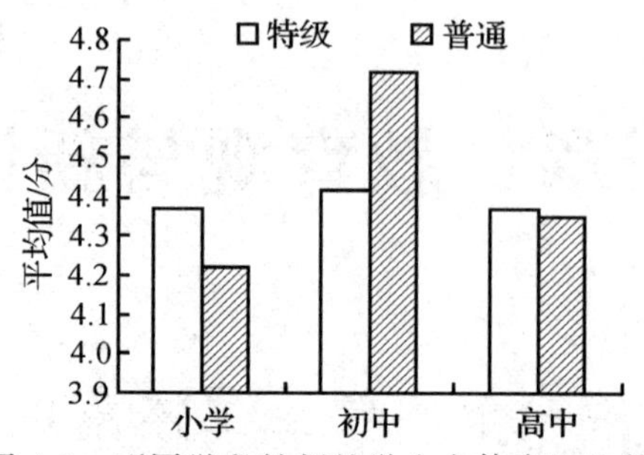

图 4-2 不同学段教师的学生主体意识比较

独立样本 t 检验结果表明，不同学段特级和普通教师的学生主体意识差异不显著。

（三）不同性别教师的学生主体意识

表 4-3 不同性别教师的学生主体意识比较

性别	类型	人数	平均值	标准差	t
男	特级	66	4.32	0.727	0.751
	普通	72	4.21	0.963	
女	特级	45	4.49	0.727	−0.369
	普通	88	4.60	1.992	

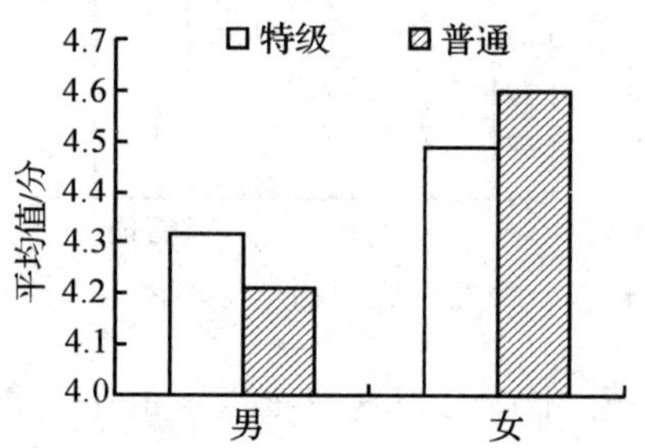

图 4-3 不同性别教师的学生主体意识比较

独立样本 t 检验结果表明，不同性别特级和普通教师的学生主体意识差异不显著。

（四）不同教龄教师的学生主体意识

表 4-4 不同教龄教师的学生主体意识比较

教龄	类型	人数	平均值	标准差	t
16～20 年	特级	25	4.32	0.690	0.214
	普通	22	4.27	0.827	
21 年以上	特级	84	4.39	0.745	1.059
	普通	40	4.23	0.974	

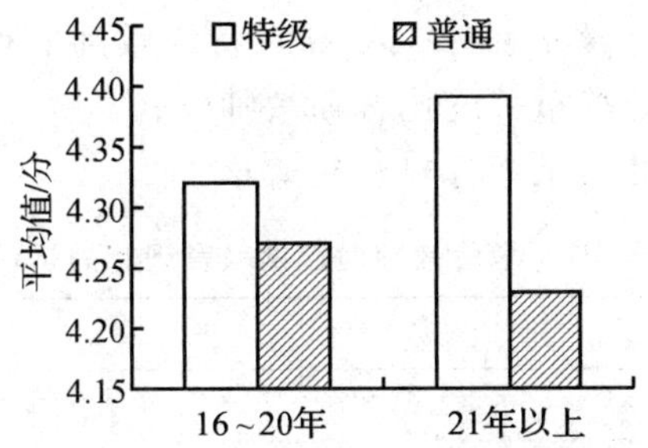

图 4-4 不同性别教师的学生主体意识比较

独立样本 t 检验结果表明，不同教龄特级和普通教师的学生主体意识差异不显著。

第二节 应试教育

一、现实认识

本维度 1 道题目，为"'轰轰烈烈搞素质教育，扎扎实实做应试教育'是当前教育现状的真实写照"。采用五点量表题设计，试图探究两类型教师对现实教育的认识，具体统计结果如下。

(一)两类型教师对应试教育现状的认识

表 4-5 两类型教师对应试教育现状的认识比较

教师类型	人数	平均值	标准差	t
特级	111	4.18	0.907	2.302*
普通	160	4.42	0.789	

* $p<0.05$

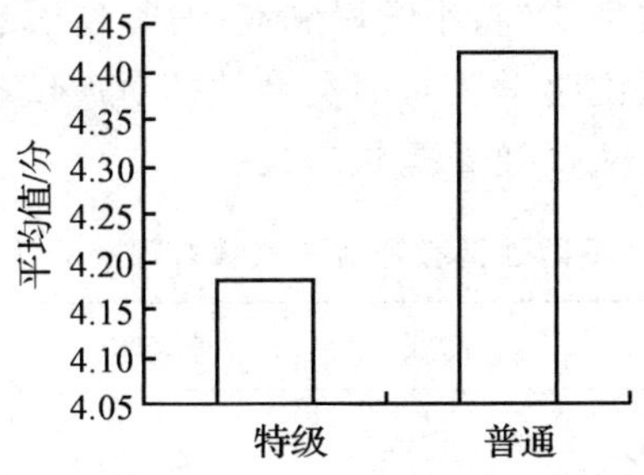

图 4-5 两类型教师对应试教育现状的认识比较

特级和普通教师在对应试教育的现实认识上的平均得分分别为 4.18 和 4.42，处于中上偏高水平(最高分为 5 分)，说明两类型教师均相当赞同"轰轰烈烈搞素质教育，扎扎实实做应试教育"的现状。独立样本 t 检验结果表明，特级和普通教师对应试教育的现实认识差异显著($p<0.05$),特级教师的得分要低于普通教师,说明特级教师认为应试教育严重程度比普通教师要轻。

(二)不同学段教师对应试教育现状的认识

表 4-6 不同学段教师对应试教育现状的认识比较

学段	类型	人数	平均值	标准差	t
小学	特级	35	4.00	0.939	0.445
	普通	55	4.09	0.948	
初中	特级	33	4.21	0.893	−2.818**
	普通	50	4.68	0.621	
高中	特级	43	4.30	0.887	−1.396
	普通	54	4.52	0.637	

** $p<0.01$

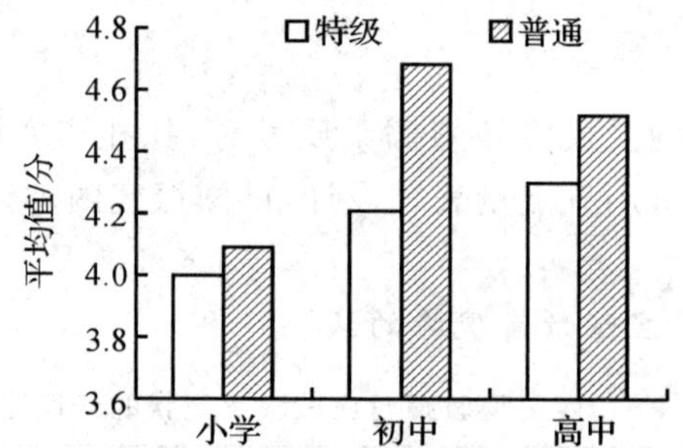

图 4-6 不同学段教师对应试教育现状的认识比较

独立样本 t 检验结果表明,初中段,特级和普通教师对应试教育的现实认识差异十分显著($p<0.01$),特级教师的得分要低于普通教师,说明特级教师认为应试教育的严重程度比普通教师要轻;小学段和高中段,特级和普通教师对应试教育的现实认识差异不显著。这说明学段对两类型教师对应试教育的现实认识有影响。

(三)不同性别教师对应试教育现状的认识

表 4-7 不同性别教师对应试教育现状的认识比较

	类型	人数	平均值	标准差	t
男	特级	66	4.23	0.908	−0.989
	普通	72	4.38	0.846	
女	特级	45	4.11	0.910	−2.337*
	普通	88	4.45	0.741	

* $p<0.05$

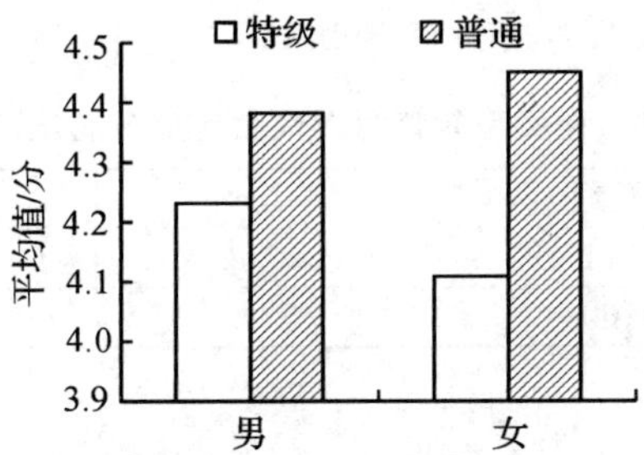

图 4-7　不同性别教师对应试教育现状的认识比较

独立样本 t 检验结果表明，在女性中，特级和普通教师对应试教育的现实认识差异显著（$p<0.5$），特级教师的得分要低于普通教师，说明特级教师认为应试教育的严重程度比普通教师要轻；在男性中，特级和普通教师对应试教育的现实认识差异不显著。

（四）不同教龄教师对素质教育现状的认识

表 4-8　不同教龄教师对素质教育现状的认识比较

教龄	类型	人数	平均值	标准差	t
16～20 年	特级	25	4.20	0.957	−1.076
	普通	22	4.45	0.596	
21 年以上	特级	84	4.19	0.898	−0.345
	普通	40	4.25	0.899	

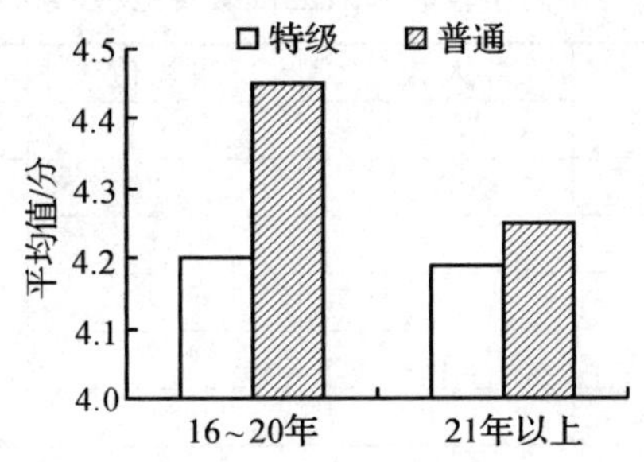

图 4-8　不同教龄教师对素质教育现状的认识比较

独立样本 t 检验结果表明，不同教龄特级和普通教师对应试教育的现实认识差异不显著。

二、危害认识

本维度 1 道题目，为“应试教育对学生和老师的危害都很大”。采用五点量表题设计，试图探究两类型教师对应试教育危害认识，具体统计结果如下。

（一）两类型教师对应试教育危害的认识

表 4-9　两类型教师对应试教育危害的认识比较

教师类型	人数	平均值	标准差	t
特级	111	4.28	0.811	0.768
普通	160	4.20	0.853	

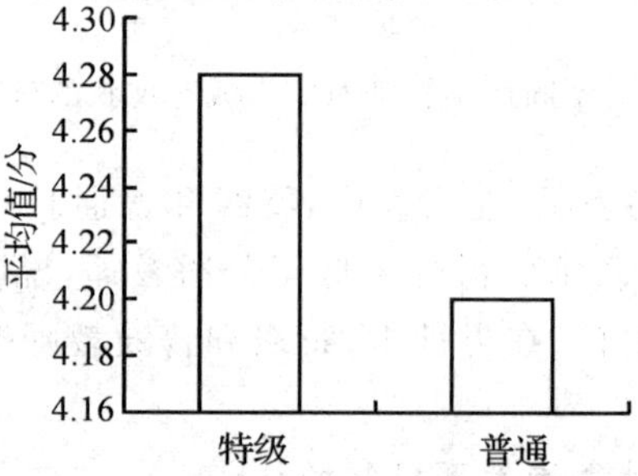

图 4-9　两类型教师对应试教育危害的认识比较

特级和普通教师在应试教育的危害认识这一维度上的平均得分分别为 4.28 和 4.20，处于中上偏高水平（最高分为 5 分），说明两类型教师均相当赞同“应试教育对学生和老师的危害都很大”。独立样本 t 检验结果表明，特级和普通教师在应试教育的危害认识上的差异不显著。

（二）不同学段教师对应试教育危害的认识

表 4-10　不同学段教师对应试教育危害的认识比较

学段	类型	人数	平均值	标准差	t
小学	特级	35	4.34	0.802	0.771
	普通	55	4.20	0.890	
初中	特级	33	4.12	0.696	−0.855
	普通	50	4.28	0.904	
高中	特级	43	4.35	0.897	1.191
	普通	54	4.15	0.763	

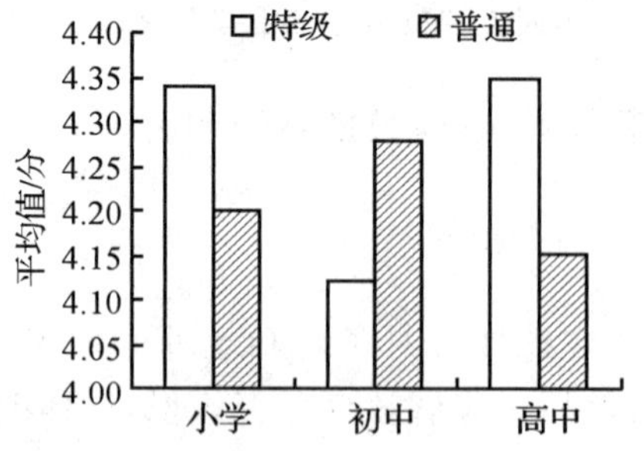

图 4-10　不同学段教师对应试教育危害的认识比较

独立样本 t 检验结果表明，不同学段特级和普通教师在应试教育的危害认识上的差异不显著。

（三）不同性别教师对应试教育危害的认识

表 4-11 不同性别教师对应试教育危害的认识比较

性别	类型	人数	平均值	标准差	t
男	特级	66	4.38	0.780	1.398
	普通	72	4.18	0.877	
女	特级	45	4.13	0.842	−0.537
	普通	88	4.22	0.837	

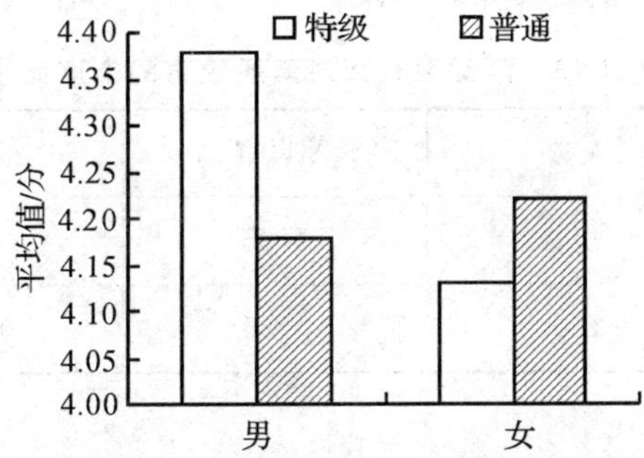

图 4-11 不同性别教师对应试教育危害的认识比较

独立样本 t 检验结果表明，不同性别特级和普通教师在应试教育的危害认识上的差异不显著。

（四）不同教龄教师对应试教育危害的认识

表 4-12 不同教龄教师对应试教育危害的认识比较

教龄	类型	人数	平均值	标准差	t
16～20 年	特级	25	4.20	0.866	−0.489
	普通	22	4.32	0.780	
21 年以上	特级	84	4.30	0.803	−0.15
	普通	40	4.30	0.853	

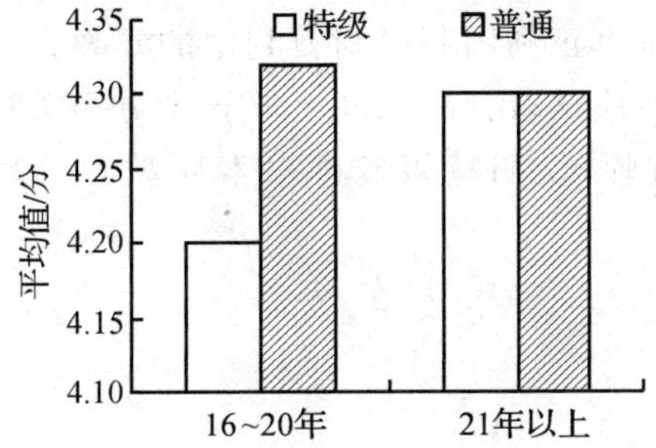

图 4-12 不同教龄教师对应试教育危害的认识比较

独立样本 t 检验结果表明，不同教龄特级和普通教师在应试教育的危害认识上的差异不显著。

第三节　素质教育

本维度1道题目，为“我十分盼望素质教育能在我国全面实施，因为它是真正利国利民利教利生的好教育”。采用五点量表题设计，试图探究两类型教师对素质教育的认识，具体统计结果如下。

(一)两类型教师对素质教育的态度

表4-13　两类型教师对素质教育的态度比较

教师类型	人数	平均值	标准差	t
特级	111	4.85	0.386	6.002**
普通	160	4.35	0.810	

** $p<0.01$

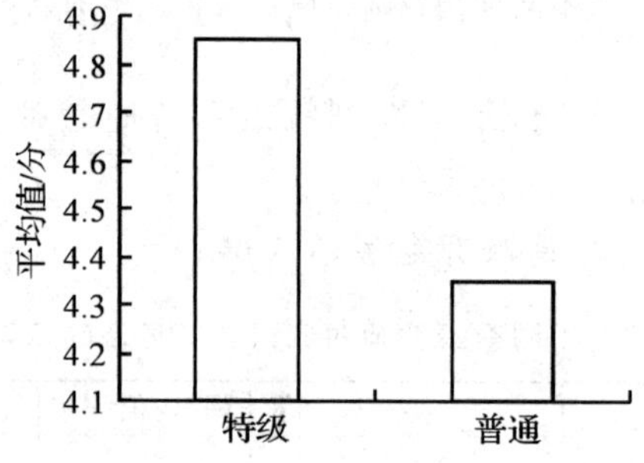

图4-13　两类型教师对素质教育的态度比较

特级和普通教师在对素质教育的态度这一维度上的平均得分分别为4.85和4.35，处于很高水平(最高分为5分)，说明两类型教师均十分盼望“素质教育能在我国全面实施，因为它是真正利国利民利教利生的好教育”。独立样本 t 检验结果表明，特级和普通教师在应试教育的态度上差异十分显著($p<0.01$)，特级教师的得分要大大高于普通教师，说明特级教师对素质教育的理解更为深刻期盼更为强烈。

（二）不同学段教师对素质教育的态度

表 4-14　不同学段教师对素质教育的态度比较

学段	类型	人数	平均值	标准差	t
小学	特级	35	4.89	0.323	3.107**
	普通	55	4.47	0.742	
初中	特级	33	4.79	0.485	3.419**
	普通	50	4.18	0.941	
高中	特级	43	4.86	0.351	4.023**
	普通	54	4.37	0.734	

** $p<0.01$

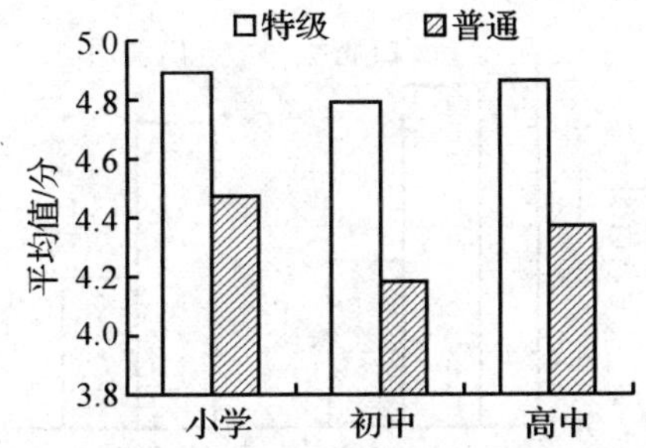

图 4-14　不同学段教师对素质教育的态度比较

独立样本 t 检验结果表明，各个学段特级和普通教师在应试教育的态度上差异十分显著（$p<0.01$），特级教师的得分均要大大高于普通教师，说明各个学段的特级教师对素质教育的期盼比普通教师都更为强烈。

（三）不同性别教师对素质教育的态度

表 4-15　不同性别教师对素质教育的态度比较

性别	类型	人数	平均值	标准差	t
男	特级	66	4.88	0.373	5.478**
	普通	72	4.26	0.839	
女	特级	45	4.80	0.405	3.044**
	普通	88	4.42	0.784	

** $p<0.01$

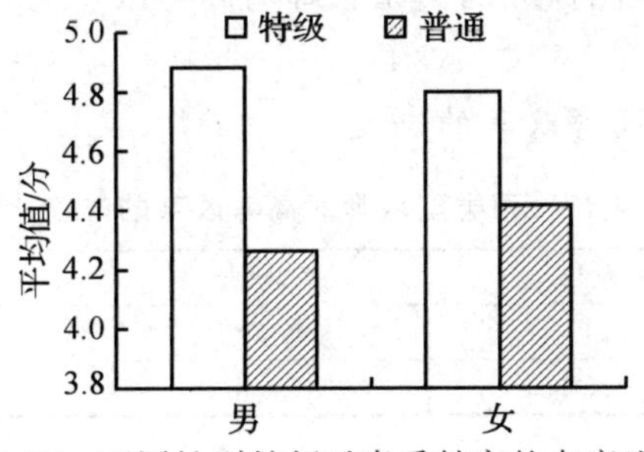

图 4-15　不同性别教师对素质教育的态度比较

独立样本 t 检验结果表明，不同性别特级和普通教师在应试教育的态度上差异十分显著($p<0.01$)，特级教师的得分均要大大高于普通教师，说明不同性别的特级教师对素质教育的期盼比普通教师都更为强烈。

(四)不同教龄教师对素质教育的态度

表 4-16　不同教龄教师对素质教育的态度比较

教龄	类型	人数	平均值	标准差	t
16～20 年	特级	25	4.92	0.277	2.929**
	普通	22	4.45	0.739	
21 年以上	特级	84	4.82	0.415	3.935**
	普通	40	4.40	0.778	

** $p<0.01$

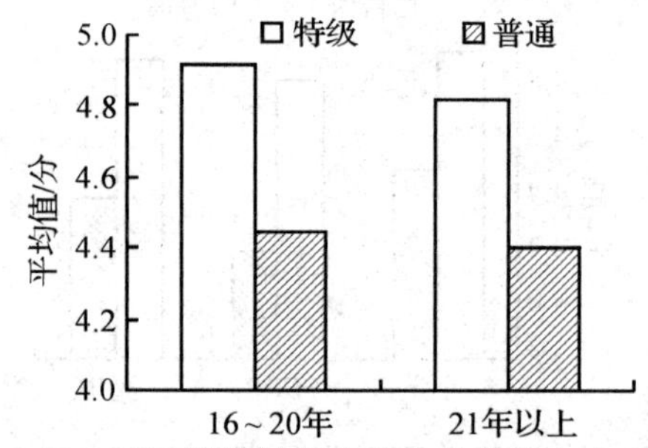

图 4-16　不同教龄教师对素质教育的态度比较

独立样本 t 检验结果表明，不同教龄特级和普通教师在应试教育的态度上差异十分显著($p<0.01$)，特级教师的得分均要大大高于普通教师，说明不同教龄特级教师对素质教育的期盼比普通教师都更为强烈。

第四节　反思高考

一、高考改革与素质教育

本维度 1 道题目，为“我非常希望通过高考改革来引领素质教育的顺利推进”。采用五点量表题设计，试图探究两类型教师对高考改革与素质教育的认识，具体统计结果如下。

(一)两类型教师对高考改革的态度

表 4-17　两类型教师对高考改革的态度比较

教师类型	人数	平均值	标准差	t
特级	111	4.49	0.737	3.225**
普通	160	4.16	0.887	

** $p<0.01$

特级和普通教师在高考改革的态度这一维度上的平均得分分别为 4.49 和 4.16，处于较高水平（最高分为 5 分），说明两类型教师均十分希望通过高考改革来引领素质教育的顺利推进。独立样本 t 检验结果表明，特级和普通教师在高考改革态度上的差异十分显著（$p<0.01$），特级教师的得分要大大高于普通教师，说明特级教师对高考改革的期望更为强烈。

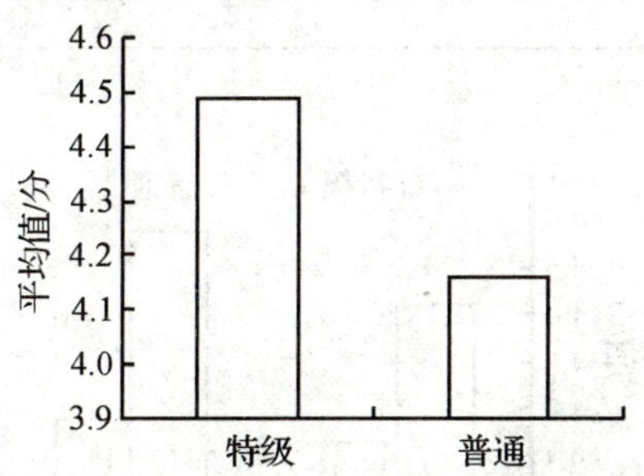

图 4-17 两类型教师对高考改革的态度比较

（二）不同学段教师对高考改革的态度

表 4-18 不同学段教师对高考改革的态度比较

学段	类型	人数	平均值	标准差	t
小学	特级	35	4.57	0.655	3.141**
	普通	55	3.96	1.018	
初中	特级	33	4.36	0.783	0.959
	普通	50	4.18	0.896	
高中	特级	43	4.51	0.768	1.088
	普通	54	4.35	0.677	

** $p<0.01$

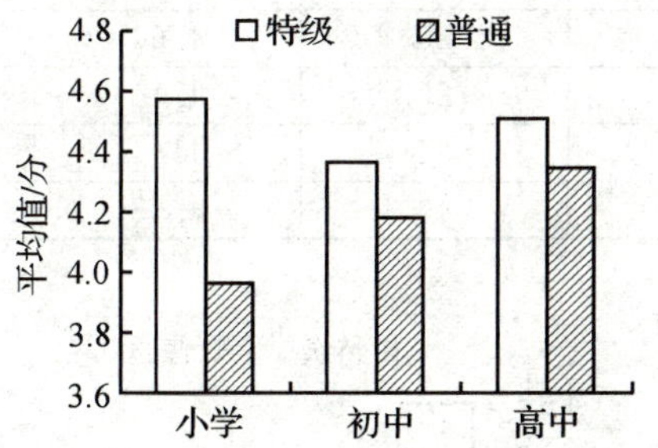

图 4-18 不同学段教师对高考改革的态度比较

独立样本 t 检验结果表明，小学段，特级和普通教师在高考改革态度上的差异十分显著（$p<0.01$），特级教师的得分要大大高于普通教师，说明特级教师对高考改革的期望更为强烈。初中和高中段特级和普通教师在高考改革态度上的差异均不显著。这说明学段对两类型教师对高考改革的态度有影响。

（三）不同性别教师对高考改革的态度

表 4-19 不同性别教师对高考改革的态度比较

性别	类型	人数	平均值	标准差	t
男	特级	66	4.42	0.786	2.008*
	普通	72	4.13	0.948	
女	特级	45	4.58	0.657	2.764**
	普通	88	4.18	0.838	

* $p<0.05$，** $p<0.01$

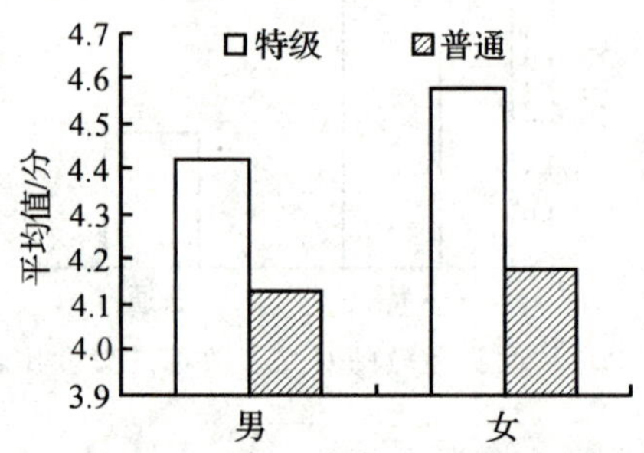

图 4-19 不同性别教师对高考改革的态度比较

独立样本 t 检验结果表明，男性中，特级和普通教师在高考改革态度上的差异显著（$p<0.05$），特级教师的得分要高于普通教师，说明特级教师对高考改革的期望更为强烈。女性中，特级和普通教师在高考改革态度上的差异十分显著，特级教师的得分要大大高于普通教师。

（四）不同教龄教师对高考改革的态度

表 4-20 不同教龄教师对高考改革的态度比较

教龄	类型	人数	平均值	标准差	t
16～20 年	特级	25	4.60	0.645	2.146*
	普通	22	4.14	0.834	
21 年以上	特级	84	4.44	0.766	1.046
	普通	40	4.28	0.933	

* $p<0.05$

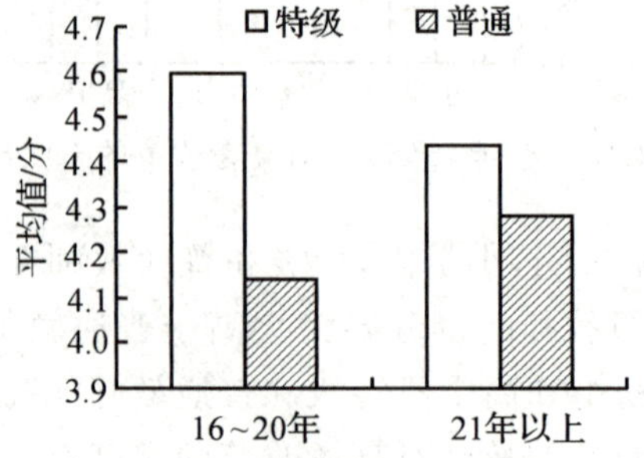

图 4-20 不同教龄教师对高考改革的态度比较

独立样本 t 检验结果表明，教龄为 16～20 年的教师中，特级和普通教师在高考改革态度上的差异显著（$p<0.05$），特级教师的得分要高于普通教师，说明特级教师对高考改革的期望更为强烈。教龄为 21 年以上的教师中，特级和普通教师在高考改革态度上的差异不显著。这说明教龄对两类型教师在高考改革上的态度有影响。

二、对现行高考的思考

本维度 1 道题目，为“我对现行高考的看法是（可多选）”。采用选择题设计，试图探究两类型教师对高考看法，具体统计结果如下：

（一）两类型教师对现行高考的看法

表 4-21 两类型教师对现行高考的看法统计

看法	特级		普通		总计	
	N（人）	占比（%）	N（人）	占比（%）	N（人）	占比（%）
高考制度设计不尽合理，无法引领素质教育的真正开展	60	54.1	66	42.3	126	46.7
高考内容、方式、方法不合理不科学	28	25.2	34	21.8	62	23.0
苦死学生、苦死老师、苦死学校	47	42.3	81	51.9	128	47.4
万人一卷，一考定终身	40	36.0	67	42.9	107	39.6
考风有点不正，影响公平	9	8.1	18	11.5	27	10.0
现行高考制度科学合理，没有什么缺陷	5	4.5	12	7.7	17	6.3
其他	10	9.0	9	5.9	19	7.0

总体上看来，两类型教师对现行高考的看法中，认为“苦死学生、苦死老师、苦死学校”和“高考制度设计不尽合理，无法引领素质教育的真正开展”的教师占绝大多数，分别为 47.4%和 46.7%，认为“万人一卷，一考定终身”和“高考内容、方式、方法不合理不科学”的教师也较多，分别占 39.6%和 23.0%，其他项目上的教师人数百分比相对较少。特级教师中，人数百分比占最多的项目是“高考制度设计不尽合理，无法引领素质教育的真正开展”，其次是“苦死学生、苦死老师、苦死学校”和“万人一卷，一考定终身”；普通教师中，人数百分比占最多的项目是“苦死学生、苦死老师、苦死学校”，其次是“万人一卷，一考定终身”和“高考制度设计不尽合理，无法引领素质教育的真正开展”。

（二）不同学段教师对现行高考的看法

表 4-22 不同学段教师对现行高考的看法统计

看法		小学		初中		高中	
		特级	普通	特级	普通	特级	普通
高考制度设计不尽合理，无法引领素质教育的真正开展	N(人)	20	23	18	20	22	22
	占比(%)	57.1	44.2	54.5	40.8	51.2	40.7
高考内容、方式、方法不合理不科学	N(人)	9	8	6	14	13	11
	占比(%)	25.7	15.4	18.2	28.6	30.2	20.4
苦死学生、苦死老师、苦死学校	N(人)	15	24	13	30	19	27
	占比(%)	42.9	46.2	39.4	61.2	44.2	50.0
万人一卷，一考定终身	N(人)	17	19	11	27	12	21
	占比(%)	48.6	36.5	33.3	55.1	27.9	38.9
考风有点不正，影响公平	N(人)	3	3	3	5	3	10
	占比(%)	8.6	5.8	9.1	10.2	7.0	18.5
现行高考制度科学合理，没有什么缺陷	N(人)	1	6	1	3	3	3
	占比(%)	2.9	11.5	3.0	6.1	7.0	5.6
其他	N(人)	3	5	3	1	4	3
	占比(%)	8.6	9.6	9.1	2.0	9.3	5.6

各学段教师对现行高考的看法中，人数百分比占最多的项目分别“高考制度设计不尽合理，无法引领素质教育的真正开展”、“苦死学生、苦死老师、苦死学校”和“万人一卷，一考定终身”。各学段认为“高考制度设计不尽合理，无法引领素质教育的真正开展”的特级教师人数百分比均要高于普通教师。各学段认为“苦死学生、苦死老师、苦死学校”的特级教师人数百分比均要低于普通教师。小学段，认为“万人一卷，一考定终身”的特级教师人数百分比要高于普通教师，初高中段，认为“万人一卷，一考定终身”的特级教师人数百分比要均低于普通教师。小学和高中段，认为“高考内容、方式、方法不合理不科学”的特级教师人数百分比均高于普通教师，初中段认为“高考内容、方式、方法不合理不科学”的特级教师人数百分比要低于普通教师。

（三）不同性别教师对现行高考的看法

表 4-23　不同性别教师对现行高考的看法统计

看法		男		女	
		特级	普通	特级	普通
高考制度设计不尽合理，无法引领素质教育的真正开展	N(人)	35	37	25	29
	占比(%)	53.0	52.1	55.6	34.1
高考内容、方式、方法不合理不科学	N(人)	18	22	10	12
	占比(%)	27.3	31.0	22.2	14.1
苦死学生、苦死老师、苦死学校	N(人)	27	36	20	45
	占比(%)	40.9	50.7	44.4	52.9
万人一卷，一考定终身	N(人)	18	26	22	41
	占比(%)	27.3	36.6	48.9	48.2
考风有点不正，影响公平	N(人)	6	5	3	13
	占比(%)	9.1	7.0	6.7	15.3
现行高考制度科学合理，没有什么缺陷	N(人)	3	4	2	8
	占比(%)	4.5	5.6	4.4	9.4
其他	N(人)	5	3	5	6
	占比(%)	7.6	4.2	11.1	7.1

不同性别教师对现行高考的看法中，人数百分比占最多的项目分别“高考制度设计不尽合理，无法引领素质教育的真正开展”、“苦死学生、苦死老师、苦死学校”和“万人一卷，一考定终身”。男性中认为“高考制度设计不尽合理，无法引领素质教育的真正开展”的特级教师人数百分和普通教师差不多，而女性中，在该项目上特级教师人数百分要大大高于普通教师。认为“苦死学生、苦死老师、苦死学校”的特级男女教师人数百分比均要低于普通男女教师。认为“万人一卷，一考定终身”的特级男教师人数百分比要低于普通男教师，而特级和普通女教师在该项目上的人数百分比则差不多。认为“高考内容、方式、方法不合理不科学”的特级男教师人数百分比要低于普通男教师，而特级女教师在该项目上的人数百分比要高于普通女教师。

（四）不同教龄教师对现行高考的看法

表 4-24　不同教龄教师对现行高考的看法统计

看法		16～20 年		21 年以上	
		特级	普通	特级	普通
高考制度设计不尽合理，无法引领素质教育的真正开展	N(人)	14	7	45	21
	占比(%)	56.0	35.0	53.6	53.8
高考内容、方式、方法不合理不科学	N(人)	7	3	20	8
	占比(%)	28.0	15.0	23.8	20.5
苦死学生、苦死老师、苦死学校	N(人)	10	7	36	21
	占比(%)	40.0	35.0	42.9	53.8
万人一卷，一考定终身	N(人)	10	11	29	11
	占比(%)	40.0	55.0	34.5	28.2
考风有点不正，影响公平	N(人)	4	2	5	0
	占比(%)	16.0	10.0	6.0	0
现行高考制度科学合理，没有什么缺陷	N(人)	0	2	5	2
	占比(%)	0	10.0	6.0	5.1
其他	N(人)	2	1	8	3
	占比(%)	8.0	5.0	9.5	7.7

不同教龄教师对现行高考的看法中，人数百分比占最多的项目分别“高考制度设计不尽合理，无法引领素质教育的真正开展”、“苦死学生、苦死老师、苦死学校”和“万人一卷，一考定终身”。教龄为 16～20 年的教师中，认为“高考制度设计不尽合理，无法引领素质教育的真正开展”的特级教师人数百分比均要大大高于普通教师，而教龄为 21 年以上的教师中，在该项目上特级和普通教师的人数百分比差不多。教龄为 16～20 年的教师中认为“苦死学生、苦死老师、苦死学校”的特级教师人数百分比要高于普通教师，而教龄为 21 年以上的教师中，在该项目上特级教师人数百分比要低于普通教师。教龄为 16～20 年的教师中认为“万人一卷，一考定终身”的特级教师人数百分比要低于普通教师，而教龄为 21 年以上的教师中，在该项目上特级教师人数百分比要高于普通教师。认为“高考内容、方式、方法不合理不科学”的不同教龄特级教师人数百分比均高于普通教师。

第五节　新课程改革

一、认识新课改

本维度 1 道题目，为“我始终认为我们的国家非常需要新课程改革”。采用五点量表题设计，试图探究两类型教师对新课改的认识，具体统计结果如下。

（一）两类型教师对新课程的认识

表 4-25　两类型教师对新课程的认识比较

教师类型	人数	平均值	标准差	t
特级	111	4.47	0.724	2.308*
普通	160	4.24	0.865	

* $p<0.05$

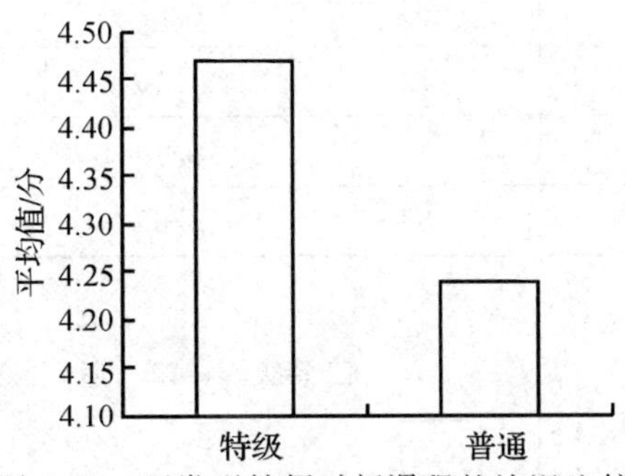

图 4-21　两类型教师对新课程的认识比较

特级和普通教师在对新课程的认识这一维度上的平均得分分别为 4.47 和 4.24，处于较高水平（最高分为 5 分），说明两类型教师均比较赞同“我们的国家非常需要新课程改革”。独立样本 t 检验结果表明，特级和普通教师在对新课程的认识上差异显著（$p<0.05$），特级教师的得分要高于普通教师，说明特级教师对新课程改革的期望更为强烈，认识更为深刻。

（二）不同学段教师对新课程的认识

表 4-26　不同学段教师对新课程的认识比较

	类型	人数	平均值	标准差	t
小学	特级	35	4.51	0.702	1.337
	普通	55	4.33	0.610	
初中	特级	33	4.45	0.754	0.988
	普通	50	4.28	0.809	
高中	特级	43	4.44	0.734	1.599
	普通	54	4.13	1.100	

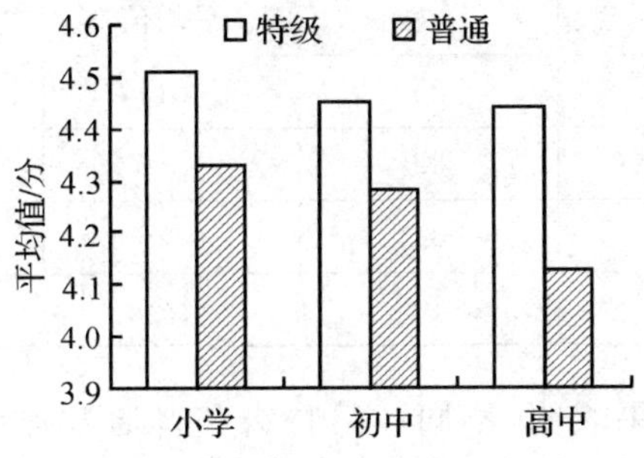

图 4-22　不同学段教师对新课程的认识比较

独立样本 t 检验结果表明，各学段特级和普通教师在对新课程的认识上差异不显著。

（三）不同性别教师对新课程的认识

表 4-27 不同性别教师对新课程的认识比较

性别	类型	人数	平均值	标准差	t
男	特级	66	4.52	0.707	2.821**
	普通	72	4.10	0.995	
女	特级	45	4.40	0.751	0.354
	普通	88	4.35	0.728	

** $p<0.01$

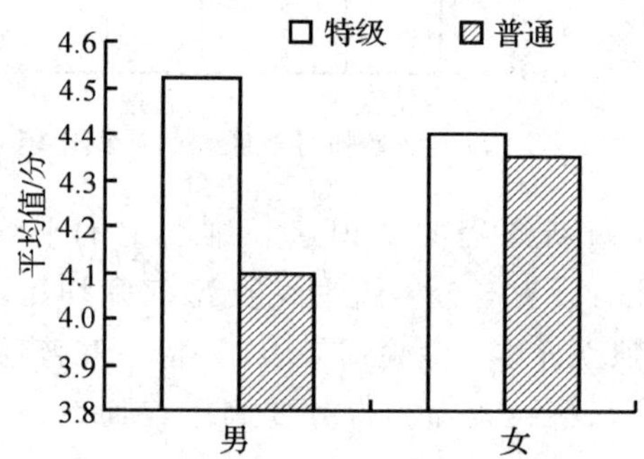

图 4-23 不同性别教师对新课程的认识比较

独立样本 t 检验结果表明，男性中，特级和普通教师在对新课程的认识上差异十分显著（$p<0.01$），特级教师的得分要大大高于普通教师，说明特级男教师对新课程改革的期望比普通男教师更为强烈；女性中，特级和普通教师在对新课程的认识上差异不显著。说明性别对两类型教师对新课程的认识有影响。

（四）不同教龄教师对新课程的认识

表 4-28 不同教龄教师对新课程的认识比较

教龄	类型	人数	平均值	标准差	t
16～20 年	特级	25	4.44	0.768	0.380
	普通	22	4.36	0.581	
21 年以上	特级	84	4.46	0.719	1.728
	普通	40	4.20	0.939	

独立样本 t 检验结果表明，不同教龄特级和普通教师在对新课程的认识上差异不显著。

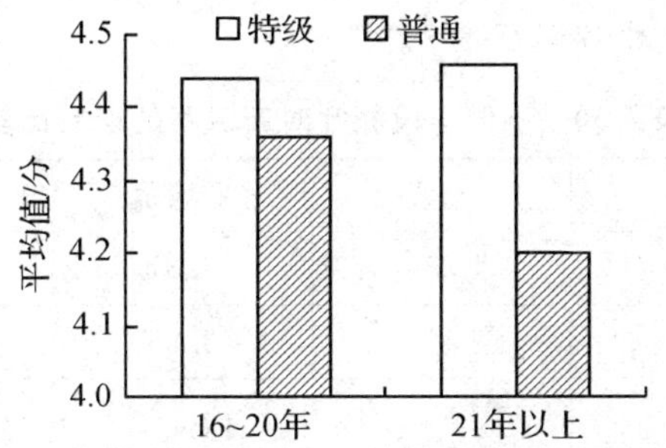

图 4-24 不同教龄教师对新课程的认识比较

二、期望新课改

本维度 1 道题目，为“我认为这轮新课程改革将会解决目前中小学教育教学存在的问题”。采用五点量表题设计，试图探究两类型教师对高考改革与素质教育的认识，具体统计结果如下。

（一）两类型教师对新课程的期望

表 4-29 两类型教师对新课程的期望比较

教师类型	人数	平均值	标准差	t
特级	111	3.31	0.902	0.908
普通	160	3.19	1.156	

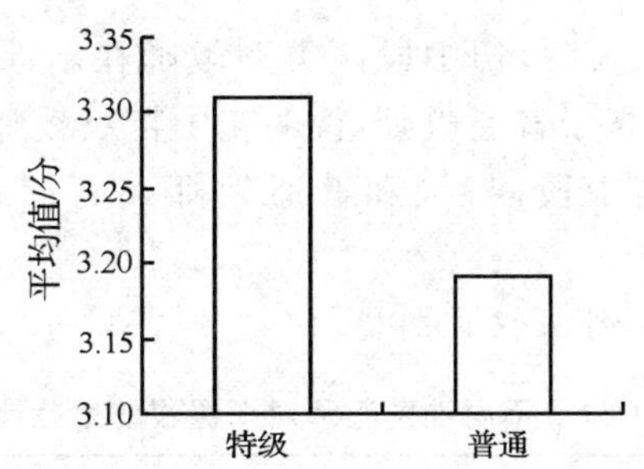

图 4-25 两类型教师对新课程的期望比较

特级和普通教师在对新课程的期望这一维度上的平均得分分别为 3.31 和 3.19，处于中等水平（最高分为 5 分），说明两类型教师对“这轮新课程改革将会解决目前中小学教育教学存在的问题”期望一般。独立样本 t 检验结果表明，特级和普通教师在新课程改革期望上的差异不显著。

(二)不同学段教师对新课程的期望

表 4-30　不同学段教师对新课程的期望比较

学段	类型	人数	平均值	标准差	t
小学	特级	35	3.31	0.932	－0.239
	普通	55	3.36	0.969	
初中	特级	33	3.48	0.755	2.133*
	普通	50	2.94	1.331	
高中	特级	43	3.16	0.974	－0.355
	普通	54	3.24	1.148	

* $p<0.05$

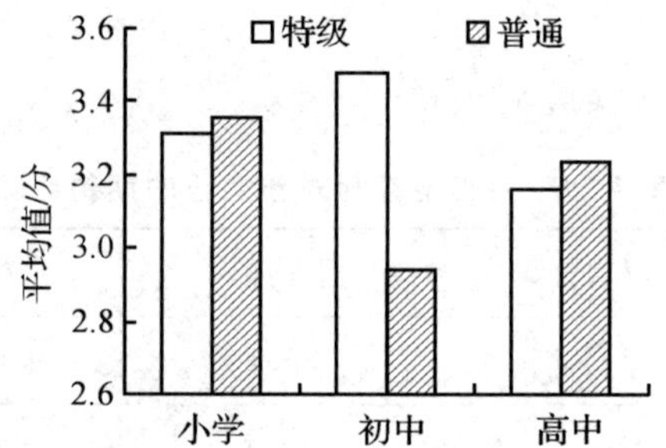

图 4-26　不同学段教师对新课程的期望比较

独立样本 t 检验结果表明，初中段两类型教师在新课程改革期望上的差异显著，特级教师的得分显著高于普通教师，说明初中特级教师对新课程改革的期望比普通教师要高；小学和高中段，特级和普通教师在新课程改革期望上的差异不显著。

(三)不同性别教师对新课程的期望

表 4-31　不同性别教师对新课程的期望比较

性别	类型	人数	平均值	标准差	t
男	特级	66	3.29	0.924	1.711
	普通	72	2.97	1.210	
女	特级	45	3.33	0.879	－0.162
	普通	88	3.36	1.085	

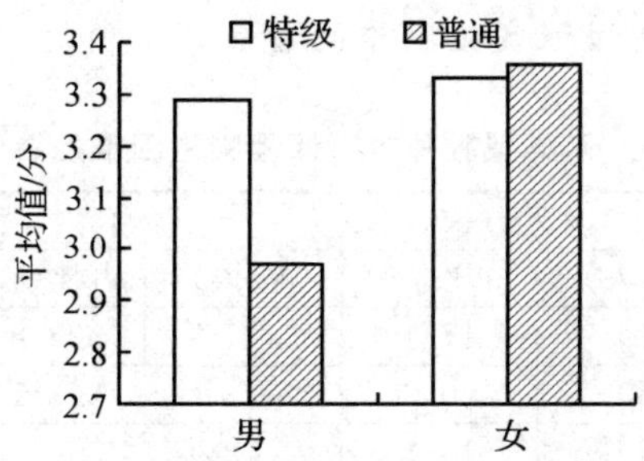

图 4-27　不同性别教师对新课程的期望比较

独立样本 t 检验结果表明，不同性别特级和普通教师在新课程改革期望上的差异不显著。

（四）不同教龄教师对新课程的期望

表 4-32　不同教龄教师对新课程的期望比较

教龄	类型	人数	平均值	标准差	t
16～20 年	特级	25	4.44	0.768	0.380
	普通	22	4.36	0.581	
21 年以上	特级	84	4.46	0.719	1.728
	普通	40	4.20	0.939	

独立样本 t 检验结果表明，不同教龄特级和普通教师在新课程改革期望上的差异不显著。

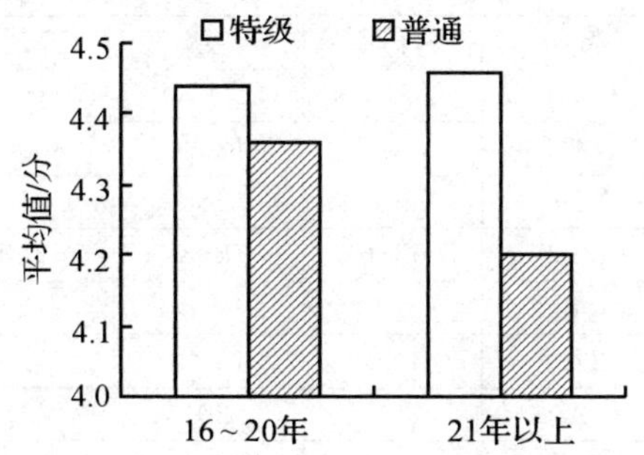

图 4-28　不同教龄教师对新课程的期望比较

三、新课改障碍

本维度 1 道题目，为“你觉得实施新课程的困难在哪里（可多选）”。采用选择题设计，试图探究两类型教师对新课改困难的认识，具体统计结果如下。

（一）两类型教师对新课程实施困难的看法

表 4-33　两类型教师对新课程实施困难的看法统计

看法	特级		普通		总计	
	N(人)	占比(%)	N(人)	占比(%)	N(人)	占比(%)
教材	19	17.1	46	28.8	65	24.0
评价体系	89	80.2	101	63.1	190	70.4
综合实践活动	20	18.0	49	30.6	69	25.6
教师的观念转变与能力的提高	74	66.7	75	46.9	149	55.2
学生的适应能力	8	7.2	39	24.4	47	17.4
选课	8	7.2	17	10.6	25	9.3
其他	4	3.6	12	7.5	16	5.9

从总体上来看，两类型教师对新课程实施困难的看法中，认为困难在“评价体系”的教师占绝大多数，为 70.4%，其次为认为困难在“教师的观念转变与能力的提高”的教师，人数百分比占 55.2%，认为困难在“教材”和“综合实践活动”的教师人数百分比分别占 24.0%和 25.6%，认为困难在“学生的适应能力”的教师人数百分比占 17.4%。认为新课改困难在于“评价体系”和“教师的观念转变与能力的提高”的特级教师人数百分比均大大高于普通教师，认为新课改困难在于“教材”、“综合实践活动”、“学生的适应能力”和“选课”的特级教师人数百分比均低于普通教师。

（二）不同学段教师对新课程实施困难的看法

表 4-34　不同学段教师对新课程实施困难的看法统计

看法		小学		初中		高中	
		特级	普通	特级	普通	特级	普通
教材	N(人)	5	19	4	15	10	12
	占比(%)	14.3	34.5	12.1	30.0	23.3	22.2
评价体系	N(人)	29	35	26	31	34	35
	占比(%)	82.9	63.6	78.8	62.0	79.1	64.8
综合实践活动	N(人)	8	19	5	12	7	17
	占比(%)	22.9	34.5	15.2	24.0	16.3	31.5
教师的观念转变与能力的提高	N(人)	27	16	20	24	27	34
	占比(%)	77.1	29.1	60.6	48.0	62.8	63.0
学生的适应能力	N(人)	2	13	3	11	3	15
	占比(%)	5.7	23.6	9.1	22.0	7.0	27.8
选课	N(人)	1	1	2	4	5	12
	占比(%)	2.9	1.8	6.1	8.0	11.6	22.2
其他	N(人)	0	4	2	5	2	3
	占比(%)	0	7.3	6.1	10.0	4.7	5.6

认为新课改困难在“评价体系”项目上的教师中，各学段特级教师人数百分比均高于普通教师。认为新课改困难在“教师的观念转变与能力的提高”项目上的教师中，小学和初中段特级教师人数百分比均高于普通教师，而高中段特级和普通教师人数百分比差不多。认为新课改困难在“教材”项目上的教师中，小学和初中段特级教师人数百分比均低于普通教师，而高中段特级和普通教师人数百分比差不多。认为新课改困难在“综合实践活动”项目上的教师中，各学段特级教师人数百分比均低于普通教师。认为新课改困难在“学生的适应能力”项目上的教师中，各学段特级教师人数百分比均大大低于普通教师。认为新课改困难在“选课”项目上的教师中，初高中段特级教师人数百分比均低于普通教师，而小学段特级教师人数百分比高于普通教师。

（三）不同性别教师对新课程实施困难的看法

表 4-35 不同性别教师对新课程实施困难的看法统计

看法		男		女	
		特级	普通	特级	普通
教材	N(人)	11	17	8	29
	占比(%)	16.7	23.6	17.8	33.0
评价体系	N(人)	54	47	35	54
	占比(%)	81.8	65.3	77.8	61.4
综合实践活动	N(人)	13	19	7	30
	占比(%)	19.7	26.4	15.6	34.1
教师的观念转变与能力的提高	N(人)	45	35	29	40
	占比(%)	68.2	48.6	64.4	45.5
学生的适应能力	N(人)	4	13	4	26
	占比(%)	6.1	18.1	8.9	29.5
选课	N(人)	5	9	3	8
	占比(%)	7.6	12.5	6.7	9.1
其他	N(人)	2	8	2	4
	占比(%)	3.0	11.1	4.4	4.5

不同性别教师对新课程实施困难的看法上，特级教师在各个项目上的人数百分比均高于普通教师。

（四）不同教龄教师对新课程实施困难的看法

表 4-36 不同教龄教师对新课程实施困难的看法统计

看法		16～20 年		21 年以上	
		特级	普通	特级	普通
教材	N(人)	3	3	16	11
	占比(%)	12.0	14.3	19.0	27.5
评价体系	N(人)	21	12	67	29
	占比(%)	84.0	57.1	79.8	72.5
综合实践活动	N(人)	4	5	16	11
	占比(%)	16.0	23.8	19.0	27.5
教师的观念转变与能力的提高	N(人)	17	11	55	14
	占比(%)	68.0	52.4	65.5	35.0
学生的适应能力	N(人)	1	2	7	4
	占比(%)	4.0	9.5	8.3	10.0
选课	N(人)	2	4	6	3
	占比(%)	8.0	19.0	7.1	7.5
其他	N(人)	1	1	3	3
	占比(%)	4.0	4.8	3.6	7.5

认为新课改困难在“评价体系”项目上的教师中，教龄为 16～20 年的特级教师人数百分比大大高于普通教师，而教龄为 21 年以上的特级教师人数百分和普通教师较接近。认为新课改困难在“选课”项目上的教师中，教龄为 16～20 年的特级教师人数百分比大大低于普通教师，而教龄为 21 年以上的特级教师人数百分和普通教师较接近。认为新课改困难在“教材”、“综合实践活动”和“学生的适应能力”项目上的教师中，不同教龄特级教师人数百分均低于普通教师。认为新课改困难在“教师的观念转变与能力的提高”项目上的教师中，特级教师人数百分比均大大高于普通教师。

第五章　教学行为

第一节　阅读

本维度共有2道题目,分别为"你家里有多少藏书(本)"、"你比较喜欢看哪类书"。采用选择题设计,试图探究两类型教师的藏书量以及阅读偏好。具体统计结果如下。

一、藏书

(一)两类型教师的藏书量

表5-1　两类型教师的藏书量统计

藏书量(本)	特级		普通		总计	
	N(人)	占比(%)	N(人)	占比(%)	N(人)	占比(%)
≤100	4	3.6	54	34.0	58	21.5
101～500	40	36.0	76	47.8	116	43.0
501～1000	33	29.7	16	10.1	49	18.1
≥1001	34	30.6	13	8.2	47	17.4

从总体样本来看,大部分教师的藏书量在101～500本之间,占有43.0%。而其他选项上比例相差不大。比较而言,特级教师的藏书量要明显多于普通教师,在具体选项上,呈现较大差异,特级教师的藏书≥1001本的比例为30.6%,普通教师则为8.2%,前者要高出后者22个百分点;藏书量在501～1000本的比例特级教师(29.7%)也高于普通教师(10.1%)近20个百分点;在≤100、101～500选项上,普通教师又均高出特级教师,特别是"≤100",普通教师高出特级教师30个多百分点。

(二)不同学段教师的藏书量

表 5-2 不同学段教师的藏书量统计

藏书量(本)		小学		初中		高中	
		特级	普通	特级	普通	特级	普通
≤100	N(人)	1	17	0	24	3	13
	占比(%)	2.9	31.5	0	48.0	7.0	24.1
101～500	N(人)	14	31	10	21	16	23
	占比(%)	40.0	57.4	30.3	42.0	37.2	42.6
501～1000	N(人)	12	4	11	3	10	9
	占比(%)	34.3	7.4	33.3	6.0	23.3	16.7
≥1001	N(人)	8	2	12	2	14	9
	占比(%)	22.9	3.7	36.4	4.0	32.6	16.7

从上表可知,三学段的特级教师藏书量都要高于普通教师。而普通教师中,高中教师的藏书量明显高于初中与小学;特级教师则是初中的最高,小学的相对低一些。

相比较而言,普通教师选择"≤100"的比例均远远高出特级教师;在三个学段的普通教师中,初中普通教师选择"≤100"的比例最高(48.0%),小学次之(31.5%),高中最低(24.1%);在三个学段的特级教师中,所选比例接近,高中略高(7.0%),小学次之(2.9%),初中最低(0.0%)。

三学段的普通教师选择"≥1001"的比例呈现较大差异;在三个学段的普通教师中,小学(3.7%)与初中(4.0%)差不多,而高中最高(16.7%);在三个学段的特级教师中,所选比例则是初中(36.4%)与高中(32.6%)差不多,小学最低(22.9%)。

(三)不同性别教师的藏书量

表 5-3 不同性别教师的藏书量统计

藏书量(本)		男		女	
		特级	普通	特级	普通
≤100	N(人)	2	22	2	32
	占比(%)	3.0	30.6	4.4	36.8
101～500	N(人)	17	33	23	43
	占比(%)	25.8	45.8	51.1	49.4
501～1000	N(人)	20	9	13	7
	占比(%)	30.3	12.5	28.9	8.0
≥1001	N(人)	27	8	7	5
	占比(%)	40.9	11.1	15.6	5.7

从上表可知,不同性别教师的藏书量在具体项目上呈现一定差异,总体来看,男教师藏书量要高于女教师,在特级教师中体现得尤为明显。

不管是普通教师还是特级教师，选择“101～500”的女教师均高出男教师，尤其是女特级教师要高出男特级教师近25个百分点；在同一性别教师中，男普通教师高出男特级教师20个多百分点，女普通教师与女特级教师基本一致。

在“≥1001”的选项上，男特级教师要高出女特级教师约25个百分点，呈现较大差异；普通男教师也要高出普通女教师约6个百分点。

（四）不同教龄教师的藏书量

表5-4 不同教龄教师的藏书量

藏书量（本）		16～20年		21年以上	
		特级	普通	特级	普通
≤100	N（人）	1	7	3	5
	占比（%）	4.0	35.0	3.6	12.5
101～500	N（人）	6	11	34	19
	占比（%）	24.0	55.0	40.5	47.5
501～1000	N（人）	14	1	18	9
	占比（%）	56.0	5.0	21.4	22.5
≥1001	N（人）	4	1	29	7
	占比（%）	16.0	5.0	34.5	17.5

从上表可知，16～20年教龄段和21年以上教龄段的特级教师之间有一定差异，16～20年教龄段的特级教师要略高于21年以上的特级教师；普通教师的藏书量则相反。

相比较而言，21年以上教龄段的特级教师和普通教师，选择“≥1001”的比例均高于16～20年教龄段的特级教师和普通教师，特级教师高出约19个百分点，普通教师高出约13个百分点，呈现较大差异。

在“501～1000”选项上，16～20年的特级教师（56.0%）高出21年以上的特级教师（21.4%）约35个百分点，而普通教师则是21年以上（22.5%）高出16～20年（5.0%）约18个百分点。

二、读书

（一）两类型教师的读书偏好

表5-5 两类型教师的读书偏好统计

读出偏好	特级		普通		总计	
	N（人）	占比（%）	N（人）	占比（%）	N（人）	占比（%）
教学辅导类	28	25.2	64	40.0	92	33.9
自己专业领域的书籍	89	80.2	94	58.8	183	67.5
武侠、言情类、网络文章	9	8.1	24	15.0	33	12.2
文史哲类	44	39.6	55	34.4	99	36.5
财经类	4	3.6	6	3.8	10	4.0
教育理论	62	55.9	35	21.9	97	35.8
没有什么喜欢看的书	0	.0	9	5.6	9	3.3
其他	16	14.4	24	15.0	40	14.8

从总体样本来看，自己专业领域的书籍、文史哲类、教育理论、教学辅导类是教师们最为喜欢看的四类书，有67.5%的教师看自己专业领域的书籍。

比较而言，特级教师的喜欢的书要比普通教师更集中一些，基本集中在“自己专业领域的书籍”、“文史哲类”、“教育理论”三类。在具体选项上，呈现较大差异，特级教师在“自己专业领域的书籍”比例为80.2%，普通教师则为58.8%，前者要高出后者约21个百分点；教育理论的比例特级教师(55.9%)也要大大高于普通教师(21.9%)；在“教学辅导”、“武侠、言情类、网络文章”、“没有什么喜欢的书”三个选项上，普通教师均高出特级教师，特别是“教学辅导类”，普通教师高出特级教师约15个多百分点。

(二)不同学段教师的读书偏好

表5-6 不同学段教师的读书偏好统计

读书偏好		小学		初中		高中	
		特级	普通	特级	普通	特级	普通
教学辅导类	N(人)	10	19	8	24	10	21
	占比(%)	28.6	34.5	24.2	48.0	23.3	38.9
自己专业领域的书籍	N(人)	28	31	27	24	34	38
	占比(%)	80.0	56.4	81.8	48.0	79.1	70.4
武侠、言情类、网络文章	N(人)	4	12	4	9	1	3
	占比(%)	11.4	21.8	12.1	18.0	2.3	5.6
文史哲类	N(人)	14	9	13	22	17	24
	占比(%)	40.0	16.4	39.4	44.0	39.5	44.4
财经类	N(人)	1	2	1	1	2	3
	占比(%)	2.9	3.6	3.0	2.0	4.7	5.6
教育理论	N(人)	15	8	19	9	28	17
	占比(%)	42.9	14.5	57.6	18.0	65.1	31.5
没有什么喜欢看的书	N(人)	0	4	0	4	0	1
	占比(%)	0.0	7.3	0.0	8.0	0.0	1.9
其他	N(人)	6	10	2	9	8	5
	占比(%)	17.1	18.2	6.1	18.0	18.6	9.3

从上表可知，三学段的特级教师的所喜欢的书籍种类基本一致，位居前三位分别是“自己专业领域的书籍”、“教育理论”、“文史哲类”。而普通教师则有些区别，小学排在前三位的是：“自己专业领域的书籍”、“教学辅导类”、“武侠言情类、网络文章”；初中则是：“教学辅导类”、“自己专业领域的书籍”、“文史哲类”；高中又是“自己专业领域的书籍”、“文史哲类”、“教学辅导类”，且“教育理论”也占了相当高的比例。

相比较而言，“自己专业领域的书籍”在三个学段的特级教师与普通教师都有相当的比例，但是在三个学段的普通教师中，高中普通教师的比例最高(70.4%)，小学次之(56.4%)，初中最低(48.0%)；在三个学段的特级教师中，基本一致，高中

(79.1%),初中(81.8%),小学(80.0%)。

三个学段中都有一定比例的教师没有自己喜欢看的书。

(三)不同性别教师的读书偏好

表 5-7　不同性别教师的读书偏好统计

读书偏好		男		女	
		特级	普通	特级	普通
教学辅导类	N(人)	16	24	12	40
	占比(%)	24.2	33.3	26.7	45.5
自己专业领域的书籍	N(人)	52	44	37	50
	占比(%)	78.8	61.1	82.2	56.8
武侠、言情类、网络文章	N(人)	3	9	6	15
	占比(%)	4.5	12.5	13.3	17.0
文史哲类	N(人)	31	27	13	28
	占比(%)	47.0	37.5	28.9	31.8
财经类	N(人)	3	5	1	1
	占比(%)	4.5	6.9	2.2	1.1
教育理论	N(人)	42	23	20	12
	占比(%)	63.6	31.9	44.4	13.6
没有什么喜欢看的书	N(人)	0	4	0	5
	占比(%)	0.0	5.6	0.0	5.7
其他	N(人)	7	10	9	14
	占比(%)	10.6	13.9	20.0	15.9

从上表可知,不同性别教师的读书偏好在具体项目上呈现较大差异。在“教学辅导类”、“武侠、言情类、网络文章”、“其他”上,女教师都要高于男教师;而在“文史哲类”、“财经类”、“教育理论”上男教师比女教师比例要高。

在“武侠、言情类、网络文章”这一选项上,女特级教师高出男特级教师教师约9个百分点;男普通教师高出男特级教师8个百分点;女普通教师高出女特级教师约4个百分点。

在“教育理论”选项上,呈现男教师高出女教师的特点,男特级教师比女特级教师高出约19个百分点,男普通教师高出女普通教师约18个百分点。在“教学辅导类”这一选项上,均呈现女教师高出男教师、普通教师高出特级教师的特点。男普通教师高出男特级教师、女普通教师高出女特级教师均为9个百分点,女普通教师高出男普通教师约12个百分点。

(四)不同教龄教师的读书偏好

表 5-8 不同教龄教师的读书偏好统计

读收偏好		16～20 年		21 年以上	
		特级	普通	特级	普通
教学辅导类	N(人)	5	11	23	15
	占比(%)	20.0	52.4	27.4	37.5
自己专业领域的书籍	N(人)	21	9	67	30
	占比(%)	84.0	42.9	79.8	75.0
武侠、言情类、网络文章	N(人)	5	5	4	2
	占比(%)	20.0	23.8	4.8	5.0
文史哲类	N(人)	8	6	34	12
	占比(%)	32.0	28.6	40.5	30.0
财经类	N(人)	1	0	3	3
	占比(%)	4.0	0.0	3.6	7.5
教育理论	N(人)	15	3	46	12
	占比(%)	60.0	14.3	54.8	30.0
没有什么喜欢看的书	N(人)	0	3	0	0
	占比(%)	0	14.3	0	0
其他	N(人)	3	4	13	7
	占比(%)	12.0	19.0	15.5	17.5

从上表可知,16～20 年教龄段和 21 年以上教龄段的特级教师和普通教师的阅读偏好存在一定差异,21 年以上教龄的普通教师与特级教师的阅读差异不如16～20年教龄的教师。

相比较而言,在"武侠、言情类、网络文章"这一选项上,16～20 年教龄的特级教师高出 21 年以上教龄的特级教师教师约 15 个百分点;16～20 年教龄的普通教师高出 21 年以上教龄的普通教师约 18 个百分点。

在"教育理论"选项上,16～20 年教龄的特级教师比同段普通教师高出约 46 个百分点,21 年以上教龄的特级教师高出同段普通教师约 25 个百分点。在"教学辅导类"这一选项上,均呈现普通教师高出特级教师的特点。16～20 年教龄的普通教师高出同段特级教师约 32 个百分点,21 年以上教龄的普通教师高出同段的特级教师为约 10 个百分点。

三、最有影响的书

本维度 1 道题目,为"请你列出两本对你发展或影响最有帮助的书(若没有请答其他)”。采用开放题设计，试图探究对两类型教师的最有影响的书。共有 67 位特级教师和 45 位普通教师做了回答，他们的回答五彩缤纷，从人文社科、自然科学到各自学科应有尽有，非常分散。总体而言，出现频率较高的前三本书是《给教师的 100 条建议》、《教育心理学》和《魏书生文选》，另外诸如《班主任工作漫谈》、《叶圣陶语文教育论集》、《乡村女教师》、《窗边的小豆豆》、《素质教育在美国》、《钢铁是怎样炼成的》、《中国著名特级教师思想录》、《菜根谭》、《细节决定成败》、《你在为谁工作》、《方法总比问题多》以及各学科的专门书籍和杂志，有一位特级教师填的是《毛泽东选集》和《唯物主义》，从中亦反映出了时代的痕迹。

第二节　听课

本维度共有 3 道题目，分别为“听课和评课是教师专业成长的重要途径”、“你听课的目的是什么”、“你每学期听课节数是多少”，第一道题采用五点量表题设计，第二、三道题采用选择题设计，试图探究两类型教师对听课、评课的认识与目的，以及听课时数。具体统计结果如下。

一、听课和评课的认识

（一）两类型教师对听课和评课的认识

表 5-9　两类型教师对听课和评课的认识比较

教师类型	人数	平均值	标准差	t
特级	111	4.49	0.659	1.401
普通	159	4.36	0.790	

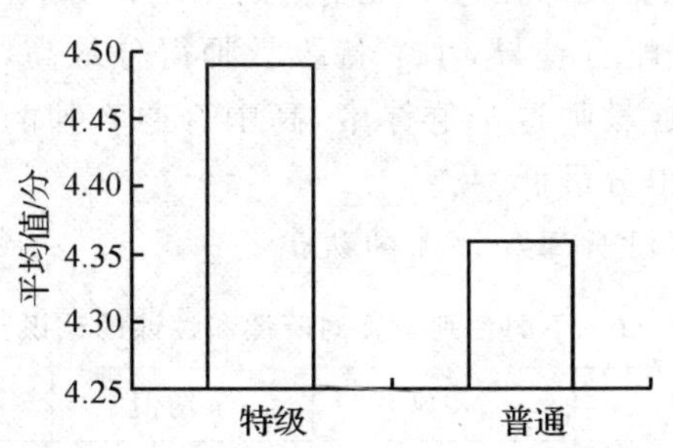

图 4-1　两类型教师对听课和评课的认识比较

两类型教师在这一维度上的平均得分分别为 4.49 和 4.36，说明两类型教师对“听课与评课是教师专业成长的重要途径”观点普遍认同(满分为 5 分)。经独立样本 t 检验表明，两类型教师之间无显著差异。

（二）不同学段教师对听课和评课的认识

表 5-10 不同学段教师对听课和评课的认识比较

学段	类型	人数	平均值	标准差	t
小学	特级	35	4.54	0.561	0.855
	普通	55	4.42	0.738	
初中	特级	33	4.42	0.792	1.093
	普通	49	4.20	0.957	
高中	特级	43	4.49	0.631	0.056
	普通	54	4.48	0.574	

不同学段两类型教师在这一维度上的平均得分都挺高，说明各个学段教师对“听课与评课是教师专业成长的重要途径”观点普遍认同（满分为 5 分），且他们之间无显著差异。

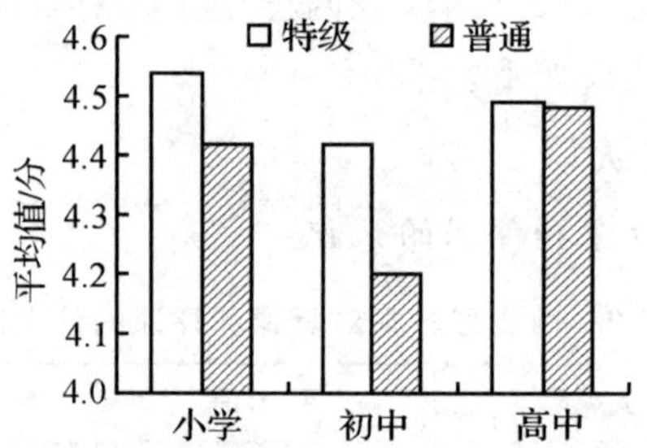

图 4-2 不同学段教师对听课和评课的认识比较

比较不同学段两类型教师在这一维度上的平均得分，在特级教师这个群体中，三学段教师之间的得分略有差异，小学特级教师得分最高，高中特级教师次之，初中特级教师居后；在普通教师这个群体中，高中普通教师的得分最高，小学普通教师次之，初中普通教师得分最低。

（三）不同性别教师对听课和评课的认识

表 5-11 不同性别教师对听课和评课的认识比较

性别	类型	人数	平均值	标准差	t
男	特级	66	4.47	0.613	1.682
	普通	72	4.25	0.884	
女	特级	45	4.51	0.727	0.485
	普通	87	4.45	0.695	

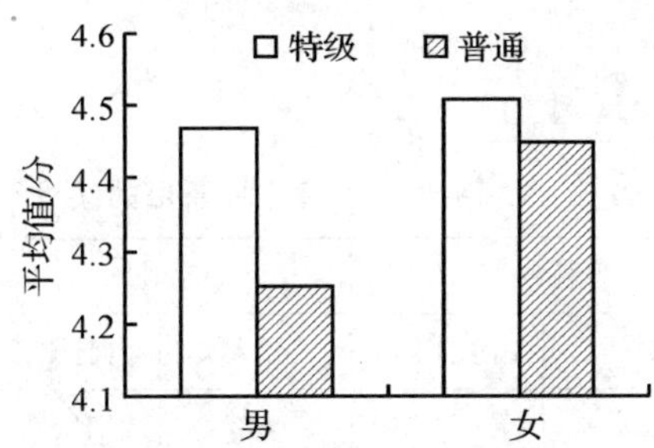

图 4-3 不同性别教师对听课和评课的认识比较

不同性别两类型教师在这一维度上的平均得分均呈现特级教师高于普通教师的特点，但经独立样本 t 检验表明，不同性别的两类型教师之间不存在显著差异。

比较不同性别两类型教师的平均得分，在特级教师这个群体中，女特级教师得分略高于男特级教师；在普通教师这个群体中，女普通教师的得分略高于男普通教师。

（四）不同教龄教师对听课和评课的认识

表 5-12 不同教龄教师对听课和评课的认识比较

教龄	类型	人数	平均值	标准差	t
16～20 年	特级	25	4.32	0.852	−0.827
	普通	22	4.50	0.598	
21 年以上	特级	84	4.54	0.590	1.719
	普通	40	4.33	0.730	

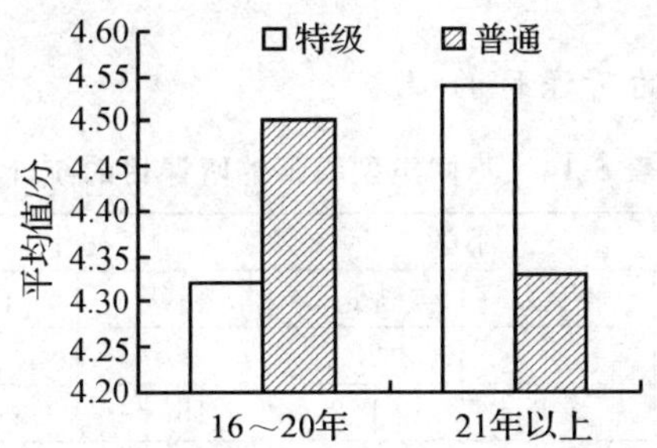

图 4-4 不同教龄教师对听课和评课的认识比较

不同教龄的两类型教师在这一维度上的平均得分呈现 16～20 年教龄的特级教师略低于同段普通教师，而 21 年教龄以上的特级教师又要高于同段的普通教师，但经独立样本 t 检验表明，不同教龄的两类型教师之间的不存在显著差异。

比较不同教龄两类型教师的平均得分，在特级教师这个群体中，21 年以上教龄的特级教师得分略高于 16～20 年教龄的特级教师；在普通教师这个群体中，16～20年教龄的普通教师的得分略高于 21 年以上教龄的普通教师。

二、听课目的

(一)两类型教师的听课目的

表 5-13 两类型教师的听课目的统计

听课目的	特级		普通		总计	
	N(人)	占比(%)	N(人)	占比(%)	N(人)	占比(%)
完成学校的听课任务	19	17.1	68	42.8	87	32.2
学习他人的教学技巧	82	73.9	135	84.9	217	80.1
了解他人的教学风格	70	63.1	89	56.0	159	58.9
收集科研素材	60	54.1	46	28.9	106	39.3
找出自己的不足	42	37.8	86	54.1	128	47.4
其他	11	9.9	11	6.9	22	8.1

从总体样本来看,教师认为听课的目的依次为:"学习他人的教学技巧"、"了解他人的教学风格"、"找出自己的不足"、"收集教研素材"、"完成学校的听课任务"、"其他"。

相比较而言,特级教师在"收集教研素材"上要高出普通教师约 25 个百分点,而在"完成学校的听课任务"上要低于普通教师约 25 个百分点,"找出自己的不足"低了近 17 个百分点。可见,虽然两类型教师都很积极地在听课中学习他人的教学技巧、了解他人的教学风格,但特级教师听课更带有一种研究的态度,而普通教师更多的是完成任务。

(二)不同类型教师的听课目的

表 5-14 不同类型教师的听课目的统计

		小学		初中		高中	
		特级	普通	特级	普通	特级	普通
完成学校的听课任务	N(人)	3	23	5	23	11	22
	占比(%)	8.6	41.8	15.2	46.9	25.6	40.7
学习他人的教学技巧	N(人)	22	43	26	43	34	49
	占比(%)	62.9	78.2	78.8	87.8	79.1	90.7
了解他人的教学风格	N(人)	22	27	20	26	28	35
	占比(%)	62.9	49.1	60.6	53.1	65.1	64.8
收集科研素材	N(人)	18	12	21	16	21	17
	占比(%)	51.4	21.8	63.6	32.7	48.8	31.5
找出自己的不足	N(人)	9	25	15	33	18	28
	占比(%)	25.7	45.5	45.5	67.3	41.9	51.9
其他	N(人)	6	4	2	7	3	0
	占比(%)	17.1	7.3	6.1	14.3	7.0	0

从上表可知,三学段的特级教师的听课目的前三位均为“学习他人的教学技巧”、“了解他人的教学风格”、“收集教研素材”;而普通教师均为“学习他人的教学技巧”、“了解他人的教学风格”、“找出自己的不足”。

相比较而言,普通教师选择“找出自己的不足”的比例均远远高出特级教师;在三个学段的普通教师中,初中普通教师选择“找出自己的不足”的比例最高(67.3%),高中次之(51.9%),小学最低(45.5%);在三个学段的特级教师中,所选比例也有一定的差别,初中略高(45.5%),高中次之(41.9%),小学略低(25.7%)。

三学段的普通教师选择“收集教研素材”的比例远远不及特级教师,呈现较大差异;在三个学段的普通教师中,所选比例有一定的差异,初中略高(32.7%),高中次之(31.5%),小学略低(21.8%);在三个学段的特级教师中,所选比例也有一定的差异,初中略高(63.6%),小学次之(51.4%),高中略低(48.8%)。

(三)不同性别教师的听课目的

表 5-15　不同性别教师的听课目的统计

听课目的		男		女	
		特级	普通	特级	普通
完成学校的听课任务	N(人)	9	33	10	35
	占比(%)	13.6	45.8	22.2	40.2
学习他人的教学技巧	N(人)	45	58	37	77
	占比(%)	68.2	80.6	82.2	88.5
了解他人的教学风格	N(人)	40	41	30	48
	占比(%)	60.6	56.9	66.7	55.2
收集科研素材	N(人)	35	20	25	26
	占比(%)	53.0	27.8	55.6	29.9
找出自己的不足	N(人)	24	35	18	51
	占比(%)	36.4	48.6	40.0	58.6
其他	N(人)	6	6	5	5
	占比(%)	9.1	8.3	11.1	5.7

从上表可知,不同性别的特级教师的听课目的前三位均为“学习他人的教学技巧”、“了解他人的教学风格”、“收集教研素材”;而普通教师均为“学习他人的教学技巧”、“了解他人的教学风格”、“找出自己的不足”。

相比较而言,普通教师选择“找出自己的不足”的比例均远远高出特级教师;在不同性别的普通教师中,女普通教师(58.6%)选择“找出自己的不足”的比例高于男普通教师(48.6%);在不同性别的特级教师中,所选比例比较接近,女特级教师略高(40.0%),男特级教师略低(36.4%)。

不同性别的普通教师选择“收集教研素材”的比例远远不及特级教师,呈现较大差异;在不同性别的普通教师中,所选比例差异不大,女普通教师略高(29.9%),男普通教师略低(27.8%);在不同性别的特级教师中,所选比例也差异不大,女特级教师略高(55.6%),男特级教师略低(53.0%)。

(四)不同教龄教师的听课目的

表 5-16 不同教龄教师的听课目的统计

听课目的		16～20 年		21 年以上	
		特级	普通	特级	普通
完成学校的听课任务	N(人)	6	9	13	18
	占比(%)	24.0	42.9	15.5	45.0
学习他人的教学技巧	N(人)	20	17	61	36
	占比(%)	80.0	81.0	72.6	90.0
了解他人的教学风格	N(人)	14	9	55	21
	占比(%)	56.0	42.9	65.5	52.5
收集科研素材	N(人)	16	6	42	7
	占比(%)	64.0	28.6	50.0	17.5
找出自己的不足	N(人)	16	10	26	15
	占比(%)	64.0	47.6	31.0	37.5
其他	N(人)	4	0	7	3
	占比(%)	16.0	0.0	8.3	7.5

从上表可知,16～20 年教龄段和 21 年以上教龄段教师在听课目的具体项目上呈现较大差异。16～20 年教龄段特级教师前三位是“学习他人的教学技巧”、“找出自己的不足”、“收集教研素材”;16～20 年教龄段普通教师前三位是“学习他人的教学技巧”、“找出自己的不足”、“了解他人的教学风格”和“完成学校的听课任务”。21 年以上教龄段的特级教师前三位是“学习他人的教学技巧”、“了解他人的教学风格”、“收集教研素材”,21 年以上教龄段的普通教师前三位是“学习他人的教学技巧”、“了解他人的教学风格”、“完成学校的听课任务”。

相比较而言,普通教师选择“完成学校的听课任务”的比例均远远高出特级教师;在不同教龄段的普通教师中,21 年以上教龄段的普通教师(45.0%)选择“找出自己的不足”的比例高于 16～20 年教龄段的普通教师(42.9%);在不同教龄段的特级教师中,16～20 年教龄段的特级教师略高(24.0%),21 年以上教龄段的特级教师略低(15.5%)。

不同教龄段的普通教师选择“收集教研素材”的比例远远不及特级教师,呈现较大差异;在不同教龄段的普通教师中,16～20 年教龄段的普通教师略高(28.6%),21 年以上教龄段的普通教师略低(17.5%);在不同教龄段的特级教师中,16～20年教龄段的特级教师略高(64.0%),21 年以上教龄段的特级教师略低(50.0%)。

三、听课时数

（一）两类型教师每学期的听课时数

表 5-17　两类型教师每学期的听课时数统计

听课时数（节）	特级		普通		总计	
	N(人)	占比(%)	N(人)	占比(%)	N(人)	占比(%)
≤15	11	10.0	35	22.6	46	17.4
16～20	27	24.5	75	48.4	102	38.5
21～30	22	20.0	31	20.0	53	20.0
≥30	50	45.5	14	9.0	64	24.2

从总体样本来看，教师每学期的听课时数依次为："16～20"、"≥30"、"21～30"、"≤15 节"。相比较而言，特级教师在"≥30"上要高出普通教师约 37 个百分点，而在"16～20"上要低于普通教师约 24 个百分点。

（二）不同学段教师每周的听课时数

表 5-18　不同学段教师每周的听课时数统计

		小学		初中		高中	
		特级	普通	特级	普通	特级	普通
≤15	N(人)	0	13	2	8	9	14
	占比(%)	0.0	26.0	6.1	16.0	21.4	25.9
16～20	N(人)	6	18	6	32	15	24
	占比(%)	17.1	36.0	18.2	64.0	35.7	44.4
21～30	N(人)	1	12	9	9	12	10
	占比(%)	2.9	24.0	27.3	18.0	28.6	18.5
≥30	N(人)	28	7	16	1	6	6
	占比(%)	80.0	14.0	48.5	2.0	14.3	11.1

从上表可知，三学段的特级教师的听课时数前三位均为"≥30"、"16～20"、"21～30"；而普通教师均为"16～20"、"≤15 节"、"21～30"。

相比较而言，普通教师选择"≤15 节"的比例均远远高出特级教师；在三个学段的普通教师中，小学普通教师选择"≤15 节"的比例最高（26.0%），高中次之（25.9%），初中最低（16.0%）；在三个学段的特级教师中，所选比例也有一定的差别，高中略高（21.4%），初中次之（6.1%），小学略低（0.0%）。

三学段的普通教师选择"≥30"的比例远远不及特级教师，呈现较大差异；在三个学段的普通教师中，所选比例有一定的差异，小学略高（14.0%），高中次之（11.1%），初中略低（2.0%）；在三个学段的特级教师中，所选比例也有一定的差异，小学略高（80.0%），初中次之（48.5%），高中略低（14.3%）。

（三）不同性别教师每周的听课时数

表 5-19 不同性别教师每周的听课时数统计

听课时数（节）		男		女	
		特级	普通	特级	普通
≤15	N（人）	7	11	4	24
	占比（%）	10.8	15.3	8.9	28.9
16～20	N（人）	20	42	7	33
	占比（%）	30.8	58.3	15.6	39.8
21～30	N（人）	14	12	8	19
	占比（%）	21.5	16.7	17.8	22.9
≥30	N（人）	24	7	26	7
	占比（%）	36.9	9.7	57.8	8.4

从上表可知，不同性别的特级教师的听课时数前三位均为"≥30"、"16～20"、"21～30"；而普通教师均为"16～20"、"≤15"、"21～30"。

相比较而言，普通教师选择"≤15 节"的比例均远远高出特级教师；在不同性别的普通教师中，女普通教师（28.9%）选择"≤15 节"的比例高于男普通教师（15.3%）；在不同性别的特级教师中，所选比例比较接近，女特级教师略高（8.9%），男特级教师略低（10.8%）。

不同性别的普通教师选择"≥30"的比例远远不及特级教师，呈现较大差异；在不同性别的普通教师中，所选比例差异不大，男普通教师略高（9.7%），女普通教师略低（8.4%）；在不同性别的特级教师中，所选比例差异较大，女特级教师略高（57.8%），男特级教师略低（36.9%）。

（四）不同教龄教师每周的听课时数

表 5-20 不同教龄教师每周的听课时数统计

听课时数（节）		16～20 年		21 年以上	
		特级	普通	特级	普通
≤15	N（人）	2	3	9	12
	占比（%）	8.0	16.7	10.8	30.0
16～20	N（人）	2	12	25	14
	占比（%）	8.0	66.7	30.1	35.0
21～30	N（人）	6	2	16	6
	占比（%）	24.0	11.1	19.3	15.0
≥30	N（人）	15	1	33	8
	占比（%）	60.0	5.6	39.8	20.0

从上表可知，16～20 年教龄段和 21 年以上教龄段教师在听课时数在具体项目上呈现较大差异。16～20 年教龄段的特级教师的听课时数前两位为"≥30"、"21～30"；21 年以上教龄段的特级教师的听课时数前两位为"≥30"、"16～20"。

而不同教龄段普通教师均为“16～20”、“≤15 节”。

相比较而言，普通教师选择“≤15 节”的比例均远远高出特级教师；在不同教龄段的普通教师中，21 年以上教龄段的普通教师(30.0%)选择“≤15 节”的比例高于 16～20 年教龄段的普通教师(16.7%)；在不同教龄段的特级教师中，所选比例比较接近，21 年以上教龄段的特级教师略高(10.8%)，16～20 年教龄段的特级教师略低(10.8%)。

不同教龄段的普通教师选择“≥30”的比例远远不及特级教师，呈现较大差异；在不同教龄段的普通教师中，所选比例有一定差异，21 年以上教龄段的普通教师略高(20.0%)，16～20 年教龄段的普通教师略低(5.6%)；在不同教龄段的特级教师中，所选比例差异较大，16～20 年教龄段的特级教师略高(60.0%)，21 年以上教龄段的特级教师略低(36.9%)。

第三节 备课

本维度共有 5 道题目，分别采用五点量表题和选择题设计，试图探究两类型教师对备课的认识、方法、时间以及备课方式。

一、认识

本维度 1 道题目，为“我认为认真备课是教师专业成长的基础和关键”，采用五点量表题设计，试图探究两类型教师对备课的认识。具体统计结果如下。

(一)两类型教师对备课的认识

表 5-21 两类型教师对备课的认识比较

教师类型	人数	平均值	标准差	t
特级	111	4.68	0.525	2.466*
普通	160	4.47	0.768	

* $p<0.05$

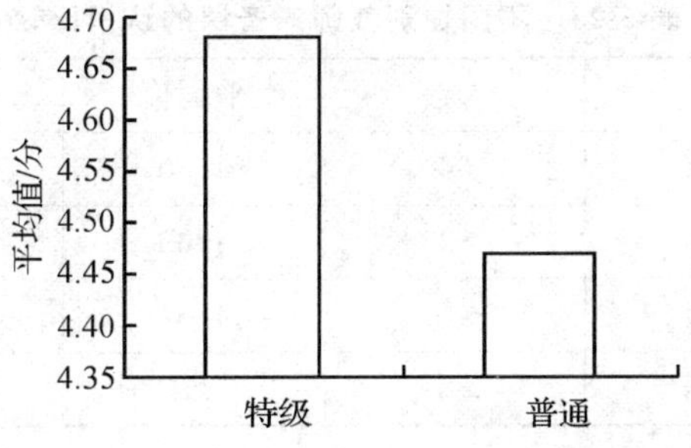

图 4-5 两类型教师对备课的认识比较

两类型教师在这一维度上的平均得分分别为4.68和4.47，说明两类型教师对“认真备课是教师专业成长的基础和关键”有高度认同(满分为5分)。经独立样本t检验表明，两类型教师之间的差异显著($p<0.05$)，特级教师对备课的认识明显优于普通教师。

(二)不同学段教师对备课的认识

表5-22　不同学段教师对备课的认识比较

	类型	人数	平均值	标准差	t
小学	特级	35	4.63	0.646	1.611
	普通	55	4.36	0.825	
初中	特级	33	4.67	0.479	1.811
	普通	50	4.34	0.917	
高中	特级	43	4.72	0.454	0.184
	普通	54	4.70	0.461	

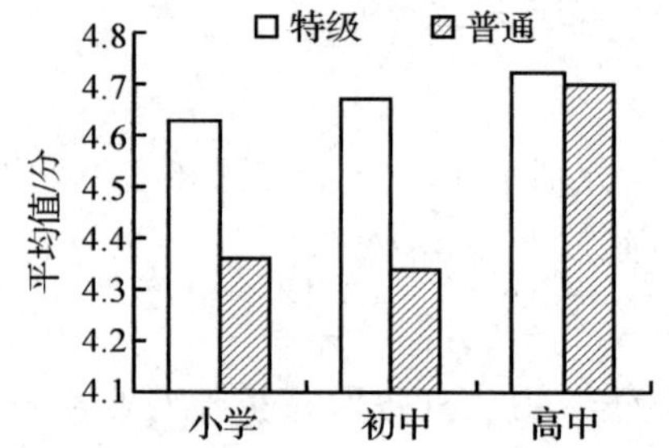

图4-6　不同学段教师对备课的认识比较

不同学段两类型教师在这一维度上的平均得分略有差异，经独立样本t检验表明，三个学段的两类型教师之间的差异不显著。

比较不同学段两类型教师在这一维度上的平均得分，在特级教师这个群体中，高中特级教师得分最高，初中特级教师次之，小学特级教师居后；在普通教师这个群体中，高中普通教师的得分最高，小学普通教师次之，初中普通教师居后。

(三)不同性别教师对备课的认识

表5-23　不同性别教师对备课的认识比较

性别	类型	人数	平均值	标准差	t
男	特级	66	4.70	0.463	2.575*
	普通	72	4.39	0.865	
女	特级	45	4.64	0.609	0.919
	普通	88	4.53	0.677	

* $p<0.05$

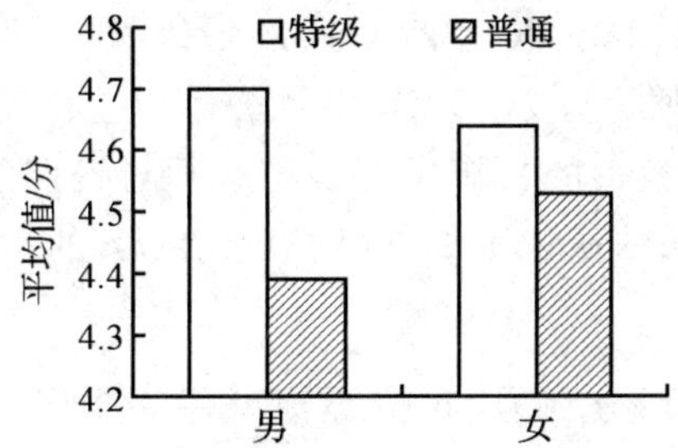

图 4-7 不同性别教师对备课的认识比较

不同性别两类型教师在这一维度上的平均得分均呈现特级教师高于普通教师的特点，经独立样本 t 检验表明，男的两类型教师之间的差异显著（$p<0.05$），特级教师对备课的认识明显优于普通教师。

比较不同性别两类型教师的平均得分，在特级教师这个群体中，男特级教师得分略高于女特级教师；在普通教师这个群体中，女普通教师的得分高于男普通教师。

（四）不同教龄教师对备课的认识

表 5-24 不同教龄教师对备课的认识比较

教龄	类型	人数	平均值	标准差	t
16～20 年	特级	25	4.48	0.714	0.132
	普通	22	4.45	0.596	
21 年以上	特级	84	4.74	0.442	1.482
	普通	40	4.58	0.781	

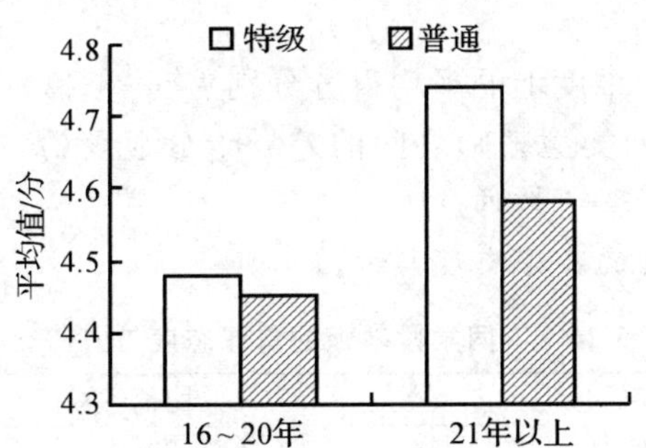

图 4-8 不同教龄教师对备课的认识比较

不同教龄的两类型教师在这一维度上的平均得分均呈现特级教师高于普通教师的趋向，但经独立样本 t 检验表明，不同教龄的两类型教师之间不存在显著差异。

比较不同教龄两类型教师的平均得分，在特级教师这个群体中，21 年教龄以上的特级教师得分略高于16～20年教龄段的特级教师；在普通教师这个群体中，16～20年教龄的普通教师得分为4.45，21年教龄以上的普通教师得分为4.58，后者略微高于前者，这说明教龄的长短（年龄）与教师对备课的认识有一定联系，教龄短（年龄小）的教师对备课的认识不如教龄长（年龄大）的教师到位。

二、方法

本维度共有2道题目，分别为“我精心预设每一堂课，遇到问题会查找资料或与同伴探讨”、“教学中出现的问题，我都会寻求专家、同伴帮助或查找资料的方式进行思考与实践”，采用五点量表题设计，试图探究两类型教师对备课的态度和方法。具体统计结果如下。

（一）两类型教师的备课态度与方法

表5-25　两类型教师的备课态度与方法比较

教师类型	人数	平均值	标准差	t
特级	111	9.24	0.876	5.617**
普通	159	8.47	1.262	

** $p<0.01$

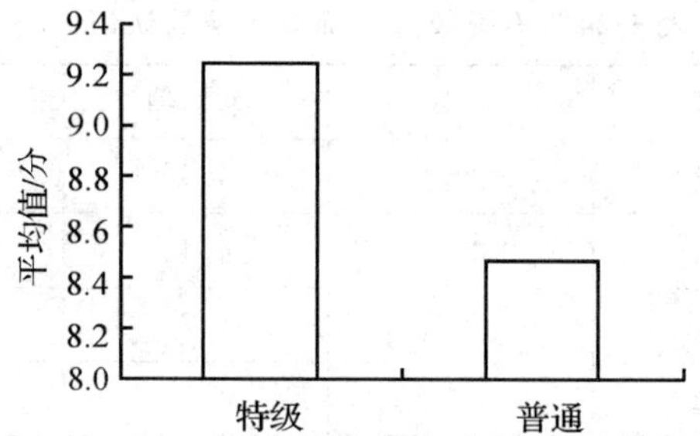

图4-9　两类型教师的备课态度与方法比较

两类型教师在这一维度上的平均得分分别为9.24和8.47（满分为10分）。经独立样本t检验表明，两类型教师之间的差异十分显著（$p<0.01$），特级教师对备课的态度方法明显优于普通教师。

（二）不同学段教师的备课态度与方法

表5-26　不同学段教师的备课态度与方法比较

学段	类型	人数	平均值	标准差	t
小学	特级	35	9.29	0.860	4.261**
	普通	55	8.31	1.169	
初中	特级	33	9.27	0.876	3.305**
	普通	49	8.31	1.517	
高中	特级	43	9.19	0.906	2.010*
	普通	54	8.78	1.058	

* $p<0.05$，** $p<0.01$

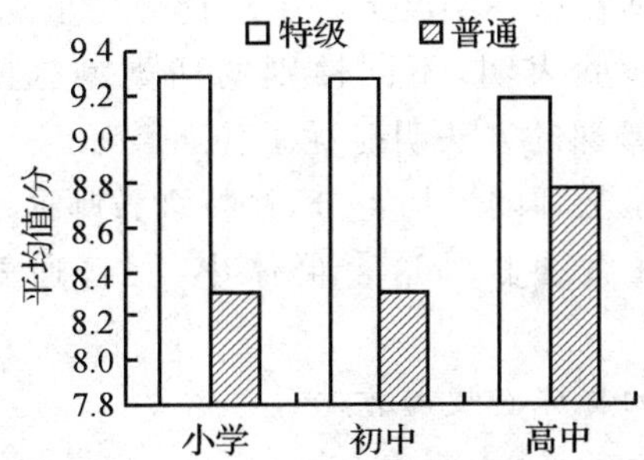

图 4-10 不同学段教师的备课态度与方法比较

不同学段两类型教师在这一维度上的平均得分有较大差异，经独立样本 t 检验表明，小学和初中的两类型教师间存在十分显著差异（$p<0.01$），高中的两类型教师间存在显著差异（$p<0.05$）。

比较不同学段两类型教师在这一维度上的平均得分，在特级教师这个群体中，小学特级教师得分最高，初中特级教师次之，高中特级教师居后；在普通教师这个群体中，高中普通教师的得分最高，小学和初中普通教师次之。

（三）不同性别教师的备课态度与方法

表 5-27 不同性别教师的备课态度与方法比较

性别	类型	人数	平均值	标准差	t
男	特级	66	9.23	0.891	4.670**
	普通	72	8.25	1.470	
女	特级	45	9.27	0.863	3.463**
	普通	87	8.64	1.034	

** $p<0.01$

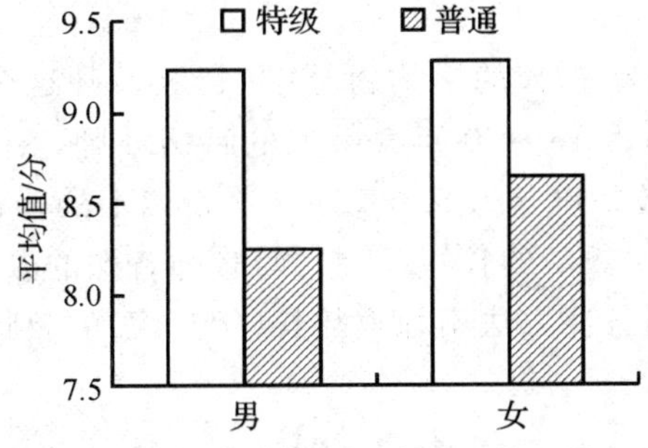

图 4-11 不同性别教师的备课态度与方法比较

不同性别两类型教师在这一维度上的平均得分均呈现特级教师高于普通教师的特点，经独立样本 t 检验表明，不同性别的两类型教师之间的差异十分显著（$p<0.01$），特级教师的备课的方法明显优于普通教师。

比较不同性别两类型教师的平均得分，在特级教师这个群体中，男特级教师得分略低于女特级教师；在普通教师这个群体中，女普通教师的得分高于男普通教师。

（四）不同教龄教师的备课态度与方法

表 5-28 不同教龄教师的备课态度与方法比较

教龄	类型	人数	平均值	标准差	t
16～20 年	特级	25	9.20	0.866	2.723*
	普通	22	8.45	1.011	
21 年以上	特级	84	9.29	0.858	1.841
	普通	40	8.98	0.920	

* $p<0.05$

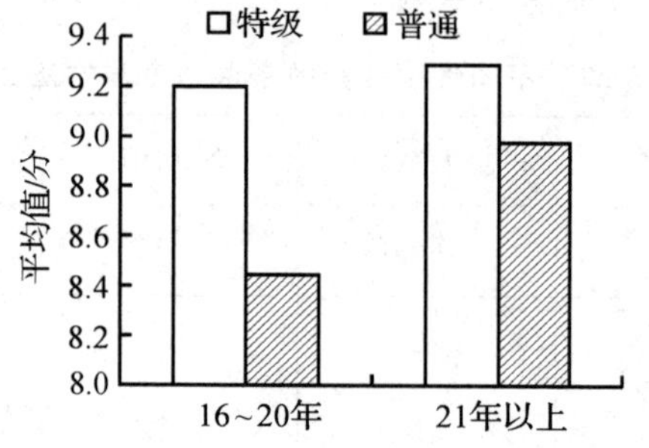

图 4-12 不同教龄教师的备课态度与方法比较

不同教龄的两类型教师在这一维度上的平均得分均呈现特级教师高于普通教师的趋向，经独立样本 t 检验表明，16～20 年教龄段的两类型教师之间的存在显著差异（$p<0.05$）。

比较不同教龄两类型教师的平均得分，在特级教师这个群体中，21 年教龄以上的特级教师得分略高于 16～20 年教龄段的特级教师；在普通教师这个群体中，16～20 年教龄的普通教师得分为 8.45，21 年教龄以上的普通教师得分为 8.98，后者略微高于前者，这说明教龄的长短（年龄）与教师备课的方法的优劣有一定联系，教龄短（年龄小）的教师备课方法不如教龄长（年龄大）的教师。

三、备课时间

本维度 1 道题目，为“我备一节课（公开课除外）所花的时间约为几分钟”，采用选择题设计，试图探究两类型教师的备课时间。具体统计结果如下。

（一）两类型教师备课时间

表 5-29 两类型教师备课时间统计

备课时间（小时）	特级		普通		总计	
	N(人)	占比(%)	N(人)	占比(%)	N(人)	占比(%)
0～20	2	1.8	10	6.3	12	4.5
21～30	17	15.3	37	23.4	54	20.1
31～40	28	25.2	30	19.0	58	21.6
≥40	64	57.7	81	51.3	145	53.9

从总体样本来看，教师认为备课时间依次为："≥40"、"31～40"、"21～30"、"0～20"。相比较而言，特级教师在"≥40"上要高出普通教师约6个百分点，而在"21～30"上要低于普通教师约8个百分点，"0～20"低了约4个百分点。

（二）不同学段教师备课时间

表 5-30 不同学段教师备课时间统计

备课时间（小时）		小学		初中		高中	
		特级	普通	特级	普通	特级	普通
0～20	N(人)	1	5	0	4	1	1
	占比(%)	2.9	9.4	.0	8.0	2.3	1.9
21～30	N(人)	10	21	4	9	3	7
	占比(%)	28.6	39.6	12.1	18.0	7.0	13.0
31～40	N(人)	8	9	10	13	10	8
	占比(%)	22.9	17.0	30.3	26.0	23.3	14.8
≥40	N(人)	16	18	19	24	29	38
	占比(%)	45.7	34.0	57.6	48.0	67.4	70.4

从上表可知，三学段的特级教师和普通教师的备课时间前三位均为"≥40"、"31～40"、"21～30"。

小学、初中的普通教师选择"≥40"的比例不及特级教师，呈现一定差异。在三个学段的普通教师中，所选比例有一定的差异，高中最高(70.4%)，初中次之(48.0%)，小学略低(34.0%)；在三个学段的特级教师中，所选比例也有一定的差异，高中略高(67.4%)，初中次之(57.6%)，小学略低(45.7%)。相比较而言，高中教师备一节课的时间要远远超过初中、小学。

(三)不同性别教师备课时间

表 5-31　不同性别教师备课时间统计

备课时间(小时)		男		女	
		特级	普通	特级	普通
0～20	N(人)	2	5	0	5
	占比(%)	3.0	6.9	0.0	5.8
21～30	N(人)	11	18	6	19
	占比(%)	16.7	25.0	13.3	22.1
31～40	N(人)	16	16	12	14
	占比(%)	24.2	22.2	26.7	16.3
≥40	N(人)	37	33	27	48
	占比(%)	56.1	45.8	60.0	55.8

从上表可知,不同性别的特级教师和普通教师的备课时间前三位均为:"≥40"、"31～40"、"21～30"。

相比较而言,普通教师选择"21～30"的比例均高出特级教师;在不同性别的普通教师中,男普通教师(25.0%)选择"21～30"的比例高于女普通教师(22.1%);在不同性别的特级教师中,所选比例比较接近,男特级教师略高(16.7%),女特级教师略低(13.3%)。

不同性别的普通教师选择"≥40"的比例不及特级教师,呈现一定差异;在不同性别的普通教师中,女普通教师略高(55.8%),男普通教师略低(45.8%);在不同性别的特级教师中,女特级教师略高(60.0%),男特级教师略低(56.1%)。

(四)不同教龄教师备课时间

表 5-32　不同教龄教师备课时间统计

备课时间(小时)		16～20 年		21 年以上	
		特级	普通	特级	普通
0～20	N(人)	0	2	2	3
	占比(%)	0.0	10.0	2.4	7.5
21～30	N(人)	6	2	9	10
	占比(%)	24.0	10.0	10.7	25.0
31～40	N(人)	7	3	21	8
	占比(%)	28.0	15.0	25.0	20.0
≥40	N(人)	12	13	52	19
	占比(%)	48.0	65.0	61.9	47.5

从上表可知,16～20 年教龄段和 21 年以上教龄段的特级教师在备课时间上列在前两位的均是:"≥40"、"31～40";16～20 年教龄段的普通教师的备课时间前两位为"≥40"、"31～40",21 年以上教龄段的普通教师的备课时间前两位为"≥40"、"21～30"。

相比较而言,在选择"≥40"时,16～20 年教龄段的特级教师比同段的普通教师低了 17 个百分点;而在 21 年以上教龄段的特级教师却比同段的普通教师高了约 14 个百分点。

在选择"21～30"时,16～20 年教龄段的特级教师比同段的普通教师高了14 个百分点;而在 21 年以上教龄段的特级教师却比同段的普通教师低了约 14 个百分点。

四、备课方式

本维度 1 道题目,为"我认为比较好的备课方式是什么(可多选)"。采用选择题设计,试图探究两类型教师的备课方式。具体统计结果如下。

(一)两类型教师备课方式

表 5-33 两类型教师备课方式统计

备课方式	特级		普通		总计	
	N(人)	占比(%)	N(人)	占比(%)	N(人)	占比(%)
纸质备课	33	29.7	38	23.8	71	26.2
电子备课	38	34.2	77	48.1	115	42.4
书本旁注	49	44.1	78	48.8	127	46.9
集体备课	75	67.6	89	55.6	164	60.5
其他	3	2.7	8	5.0	11	4.1

从总体样本来看,教师的备课方式依次为:"集体备课"、"书本旁注"、"电子备课"、"纸质备课"、"其他"。

相比较而言,特级教师在"集体备课"上要高出普通教师 12 个百分点,而在"电子备课"上要低于普通教师约 14 个百分点。

(二)不同学段教师备课方式

表 5-34 不同学段教师备课方式统计

备课方式		小学		初中		高中	
		特级	普通	特级	普通	特级	普通
纸质备课	N(人)	9	13	10	7	14	18
	占比(%)	25.7	23.6	30.3	14.0	32.6	33.3
电子备课	N(人)	7	23	8	27	23	26
	占比(%)	20.0	41.8	24.2	54.0	53.5	48.1
书本旁注	N(人)	19	27	19	24	11	26
	占比(%)	54.3	49.1	57.6	48.0	25.6	48.1
集体备课	N(人)	24	25	23	26	28	37
	占比(%)	68.6	45.5	69.7	52.0	65.1	68.5
其他	N(人)	3	1	0	5	0	2
	占比(%)	8.6	1.8	0	10.0	0	3.7

从上表可知，小学和初中的特级教师的备课方式前三位均为“集体备课”、“书本旁注”、“纸质备课”，高中的特级教师则是：“集体备课”、“电子备课”、“纸质备课”；而普通教师均为“集体备课”、“电子备课”、“书本旁注”。

相比较而言，普通教师选择“电子备课”的比例均远远高出特级教师（高中除外）；在三个学段的普通教师中，初中普通教师选择“电子备课”的比例最高（54.0%），高中次之（48.1%），小学最低（41.8%）；在三个学段的特级教师中，所选比例也有一定的差别，高中最高（53.5%），初中次之（24.2%），小学略低（20.0%）。

（三）不同性别教师备课方式

表 5-35　不同性别教师备课方式统计

备课方式		男		女	
		特级	普通	特级	普通
纸质备课	N(人)	18	16	15	22
	占比(%)	27.3	22.2	33.3	25.0
电子备课	N(人)	24	38	14	39
	占比(%)	36.4	52.8	31.1	44.3
书本旁注	N(人)	25	32	24	46
	占比(%)	37.9	44.4	53.3	52.3
集体备课	N(人)	44	44	31	45
	占比(%)	66.7	61.1	68.9	51.1
其他	N(人)	1	5	2	3
	占比(%)	1.5	6.9	4.4	3.4

从上表可知，男的两类型教师和女普通教师的备课方式前三位均为“集体备课”、“电子备课”、“书本旁注”；而女特级教师前三位的“集体备课”、“书本旁注”、“纸质备课”。

相比较而言，普通教师选择“电子备课”的比例均高出特级教师；在不同性别的普通教师中，男普通教师（52.8%）选择“电子备课”的比例高于女普通教师（44.3%）；在不同性别的特级教师中，所选比例比较接近，男特级教师略高（36.4%），女特级教师略低（31.1%）。

不同性别的普通教师选择“纸质备课”的比例又不及特级教师，呈现一定的差异；在不同性别的普通教师中，女普通教师略高（25.0%），男普通教师略低（22.2%）；在不同性别的特级教师中，女特级教师略高（33.3%），男特级教师略低（27.3%）。

(四)不同教龄教师备课方式

表 5-36　不同教龄教师备课方式统计

备课方式		16～20 年		21 年以上	
		特级	普通	特级	普通
纸质备课	N(人)	8	5	25	8
	占比(%)	32.0	23.8	29.8	20.0
电子备课	N(人)	5	10	33	18
	占比(%)	20.0	47.6	39.3	45.0
书本旁注	N(人)	14	8	34	20
	占比(%)	56.0	38.1	40.5	50.0
集体备课	N(人)	18	13	56	23
	占比(%)	72.0	61.9	66.7	57.5
其他	N(人)	0	1	3	3
	占比(%)	0	4.8	3.6	7.5

从上表可知,16～20 年教龄段的普通教师和 21 年以上教龄段的两类型教师的备课方式前三位均为“集体备课”、“书本旁注”、“电子备课”;而 16～20 年教龄段的特级教师前三位是:“集体备课”、“书本旁注”、“纸质备课”。

相比较而言,不同教龄段的普通教师选择“电子备课”的比例均高出特级教师;在不同教龄段的普通教师中,16～20 年教龄段的普通教师(47.6%)选择“电子备课”的比例高于 21 年以上教龄段的普通教师(45.0%),但差异不大;在不同教龄段的特级教师中,21 年以上教龄段的特级教师略高(39.3%),16～20 年教龄段的特级教师略低(20.0%)。

不同教龄段的普通教师选择“纸质备课”的比例又不及特级教师,呈现一定的差异;在不同教龄段的普通教师中,16～20 年教龄段的普通教师略高(23.8%),21 年以上教龄段的普通教师略低(20.0%);在不同性别的特级教师中,16～20 年教龄段的特级教师略高(32.0%),21 年以上教龄段的特级教师略低(29.8%)。

第四节　上　课

一、教学组织能力和教师魅力

本维度共有 2 道题目,分别为“一进入课堂,我就能使用各种教学手段在短时间内吸引大部分学生的注意力”、“我的课堂语言风格倾向于哪种”。前一道题采用五点量表题设计,后一道题采用选择题设计,试图探究两类型教师的教学组织能力和教师魅力,及课堂语言风格。具体统计结果如下。

(一)两类型教师教学组织能力

表 5-37　两类型教师教学组织能力比较

教师类型	人数	平均值	标准差	t
特级	111	4.56	0.551	4.31**
普通	160	4.18	0.800	

** $p<0.01$

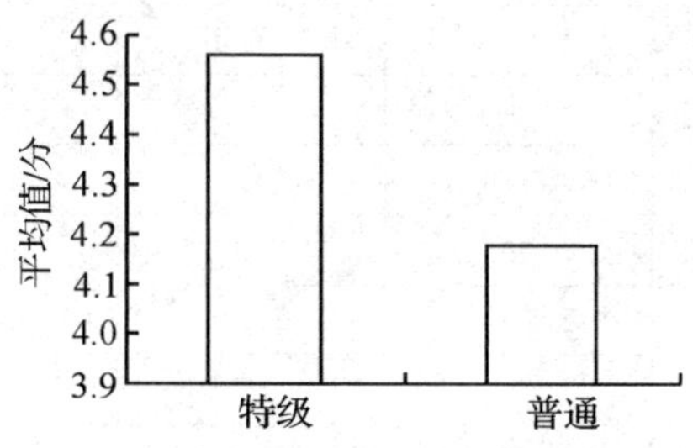

图 4-13　两类型教师教学组织能力比较

两类型教师在这一维度上的平均得分分别为 4.56 和 4.18(满分为 5 分)。经独立样本 t 检验表明,两类型教师之间的差异十分显著($p<0.01$),特级教师的教学组织能力与教师魅力明显优于普通教师。

(二)不同学段教师教学组织能力

表 5-38　不同学段教师教学组织能力比较

学段	类型	人数	平均值	标准差	t
小学	特级	35	4.69	0.471	3.185**
	普通	55	4.24	0.744	
初中	特级	33	4.48	0.619	2.472*
	普通	50	4.04	0.903	
高中	特级	43	4.51	0.551	1.729
	普通	54	4.28	0.738	

* $p<0.05$, ** $p<0.01$

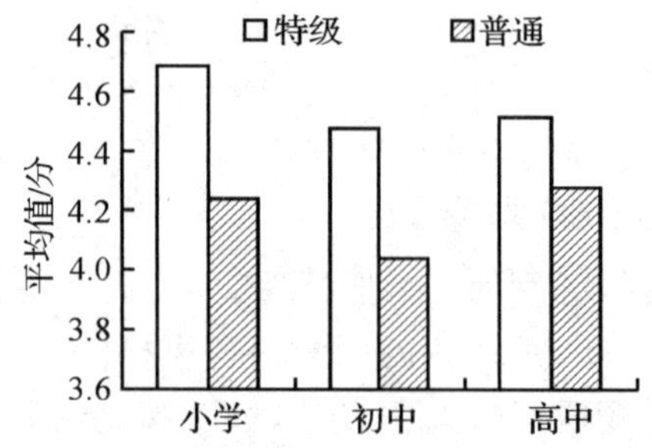

图 4-14　不同学段教师教学组织能力比较

不同学段两类型教师在这一维度上的平均得分有较大差异，经独立样本 t 检验表明，小学的两类型教师间存在十分显著差异（$p<0.01$），初中的两类型教师间存在显著差异（$p<0.05$）。

比较不同学段两类型教师在这一维度上的平均得分，在特级教师这个群体中，小学特级教师得分最高，高中特级教师次之，初中特级教师居后；在普通教师这个群体中，高中普通教师的得分最高，小学普通教师次之，初中普通教师最后。也可从一个角度反映出：初中的学生最难组织教学。

（三）不同性别教师教学组织能力

表 5-39 不同性别教师教学组织能力比较

性别	类型	人数	平均值	标准差	t
男	特级	66	4.52	0.533	3.055**
	普通	72	4.13	0.903	
女	特级	45	4.62	0.576	3.238**
	普通	88	4.23	0.707	

** $p<0.01$

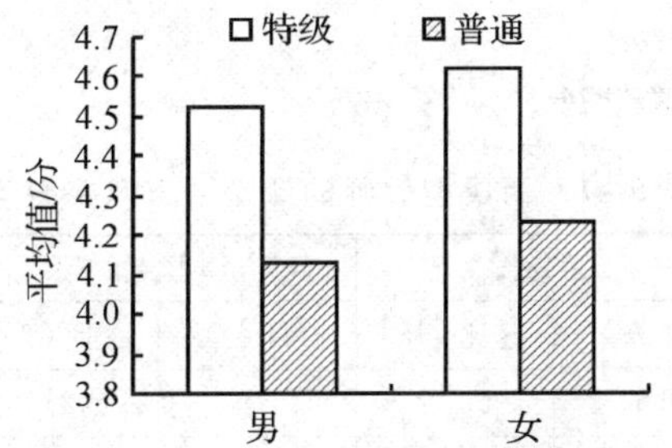

图 4-15 不同性别教师教学组织能力比较

不同性别两类型教师在这一维度上的平均得分均呈现特级教师高于普通教师的特点，经独立样本 t 检验表明，不同性别的两类型教师之间的差异十分显著（$p<0.01$）。

比较不同性别两类型教师的平均得分，在特级教师这个群体中，男特级教师得分略低于女特级教师；在普通教师这个群体中，女普通教师的得分高于男普通教师。

（四）不同教龄教师教学组织能力

表 5-40 不同教龄教师教学组织能力比较

教龄	类型	人数	平均值	标准差	t
16～20 年	特级	25	4.36	0.638	0.426
	普通	22	4.27	0.767	
21 年以上	特级	84	4.61	0.515	1.941
	普通	40	4.40	0.632	

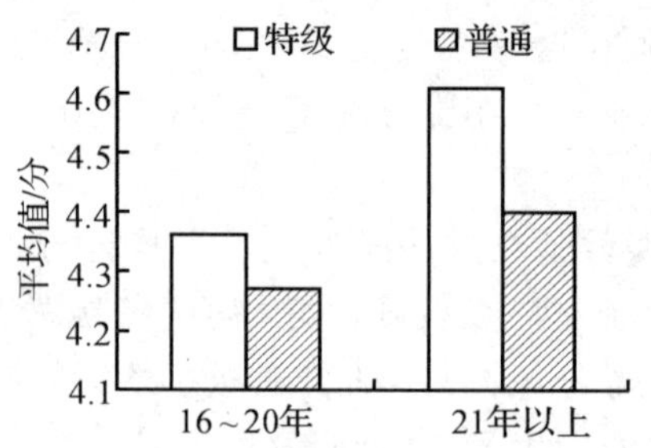

图 4-16 不同教龄教师教学组织能力比较

不同教龄的两类型教师在这一维度上的平均得分均呈现特级教师高于普通教师的趋向，但经独立样本 t 检验表明，不同教龄段的教师间不存在显著差异。

比较不同教龄两类型教师的平均得分，在特级教师这个群体中，21 年教龄以上的特级教师得分略高于 16～20 年教龄段的特级教师；在普通教师这个群体中，16～20 年教龄的普通教师得分为 4.27，21 年教龄以上的普通教师得分为 4.40，后者高于前者。

二、课堂教学语言

（一）两类型教师的课堂语言风格

表 5-41 两类型教师的课堂语言风格统计

语言风格	特级		普通		总计	
	N(人)	占比(%)	N(人)	占比(%)	N(人)	占比(%)
幽默型	16	14.4	34	22.1	50	18.9
理智型	33	29.7	58	37.7	91	34.3
激情型	35	31.5	44	28.6	79	29.8
睿智型	22	19.8	13	8.4	35	13.2
其他	5	4.5	5	3.2	10	3.8

从总体样本来看，教师的课堂语言风格依次为："理智型"、"激情型"、"幽默型"、"睿智型"、"其他"。相比较而言，特级教师在"睿智型"上要高出普通教师约 11 个百分点，而在"理智型"上要低于普通教师 8 个百分点。

（二）不同学段教师的课堂语言风格

表 5-42 不同学段教师的课堂语言风格统计

语言风格		小学		初中		高中	
		特级	普通	特级	普通	特级	普通
幽默型	N(人)	2	11	8	12	6	11
	占比(%)	5.7	22.0	24.2	24.5	14.0	20.4
理智型	N(人)	12	18	8	18	13	21
	占比(%)	34.3	36.0	24.2	36.7	30.2	38.9

续表

语言风格		小学		初中		高中	
		特级	普通	特级	普通	特级	普通
激情型	N(人)	12	18	9	11	14	15
	占比(%)	34.3	36.0	27.3	22.4	32.6	27.8
睿智型	N(人)	7	1	7	5	8	7
	占比(%)	20.0	2.0	21.2	10.2	18.6	13.0
其他	N(人)	2	2	1	3	2	0
	占比(%)	5.7	4.0	3.0	6.1	4.7	0

从上表可知，小学和高中的特级教师的课堂语言风格前三位均为“理智型”、“激情型”、“睿智型”，初中的特级教师则是：“激情型”、“理智型”、“幽默型”；而普通教师均为“理智型”、“激情型”、“理智型”、“幽默型”。

相比较而言，普通教师选择“幽默型”的比例均远远高出特级教师(初中除外)；在三个学段的普通教师中，初中普通教师选择“幽默型”的比例最高(24.5%)，小学次之(22.0%)，高中最低(20.4%)；在三个学段的特级教师中，所选比例也有一定的差别，初中最高(24.2%)，高中次之(14.0%)，小学略低(5.7%)。

三学段的普通教师选择“睿智型”的比例不及特级教师，呈现较大差异；在三个学段的普通教师中，高中略高(13.0%)，初中次之(10.2%)，小学略低(2.0%)；在三个学段的特级教师中，所选比例接近，初中略高(21.2%)，小学次之(20.0%)，高中略低(18.6%)。

(三)不同性别教师的课堂语言风格

表 5-43 不同性别教师的课堂语言风格统计

语言风格		男		女	
		特级	普通	特级	普通
幽默型	N(人)	14	20	2	14
	占比(%)	21.2	27.8	4.4	17.1
理智型	N(人)	21	25	12	33
	占比(%)	31.8	34.7	26.7	40.2
激情型	N(人)	16	17	19	27
	占比(%)	24.2	23.6	42.2	32.9
睿智型	N(人)	13	6	9	7
	占比(%)	19.7	8.3	20.0	8.5
其他	N(人)	2	4	3	1
	占比(%)	3.0	5.6	6.7	1.2

从上表可知，男教师和女普通教师的课堂语言风格前三位均为“理智型”、“激情型”、“幽默型”，女特级教师则是：“激情型”、“理智型”、“睿智型”。

相比较而言，不同性别的普通教师选择“幽默型”的比例均高出特级教师；在不同性别的普通教师中，男普通教师(27.8%)选择“幽默型”的比例高于女普通教师(17.1%)；在不同性别的特级教师中，所选比例差异较大，男特级教师略高(21.2%)，女特级教师略低(4.4%)。

不同性别的普通教师选择“睿智型”的比例又远不及特级教师；在不同性别的普通教师中，女普通教师略高(8.5%)，男普通教师略低(8.3%)；在不同性别的特级教师中，女特级教师略高(20.0%)，男特级教师略低(19.7%)。

(四)不同教龄教师的课堂语言风格

表 5-44 不同教龄教师的课堂语言风格统计

语言风格		16～20 年		21 年以上	
		特级	普通	特级	普通
幽默型	N(人)	5	2	11	7
	占比(%)	20.0	11.1	13.1	17.5
理智型	N(人)	8	12	23	11
	占比(%)	32.0	66.7	27.4	27.5
激情型	N(人)	7	2	28	18
	占比(%)	28.0	11.1	33.3	45.0
睿智型	N(人)	4	2	18	3
	占比(%)	16.0	11.1	21.4	7.5
其他	N(人)	1	0	4	1
	占比(%)	4.0	.0	4.8	2.5

从上表可知，16～20 年教龄段和 21 年以上教龄段教师在课堂语言风格的具体项目上呈现较大差异。16～20 年教龄段特级教师前三位是“理智型”、“激情型”、“幽默型”；16～20 年教龄段普通教师则是“理智型”一枝独秀，远远高出排在并列第二的“幽默型”、“激情型”和“睿智型”。21 年以上教龄段的特级教师前三位是“激情型”、“理智型”、“睿智型”；21 年以上教龄段的普通教师前三位是“激情型”、“理智型”、“幽默型”。

相比较而言，不同教龄段的普通教师选择“理智型”的比例均高出特级教师；在不同教龄段的普通教师中，16～20 年教龄段的普通教师(66.7%)选择“理智型”的比例高于 21 年以上教龄段的普通教师(27.5%)，差异较大；在不同教龄段的特级教师中，16～20 年教龄段的特级教师略高(32.0%)，21 年以上教龄段的特级教师略低(27.4%)。

不同教龄段的普通教师选择“睿智型”的比例又不及特级教师，呈现一定的差异；在不同教龄段的普通教师中，16～20 年教龄段的普通教师略高(11.1%)，21 年以上教龄段的普通教师略低(7.5%)；在不同性别的特级教师中，21 年以上教龄段的特级教师略高(21.4%)，16～20 年教龄段的特级教师略低(16.0%)。

第五节　反　思

一、反思认识

本维度共有 2 道题目，分别为“我认为写教学反思对教师的专业成长很有帮助”、“我对教学反思的做法是什么(可多选)”。前一道题采用五点量表题设计，后一道题采用选择题设计，试图探究两类型教师对教学反思的认识以及反思的具体做法。具体统计结果如下。

(一)两类型教师对教学反思的认识

表 5-45　两类型教师对教学反思认识的比较

教师类型	人数	平均值	标准差	t
特级	111	4.46	0.723	2.627**
普通	160	4.21	0.817	

** $p<0.01$

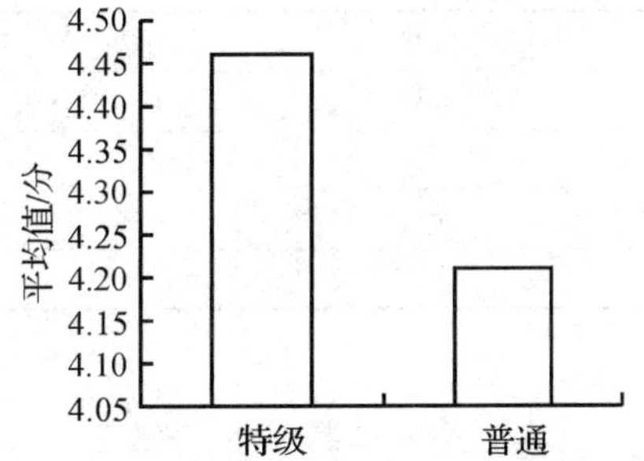

图 4-17　两类型教师对教学反思认识的比较

两类型教师在这一维度上的平均得分分别为 4.46 和 4.21，说明两类型教师的都认为写教学反思对教师的专业成长很有帮助(满分为 5 分)。经独立样本 t 检验表明，两类型教师之间的差异十分显著($p<0.01$)，特级教师对反思的认识明显优于普通教师。

(二)不同学段教师对教学反思的认识

表 5-46　不同学段教师对教学反思的认识比较

学段	类型	人数	平均值	标准差	t
小学	特级	35	4.37	0.808	1.870
	普通	55	4.02	0.913	
初中	特级	33	4.39	0.788	1.537
	普通	50	4.12	0.799	
高中	特级	43	4.58	0.587	0.647
	普通	54	4.50	0.637	

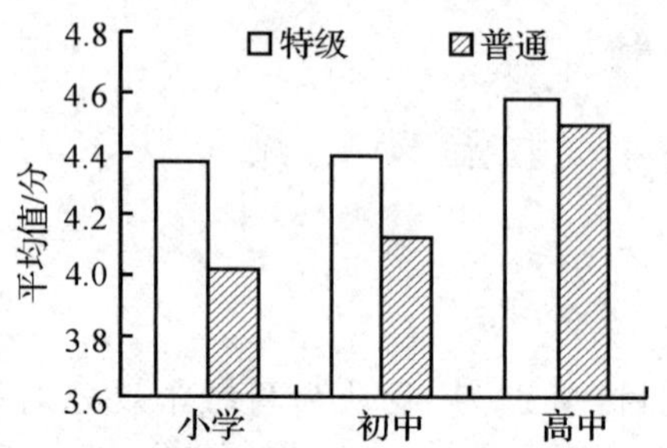

图 4-18 不同学段教师对教学反思的认识比较

不同学段两类型教师在这一维度上的平均得分有差异,但经独立样本 t 检验表明,不同学段的两类型教师间不存在显著差异。

比较不同学段两类型教师在这一维度上的平均得分,在特级教师这个群体中,高中特级教师得分最高,初中特级教师次之,小学特级教师居后;在普通教师这个群体中,高中普通教师的得分最高,小学普通教师次之,初中普通教师居后。

(三)不同性别教师对教学反思的认识

表 5-47 不同性别教师对教学反思的认识比较

性别	类型	人数	平均值	标准差	t
男	特级	66	4.50	0.685	2.867**
	普通	72	4.11	0.881	
女	特级	45	4.40	0.780	0.827
	普通	88	4.28	0.757	

** $p<0.01$

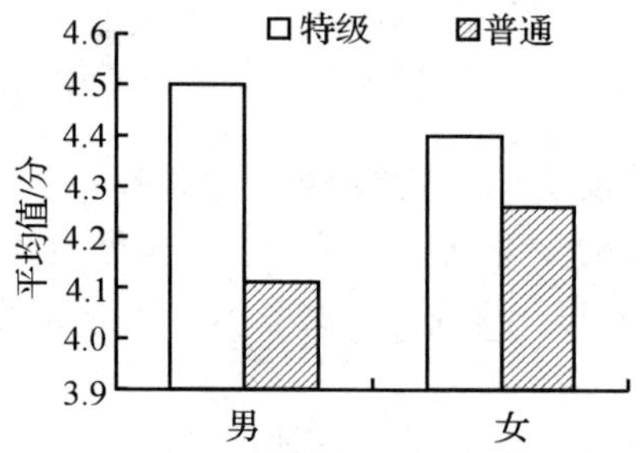

图 4-19 不同性别教师对教学反思的认识比较

不同性别两类型教师在这一维度上的平均得分均呈现特级教师高于普通教师的特点,经独立样本 t 检验表明,男的两类型教师之间的差异十分显著($p<0.01$),女的两类型教师间无显著差异。

比较不同性别两类型教师的平均得分,在特级教师这个群体中,男特级教师得分略高于女特级教师;在普通教师这个群体中,女普通教师的得分高于男普通教师。

（四）不同教龄教师对教学反思的认识

表 5-48 不同教龄教师对教学反思的认识比较

教龄	类型	人数	平均值	标准差	t
16～20 年	特级	25	4.44	0.768	0.560
	普通	22	4.32	0.716	
21 年以上	特级	84	4.46	0.719	2.101*
	普通	40	4.15	0.893	

* $p<0.05$

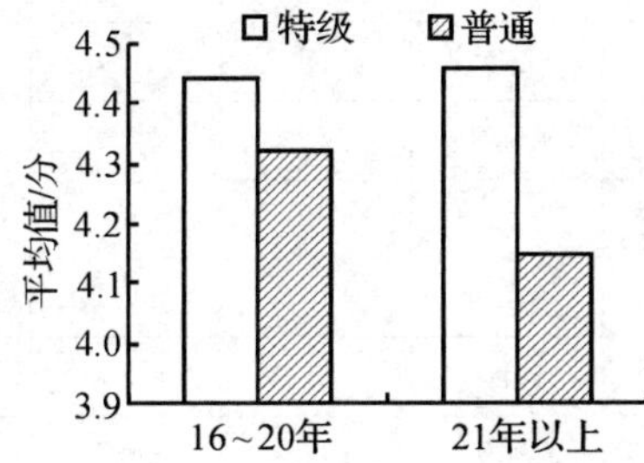

图 4-20 不同教龄教师对教学反思的认识比较

不同教龄的两类型教师在这一维度上的平均得分均呈现特级教师高于普通教师的趋向，但经独立样本 t 检验表明，21 年教龄以上的两类型教师间有显著差异，16～20 年教龄的两类型教师之间的不存在显著差异。

比较不同教龄两类型教师的平均得分，在特级教师这个群体中，21 年教龄以上的特级教师得分略高于 16～20 年教龄段的特级教师；在普通教师这个群体中，16～20 年教龄的普通教师得分为 4.32，21 年教龄以上的普通教师得分为 4.15，前者高于后者。

二、如何反思

（一）两类型教师教学反思的具体做法

表 5-49 两类型教师教学反思的具体做法统计

具体做法	特级		普通		总计	
	N(人)	占比(%)	N(人)	占比(%)	N(人)	占比(%)
写反思文章	56	50.5	52	32.5	108	39.9
在教案或电脑上写教后记	61	55.0	82	51.3	143	52.8
写在规定本子上备查	7	6.3	28	17.5	35	12.9
检查前抄一些应付	0	0	12	7.5	12	4.4
在头脑中自觉反思	70	63.1	86	53.8	156	57.6
没反思	0	0	5	3.1	5	1.8
其他	2	1.8	10	6.3	12	4.4

从总体样本来看，教师的教学反思的具体做法依次为："在头脑中自觉反思"、"在教案或电脑上写教后记"、"写反思文章"、"写在规定本子上备查"、"检查前抄一些应付"、"其他"、"没反思"。相比较而言，特级教师在"写反思文章"上要高出普通教师18个百分点，而在"写在规定本子上备查"上要低于普通教师约11个百分点。

（二）不同学段教师教学反思的具体做法

表5-50　不同学段教师教学反思的具体做法统计

具体做法		小学		初中		高中	
		特级	普通	特级	普通	特级	普通
写反思文章	N(人)	23	15	15	15	18	21
	占比(%)	65.7	27.3	45.5	30.0	41.9	38.9
在教案或电脑上写教后记	N(人)	22	23	17	28	22	31
	占比(%)	62.9	41.8	51.5	56.0	51.2	57.4
写在规定本子上备查	N(人)	1	8	3	10	3	10
	占比(%)	2.9	14.5	9.1	20.0	7.0	18.5
检查前抄一些应付	N(人)	0	6	0	4	0	2
	占比(%)	0	10.9	0	8.0	0	3.7
在头脑中自觉反思	N(人)	17	25	22	31	31	29
	占比(%)	48.6	45.5	66.7	62.0	72.1	53.7
没反思	N(人)	0	2	0	3	0	0
	占比(%)	0	3.6	0	6.0	0	0
其他	N(人)	1	8	0	0	1	2
	占比(%)	2.9	14.5	0	0	2.3	3.7

从上表可知，不同学段的教师的教学反思的具体做法前三位均为"在头脑中自觉反思"、"在教案或电脑上写教后记"、"写反思文章"，只是这三者的排序在具体学段教师中有一定的区别。

相比较而言，普通教师选择"写在规定本子上备查"的比例均远远高出特级教师；在三个学段的普通教师中，初中普通教师选择"写在规定本子上备查"的比例最高(20.0%)，高中次之(18.5%)，小学最低(14.5%)；在三个学段的特级教师中，初中最高(9.1%)，高中次之(7.0%)，小学略低(2.9%)。

三学段的普通教师选择"写反思文章"的比例不及特级教师，呈现一定差异；在三个学段的普通教师中，高中略高(38.9%)，初中次之(30.0%)，小学略低(27.3%)；在三个学段的特级教师中，所选比例也有一定的差异，小学最高(65.7%)，初中次之(45.5%)，高中略低(41.9%)。

（三）不同性别教师教学反思的具体做法

表 5-51 不同性别教师教学反思的具体做法统计

具体做法		男		女	
		特级	普通	特级	普通
写反思文章	N(人)	33	25	23	27
	占比(%)	50.0	34.7	51.1	30.7
在教案或电脑上写教后记	N(人)	30	36	31	46
	占比(%)	45.5	50.0	68.9	52.3
写在规定本子上备查	N(人)	3	9	4	19
	占比(%)	4.5	12.5	8.9	21.6
检查前抄一些应付	N(人)	0	6	0	6
	占比(%)	0	8.3	0	6.8
在头脑中自觉反思	N(人)	45	40	25	46
	占比(%)	68.2	55.6	55.6	52.3
没反思	N(人)	0	1	0	4
	占比(%)	0	1.4	0	4.5
其他	N(人)	1	4	1	6
	占比(%)	1.5	5.6	2.2	6.8

从上表可知，不同性别的两类型教师教学反思的具体做法前三位均为“在头脑中自觉反思”、“在教案或电脑上写教后记”、“写反思文章”，只是这三者的排序在具体性别教师中有一定的区别。

相比较而言，普通教师选择“写在规定本子上备查”的比例均高出特级教师；在不同性别的普通教师中，女普通教师(21.6%)选择“电子备课”的比例高于男普通教师(12.5%)；在不同性别的特级教师中，女特级教师略高(8.9%)，男特级教师略低(4.5%)。

不同性别的普通教师选择“写反思文章”的比例又不及特级教师，呈现一定的差异；在不同性别的普通教师中，男普通教师略高(34.7%)，女普通教师略低(30.7%)；在不同性别的特级教师中，女特级教师略高(51.1%)，男特级教师略低(50.0%)。

(四)不同教龄教师教学反思的具体做法

表 5-52 不同教龄教师教学反思的具体做法统计

具体做法		16～20 年		21 年以上	
		特级	普通	特级	普通
写反思文章	N(人)	15	3	40	13
	占比(%)	60.0	14.3	47.6	32.5
在教案或电脑上写教后记	N(人)	16	7	45	21
	占比(%)	64.0	33.3	53.6	52.5
写在规定本子上备查	N(人)	2	5	5	2
	占比(%)	8.0	23.8	6.0	5.0
检查前抄一些应付	N(人)	0	4	0	1
	占比(%)	0	19.0	0	2.5
在头脑中自觉反思	N(人)	16	11	52	25
	占比(%)	64.0	52.4	61.9	62.5
没反思	N(人)	0	2	0	0
	占比(%)	0	9.5	0	0
其他	N(人)	0	3	2	2
	占比(%)	0	14.3	2.4	5.0

从上表可知,16～20 年教龄段的特级教师和 21 年以上教龄段的两类型教师的教学反思的具体做法前三位均为“在头脑中自觉反思”、“在教案或电脑上写教后记”、“写反思文章”;而 16～20 年教龄段的普通教师前三位是:“在头脑中自觉反思”、“在教案或电脑上写教后记”、“写在规定本子上备查”。

相比较而言,不同教龄段的普通教师选择“检查前抄一些应付”的比例均高出特级教师;不同教龄段的特级教师均为 0.0%;在不同教龄段的普通教师中,16～20年教龄段的普通教师略高(19.0%),21 年以上教龄段的普通教师略低(2.5%)。

不同教龄段的普通教师选择“写反思文章”的比例又远不及特级教师,呈现一定的差异;在不同教龄段的普通教师中,21 年以上教龄段的普通教师略高(32.5%),16～20 年教龄段的普通教师略低(14.3%);在不同性别的特级教师中,16～20年教龄段的特级教师略高(60.0%),21 年以上教龄段的特级教师略低(47.6%)。

第六章 教科研与培训

第一节 教科研

一、教科研目的

本维度的题目是:"你参加课题研究的目的是什么"。采用多项选择题设计,试图探究不同类型教师的课题参与目的。

(一)两类型教师参加课题研究的目的

表 6-1 两类型教师参加课题研究的目的统计

研究目的	特级		普通		总计	
	N(人)	占比(%)	N(人)	占比(%)	N(人)	占比(%)
提高知名度,评上名师,便于调动	14	12.7	25	15.6	39	14.4
学校的行政要求	13	11.8	52	32.5	65	24.1
考核聘任晋升评职	21	19.1	66	41.3	87	32.2
提升专业水平,提高学生成绩	88	80.0	95	59.4	183	67.8
获得较高的科研奖金	3	2.7	11	6.9	14	5.2
其他	12	10.9	17	10.6	29	10.7

从上表可知,在教师参加课题研究的 6 个主要目的中,位于前三位的分别是"提升专业水平,提高学生成绩"、"考核聘任晋升评职"、"学校的行政要求"。

相比较而言,在"提升专业水平,提高学生成绩"这个选项上差异较大,而且是特级教师高出普通教师 20.6 个百分点;相反,在"考核聘任晋升评职"和"学校的行政要求"这两个选项上,则是普通教师分别高出特级教师各 22.2 和 20.7 个百分点。这说明,特级教师参与教科研的目的更多的是为了提升自己和提高学生(内在原因),而不像普通教师是为了晋升或学校的行政压力(即外界压力);此外,也说明,特级教师更看重学生成绩的提高,将其作为一种责任,而不仅仅是老师的义务,因而教学和科研的主动性更强。

（二）不同学段教师参加课题研究的目的

表 6-2 不同学段教师参加课题研究的目的统计

研究目的		小学		初中		高中	
		特级	普通	特级	普通	特级	普通
提高知名度，评上名师，便于调动	N(人)	2	10	4	11	8	4
	占比(%)	5.7	18.2	12.1	22.0	19.0	7.4
学校的行政要求	N(人)	2	19	5	16	6	17
	占比(%)	5.7	34.5	15.2	32.0	14.3	31.5
考核聘任晋升评职	N(人)	6	20	5	23	10	22
	占比(%)	17.1	36.4	15.2	46.0	23.8	40.7
提升专业水平，提高学生成绩	N(人)	30	26	25	26	33	42
	占比(%)	85.7	47.3	75.8	52.0	78.6	77.8
获得较高的科研奖金	N(人)	2	6	1	3	0	2
	占比(%)	5.7	10.9	3.0	6.0	.0	3.7
其他	N(人)	5	6	3	8	4	3
	占比(%)	14.3	10.9	9.1	16.0	9.5	5.6

从上表可知，在教师参加课题研究的 6 个主要目的中，在学段上的表现同中有异。

相比较而言，在三个学段中，初中普通教师更多是由于“考核聘任晋升评职”压力，高出小学特级教师近 30 个百分点，高出初中特级教师近 30 多个百分点；在“提升专业水平，提高学生成绩”这个选项上，则是小学特级教师反应最强烈，且高于小学普通教师近 40 个百分点，高中教师之间的差异倒不是很大，这也说明，高中教师普遍具有比较积极主动的自我学习意识，提升自我的欲望更强烈；在“学校的行政要求”这个选项上，各个学段教师的差异不是很大。

（三）不同性别教师参加课题研究的目的

表 6-3 不同性别教师参加课题研究的目的统计

研究目的		男		女	
		特级	普通	特级	普通
提高知名度，评上名师，便于调动	N(人)	8	13	6	12
	占比(%)	12.1	18.1	13.6	13.6
学校的行政要求	N(人)	6	23	7	29
	占比(%)	9.1	31.9	15.9	33.0
考核聘任晋升评职	N(人)	10	24	11	42
	占比(%)	15.2	33.3	25.0	47.7
提升专业水平，提高学生成绩	N(人)	57	44	31	51
	占比(%)	86.4	61.1	70.5	58.0
获得较高的科研奖金	N(人)	0	4	3	7
	占比(%)	0	5.6	6.8	8.0
其他	N(人)	7	9	5	8
	占比(%)	10.6	12.5	11.4	9.1

从上表可知，在教师参加课题研究的6个主要目的中，在性别上的表现同中有异。

相比较而言，在“提升专业水平，提高学生成绩”这一目的上，男特级教师认同度最高(86.4%)，高出男普通教师、女特级教师、女普通教师约15～25个百分点。在“考核聘任晋升评职”这一目的上，女教师均高于男教师10多个百分点，这说明女教师的自我提高意识没有男教师那么强烈；同样地，在“学校的行政要求”这一选项上亦是如此，这说明女教师参与教科研活动的主动性不够，更多是出于外界压力。

(四)不同教龄教师参加课题研究的目的

表6-4 不同教龄教师参加课题研究的目的

研究目的		16～20年		21年以上	
		特级	普通	特级	普通
提高知名度，评上名师，便于调动	N(人)	2	3	12	3
	占比(%)	8.0	14.3	14.5	7.5
学校的行政要求	N(人)	2	8	11	14
	占比(%)	8.0	38.1	13.3	35.0
考核聘任晋升评职	N(人)	5	9	16	10
	占比(%)	20.0	42.9	19.3	25.0
提升专业水平，提高学生成绩	N(人)	19	13	67	25
	占比(%)	76.0	61.9	80.7	62.5
获得较高的科研奖金	N(人)	2	2	1	1
	占比(%)	8.0	9.5	1.2	2.5
其他	N(人)	1	3	11	5
	占比(%)	4.0	14.3	13.3	12.5

从上表可知，在教师参加课题研究的6个主要目的中，在教龄上的表现同中有异。

相比较而言，在“提升专业水平，提高学生成绩”这一选项上，21年以上教龄的特级教师的认同度均高于16～20年教龄的特级教师，但差异不是很大；而在“学校的行政要求”和“考核聘任晋升评职”，这两个选项上，则是21年以上教龄的特级教师的认同度高于16～20年教龄的特级教师，特别是在“考核聘任晋升评职”这一项上，两者的差异还是比较大的。

二、教科研行为

本维度有3道题目，分别为：“我会积极主动地参加教科研活动”、“你正在主持或参与哪个级别的课题研究”、“任职以来，你在市级及以上刊物发表过几篇文章”。采用五点量表题和多项选择题设计，试图探究两类型教师在教科研行为上的主动性及实际的成果。

(一)主动性

1.两类型教师的教科研主动性

表 6-5 两类型教师的教科研主动性比较

教师类型	人数	平均值	标准差	t
特级	111	4.61	0.542	3.568**
普通	160	4.31	0.762	

** $p<0.01$

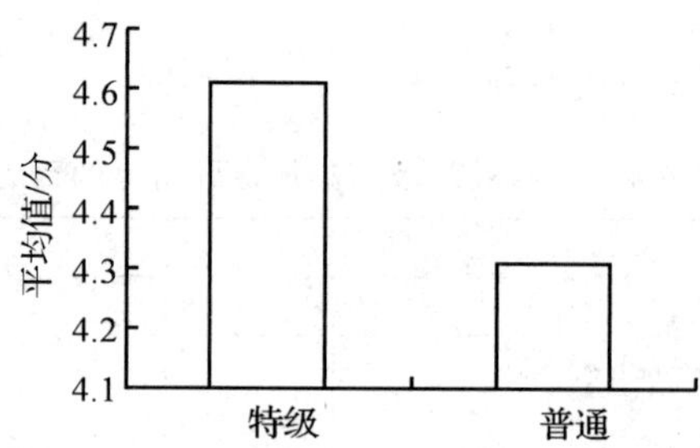

图 6-1 两类型教师的教科研主动性比较

两类型教师在这一维度上的平均得分分别为 4.61 和 4.31,说明两类型教师都有较强的教科研主动性,经独立样本 t 检验表明,特级教师在教科研活动中的主动性显著高于普通教师($p<0.01$)。

2.不同学段教师的教科研主动性

表 6-6 不同学段教师的教科研主动性比较

学段	类型	人数	平均值	标准差	t
小学	特级	35	4.63	0.490	2.470*
	普通	55	4.27	0.757	
初中	特级	33	4.79	0.415	4.097**
	普通	50	4.12	0.872	
高中	特级	43	4.47	0.631	−0.571
	普通	54	4.54	0.605	

* $p<0.05$,** $p<0.01$

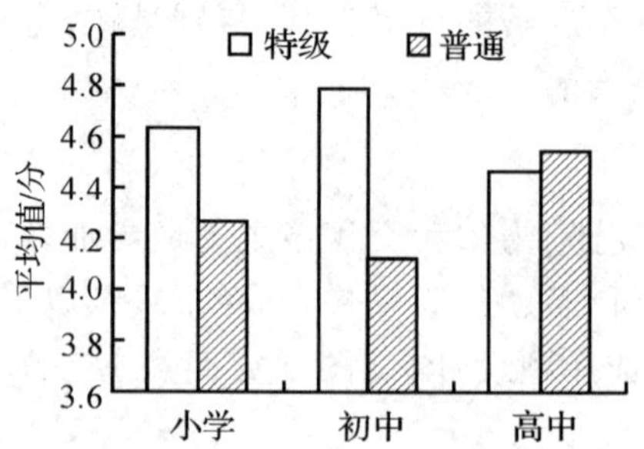

图 6-2 不同学段教师的教科研主动性比较

不同学段两类型教师在这一维度上的平均得分较高且呈现差异，经独立样本 t 检验表明，两类型教师之间的差异显著。小学和初中特级教师的主动性显著高于小学和初中普通教师，显著性水平分别达 0.05 和 0.01；而高中特级和普通教师之间的差异并不显著，不过，二者的主动性还都是比较高的，这说明高中教师的教科研行为普遍较好。

3. 不同性别教师的教科研主动性

表 6-7　不同性别教师的教科研主动性比较

性别	类型	人数	平均值	标准差	t
男	特级	66	4.65	0.511	3.709**
	普通	72	4.21	0.838	
女	特级	45	4.56	0.586	1.315
	普通	88	4.40	0.687	

** $p<0.01$

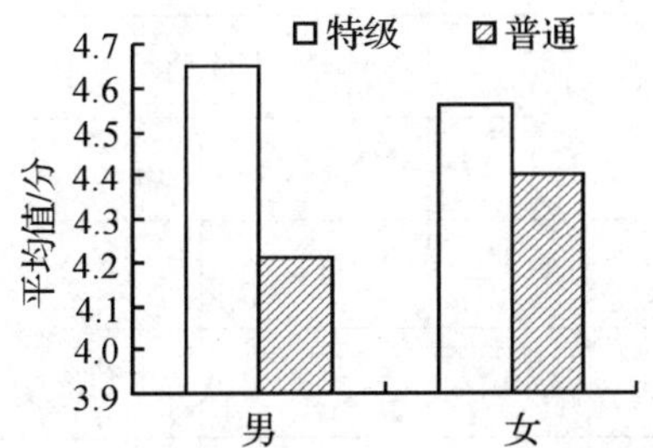

图 6-3　不同性别教师的教科研主动性比较

经独立样本 t 检验表明，男教师在这一维度上的平均得分呈现出：特级教师显著高于普通教师的特点；而对于女教师，两类型之间的差异并不显著，不过总的来说，女教师的主动性得分都还是比较高的，满分 5 分，二者均在 4.4 以上。

4. 不同教龄教师的教科研主动性

表 6-8　不同教龄教师的教科研主动性比较

教龄	类型	人数	平均值	标准差	t
16～20 年	特级	25	4.44	0.583	0.679
	普通	22	4.32	0.646	
21 年以上	特级	84	4.67	0.523	2.133*
	普通	40	4.43	0.712	

* $p<0.05$

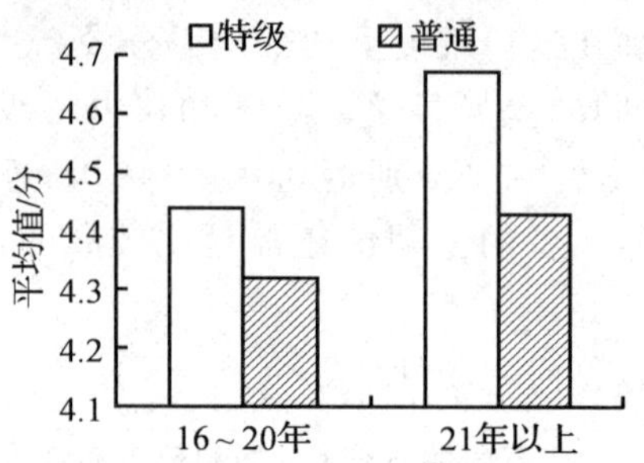

图 6-4　不同教龄教师的教科研主动性比较

经独立样本 t 检验表明，在教龄这一维度上，不同教龄的两类型教师之间呈现出不同差异。16～20 年教龄的教师，两类型之间无显著差异，而教龄大于 21 年的教师，特级教师的主动性显著高于普通教师（$p<0.05$）。

（二）课题主持

1.两类型教师主持课题级别

表 6-9　两类型教师主持课题级别统计

课题级别	特级		普通		总计	
	N(人)	占比(%)	N(人)	占比(%)	N(人)	占比(%)
国家级	15	13.6	11	7.3	26	10.0
省级	60	54.5	13	8.6	73	28.0
市级	16	14.5	30	19.9	46	17.6
县级	6	5.5	16	10.6	22	8.4
校级	2	1.8	16	10.6	18	6.9
没有参加	11	10.0	65	43.0	76	29.1

从上表可知，不管是特级教师，还是普通教师，主持课题的主要级别是“省级”和“市级”，约 1/3(29.1%)的教师没有参加过课题研究。相比较而言，主持“省级”课题研究的特级教师高于普通教师约 46 个百分点，而主持“市级”课题研究的普通教师比特级教师要高出 5.4 个百分点；而“没有参加”课题研究的普通教师要高于特级教师 33 个百分点。

2.不同学段教师主持课题级别

表 6-10 不同学段教师主持课题级别统计

课题级别		小学		初中		高中	
		特级	普通	特级	普通	特级	普通
国家级	N(人)	7	7	5	1	3	3
	占比(%)	20.0	14.6	15.2	2.0	7.1	5.8
省级	N(人)	21	6	18	1	21	6
	占比(%)	60.0	12.5	54.5	2.0	50.0	11.5
市级	N(人)	5	9	3	5	8	16
	占比(%)	14.3	18.8	9.1	10.0	19.0	30.8
县级	N(人)	1	6	5	7	0	3
	占比(%)	2.9	12.5	15.2	14.0	0	5.8
校级	N(人)	0	5	0	8	2	3
	占比(%)	0	10.4	0	16.0	4.8	5.8
没有参加	N(人)	1	15	2	28	8	21
	占比(%)	2.9	31.3	6.1	56.0	19.0	40.4

从上表可知,三学段的特级教师和普通教师主持的课题级别主要是"省级"和"市级"。相比较而言,各个学段的特级教师参与"省级"课题研究的百分点分别是60.0、54.5和50.0,即都在一半人数以上,远远高于相应阶段的普通教师;相反,主持"市级"课题的各个阶段教师则是普通教师高于特级教师。此外,各个阶段没有参加过课题研究的普通教师分别占31.3%、56.0%和40.4%,与特级教师差异较大。

3.不同性别教师主持课题级别

表 6-11 不同性别教师主持课题级别统计

课题级别		男		女	
		特级	普通	特级	普通
国家级	N(人)	8	4	7	7
	占比(%)	12.1	5.7	15.9	8.6
省级	N(人)	35	10	25	3
	占比(%)	53.0	14.3	56.8	3.7
市级	N(人)	11	15	5	15
	占比(%)	16.7	21.4	11.4	18.5
县级	N(人)	3	7	3	9
	占比(%)	4.5	10.0	6.8	11.1
校级	N(人)	2	2	0	14
	占比(%)	3.0	2.9 占比(%)	.0	17.3
没有参加	N(人)	7	32	4	33
	占比(%)	10.6	45.7	9.1	40.7

不管是普通教师还是特级教师，选择“市级”课题研究的男教师均高出女教师3～5个百分点，在同一性别教师中，普通教师高于特级教师约5～7个多百分点，女普通教师高出女特级教师近10个百分点；而主持“省级”课题的男普通教师要高出女普通教师约10个百分点，女特级教师则高出男特级教师约4个百分点。“没有参加”这一选项上，性别差异不大。

4. 不同教龄教师主持课题级别

表6-12　不同教龄教师主持课题级别统计

课题级别		16～20年		21年以上	
		特级	普通	特级	普通
国家级	N(人)	4	0	11	4
	占比(%)	16.0	0	13.3	10.5
省级	N(人)	16	1	42	6
	占比(%)	64.0	5.6	50.6	15.8
市级	N(人)	2	7	14	6
	占比(%)	8.0	38.9	16.9	15.8
县级	N(人)	1	1	5	5
	占比(%)	4.0	5.6	6.0	13.2
校级	N(人)	0	2	2	3
	占比(%)	0	11.1	2.4	7.9
没有参加	N(人)	2	7	9	14
	占比(%)	8.0	38.9	10.8	36.8

从上表可知，16～20年教龄段和21年以上教龄段的特级教师和普通教师主持课题级别主要是“省级”与“市级”，呈现趋同状态；相对于总体来说，这两个阶段“没有参加”过课题研究的教师比较少，尤其特级教师，普通教师则占了1/3多。相比较而言，21年以上教龄段的特级教师，选择“省级”的比例低于16～20年教龄段的特级教师约14个百分点，而普通教师则高出对方约10个百分点；而选择“市级”的则是21年以上教龄段的特级教师高于16～20年教龄段的特级教师约9个百分点，普通教师则低于对方约23个百分点。

（三）教科研成果

1. 两类型教师教科研成果

表6-13　两类型教师教科研成果统计

科研成果（项）	特级		普通		总计	
	N(人)	占比(%)	N(人)	占比(%)	N(人)	占比(%)
0	0	0	50	32.9	50	19.0
1～4	3	2.7	60	39.5	63	24.0
5～10	22	19.8	21	13.8	43	16.3
>10	86	77.5	21	13.8	107	40.7

从上表可知，总的来说，有约4成的教师教科研成果的量大于10，另外约4成的教师有教科研成果，数目在1～10不等，约2成的教师没有任何教科研成果。相比较而言，在“＞10”的选项上，普通教师要低于特级教师约64个百分点，可见特级教师是硕果累累的；在“1～4”的选项上，普通教师要高出特级教师约37个百分点，可见二者呈现较大差异。此外，在这一选项上，有约三分之一普通教师的科研成果是“0”。

2. 不同学段教师教科研成果

表6-14 不同学段教师教科研成果统计

科研成果（项）		小学		初中		高中	
		特级	普通	特级	普通	特级	普通
0	N(人)	0	17	0	24	0	9
	占比(%)	0	34.0	0	51.1	0	16.7
1～4	N(人)	0	21	3	19	0	19
	占比(%)	0	42.0	9.1	40.4	0	35.2
5～10	N(人)	6	6	7	4	9	11
	占比(%)	17.1	12.0	21.2	8.5	20.9	20.4
＞10	N(人)	29	6	23	0	34	15
	占比(%)	82.9	12.0	69.7	0	79.1	27.8

从上表可知，三学段的特级教师和普通教师的教科研成果量主要是“＞10”和“1～4”，“0”也占了不小的比例，只是两类型教师之间差异悬殊。相比较而言，特级教师选择“＞10”的比例均远远高出普通教师；在三个学段的特级教师中，小学特级教师选择“＞10”的比例最高(82.9%)，高中次之(79.1%)，初中最低(69.7%)；在三个学段的普通教师中，所选比例则比较低，高中略高(27.8%)，小学次之(12.0%)，初中最低(.0%)。

三学段的普通教师选择“0”的比例远远高出特级教师，呈现较大差异；在三个学段的普通教师中，所选比例不等，初中略高(51.1%)，小学次之(34.0%)，高中略低(16.7%)；在三个学段的特级教师中，所选比例一样，全为.0%。在“1～4”这一选项上，与“0”雷同，也是各个学段的普通教师高于特级教师。

3.不同性别教师教科研成果

表 6-15 不同性别教师教科研成果统计

科研成果(项)		男		女	
		特级	普通	特级	普通
0	N(人)	0	21	0	29
	占比(%)	0	29.6	0	35.8
1～4	N(人)	1	23	2	37
	占比(%)	1.5	32.4	4.4	45.7
5～10	N(人)	10	13	12	8
	占比(%)	15.2	18.3	26.7	9.9
＞10	N(人)	55	14	31	7
	占比(%)	83.3	19.7	68.9	8.6

从上表可知,不同性别教师的教科研成果量在具体项目上呈现较大差异。不管是普通教师还是特级教师,选择"＞10"的男教师均高出女教师 10 多个百分点;在同一性别教师中,男特级教师高出男普通教师约 63 个多百分点,女特级教师高出女普通教师 60 个多百分点。在"1～4"的选项上,不管是普通教师还是特级教师,女特级和普通教师分别高出男教师约 3 和 13 个百分点,而且在同一性别中,普通教师远远高于特级教师,呈现较大差异;在"0"选项上,男女之间差异不大,特级和普通两种类型之间差异较大。

4.不同教龄教师教科研成果

表 6-16 不同教龄教师教科研成果统计

科研成果(项)		16～20 年		21 年以上	
		特级	普通	特级	普通
0	N(人)	0	3	0	7
	占比(%)	0	17.6	0	18.4
1～4	N(人)	0	8	3	11
	占比(%)	0	47.1	3.6	28.9
5～10	N(人)	7	2	15	8
	占比(%)	28.0	11.8	17.9	21.1
＞10	N(人)	18	4	66	12
	占比(%)	72.0	23.5	78.6	31.6

从上表可知,16～20 年教龄段和 21 年以上教龄段的特级教师和普通教师教科研成果量集中在"＞10"和"5～10"两段,尤其是特级教师很明显,普通教师则集中在"1～4"上,而在"0"选项上,特级教师是没有的。

相比较而言,21 年以上教龄段的特级教师和普通教师,选择"＞10"的比例均高于 16～20 年教龄段的特级教师和普通教师,特级教师高出约 7 个百分点,普通教师高出约 8 个百分点,呈现较大差异。在"5～10"这一选项上,情况比较复杂,21

年以上教龄段的普通教师要高于16～20年教龄段的普通教师约9个百分点，相反，特级教师要低于约10个百分点，这说明，随着教龄增长，普通教师也在不断进步。在“0”和“1～4”这两项上，均是各个年龄段的普通教师远远高于特级教师，且特级教师选择的比例几乎全为0，说明大部分特级教师教科研成果还是很多的。

三、教科研问题

本维度共有2道题目，分别为“在教育科研活动中，你认为存在的问题有哪些”、“在教科研活动中，你最讨厌做的是哪些工作”。采用多项选择题形式，试图探究两类型教师在教科研活动中存在的问题及最讨厌的一些教科研活动，具体统计结果如下。

(一)存在的问题

1. 两类型教师教科研中存在的问题

表6-17　两类型教师教科研中存在的问题统计

存在的问题	特级		普通		总计	
	N(人)	占比(%)	N(人)	占比(%)	N(人)	占比(%)
理论学习脱离课堂实际	66	59.5	98	61.3	164	60.5
课题研究没有过程，结题临时抱佛脚	73	65.8	80	50.0	153	56.5
听课活动盲目，没有目的性	31	27.9	42	26.3	73	26.9
以应试为中心开展教研活动	18	16.2	51	31.9	69	25.5
缺乏专家指导	32	28.8	45	28.1	77	28.4
研讨参与积极性不强，是骨干教师的事	20	18.0	23	14.4	43	15.9
其他	3	2.7	9	5.6	12	4.4

从上表可知，不管是特级教师，还是普通教师，教科研活动存在的主要问题是“理论学习脱离课堂实际”和“课题研究没有过程，结题临时抱佛脚”，还有就是“缺乏专家指导”。

相比较而言，在“课题研究没有过程，结题临时抱佛脚”这一选项上，特级教师比普通教师要高出15.8个百分点；而在“理论学习脱离课堂实际”和“缺乏专家指导”的选项上，普通教师与特级教师差异并不大，几乎持平。

2.不同学段教师教科研中存在的问题

表 6-18 不同学段教师教科研中存在的问题统计

存在的问题		小学		初中		高中	
		特级	普通	特级	普通	特级	普通
理论学习脱离课堂实际	N(人)	21	34	18	28	27	35
	占比(%)	60.0	61.8	54.5	56.0	62.8	64.8
课题研究没有过程,结题临时抱佛脚	N(人)	26	30	23	23	24	26
	占比(%)	74.3	54.5	69.7	46.0	55.8	48.1
听课活动盲目,没有目的性	N(人)	17	12	3	13	11	16
	占比(%)	48.6	21.8	9.1	26.0	25.6	29.6
以应试为中心开展教研活动	N(人)	3	12	5	20	10	19
	占比(%)	8.6	21.8	15.2	40.0	23.3	35.2
缺乏专家指导	N(人)	16	12	9	19	7	14
	占比(%)	45.7	21.8	27.3	38.0	16.3	25.9
研讨参与积极性不强,是骨干教师的事	N(人)	9	11	8	7	3	5
	占比(%)	25.7	20.0	24.2	14.0	7.0	9.3
其他	N(人)	2	5	1	3	0	1
	占比(%)	5.7	9.1	3.0	6.0	.0	1.9

从上表可知,三学段的特级教师和普通教师普遍认为存在的问题是“理论学习脱离课堂实际”和“课题研究没有过程,结题临时抱佛脚”,再次是“缺乏专家指导”。

相比较而言,各个学段的特级教师在“课题研究没有过程,结题临时抱佛脚”,均高于普通教师约 20 个百分点;而在“理论学习脱离课堂实际”这一选项上,各个学段的普通教师均略高于特级教师,但差异不明显,这说明这是所有教师在教科研活动中共同存在的问题;最后在“缺乏专家指导”这一选项上,各个学段教师表现出了不一致,对于小学,特级教师要高于普通教师约 24 个百分点,而对于初中、高中阶段来说,普通教师均高于特级教师约 10 个百分点。

3.不同性别教师教科研中存在的问题

表 6-19　不同性别教师教科研中存在的问题统计

存在的问题		男		女	
		特级	普通	特级	普通
理论学习脱离课堂实际	N(人)	44	45	22	53
	占比(%)	66.7	62.5	48.9	60.2
课题研究没有过程,结题临时抱佛脚	N(人)	44	37	29	43
	占比(%)	66.7	51.4	64.4	48.9
听课活动盲目,没有目的性	N(人)	18	25	13	17
	占比(%)	27.3	34.7	28.9	19.3
以应试为中心开展教研活动	N(人)	11	23	7	28
	占比(%)	16.7	31.9	15.6	31.8
缺乏专家指导	N(人)	12	23	20	22
	占比(%)	18.2	31.9	44.4	25.0
研讨参与积极性不强,是骨干教师的事	N(人)	9	12	11	11
	占比(%)	13.6	16.7	24.4	12.5
其他	N(人)	2	5	1	4
	占比(%)	3.0	6.9	2.2	4.5

从上表可知,不同性别教师在教科研活动中存在的问题呈现较大差异。不管是普通教师还是特级教师,在“理论学习脱离课堂实际”和“课题研究没有过程,结题临时抱佛脚”这2个选项上,均呈现出男教师高于女教师的现象;而在“缺乏专家指导”这一选项上,则是女教师高于男教师。我们可以推测,女教师在教科研活动中,专业精神不够独立,可能更渴望外界的指导和干预,而男教师则更能够自觉投入到教科研活动,这与前面的观点是类似的。

4.不同教龄教师教科研中存在的问题

表 6-20　不同教龄教师教科研中存在的问题统计

存在的问题		16～20年		21年以上	
		特级	普通	特级	普通
理论学习脱离课堂实际	N(人)	13	9	51	23
	占比(%)	52.0	42.9	60.7	57.5
课题研究没有过程,结题临时抱佛脚	N(人)	18	12	53	19
	占比(%)	72.0	57.1	63.1	47.5
听课活动盲目,没有目的性	N(人)	5	6	25	9
	占比(%)	20.0	28.6	29.8	22.5
以应试为中心开展教研活动	N(人)	5	9	13	8
	占比(%)	20.0	42.9	15.5	20.0
缺乏专家指导	N(人)	9	5	23	6
	占比(%)	36.0	23.8	27.4	15.0
研讨参与积极性不强,是骨干教师的事	N(人)	7	3	13	4
	占比(%)	28.0	14.3	15.5	10.0
其他	N(人)	1	1	2	5
	占比(%)	4.0	4.8	2.4	12.5

从上表可知，16～20 年教龄段和 21 年以上教龄段的特级教师和普通教师在教科研活动中存在的主要问题是"理论学习脱离课堂实际"、"课题研究没有过程，结题临时抱佛脚"、其次就是"缺乏专家指导"。

相比较而言，21 年以上教龄段的特级教师和普通教师，选择"理论学习脱离课堂实际"的比例分别高于 16～20 年教龄段教师约 8 个和 5 个百分点；相反，在"课题研究没有过程，结题临时抱佛脚"这一选项上，16～20 年教龄段的特级和普通教师均高出 21 年以上教龄段约 10 个百分点；此外，在"缺乏专家指导"这一选项上，也是 16～20 年教龄段教师高于 21 年以上的教师。这说明，教龄越长的教师，教科研行为越积极，同时因为自己经验丰富的缘故，不再像年轻教师那么依赖于专家等的指导。

(二)讨厌的教科研活动

1. 两类型教师讨厌的教科研活动

表 6-21　两类型教师讨厌的教科研活动统计

教科研活动	特级		普通		总计	
	N(人)	占比(%)	N(人)	占比(%)	N(人)	占比(%)
上公开课	6	5.4	16	10.0	22	8.1
写课题，写论文	17	15.3	63	39.4	80	29.5
听课评课	1	9.	12	7.5	13	4.8
写反思，写教案，写读书笔记	10	9.0	32	20.0	42	15.5
教学论坛，专家报告	8	7.2	30	18.8	38	14.0
没有讨厌的工作	61	55.0	34	21.3	95	35.1
其他	17	15.3	20	12.5	37	13.7

从上表可知，总的来说，有三分之一的教师是很喜欢科研活动的，或者说没有讨厌的工作，13.7%的教师没有明确的厌烦对象，这说明约一半的老师都是非常热爱教科研事业的。而不管是特级教师，还是普通教师，最讨厌的教科研活动则是"写课题，写论文"，其次是"写反思，写教案，写读书笔记"，"教学论坛，专家报告"位居第三。

相比较而言，在"写课题，写论文"的选项上，普通教师比特级教师要高出约 24 个百分点；在"写反思，写教案，写读书笔记"和"教学论坛，专家报告"这 2 个选项上，普通教师要高出特级教师均 11 个百分点，可见，普通教师不是特别喜欢论文报告等活动。

2. 不同学段教师讨厌的教科研活动

表 6-22 不同学段教师讨厌的教科研活动统计

教科研活动		小学		初中		高中	
		特级	普通	特级	普通	特级	普通
上公开课	N(人)	0	7	2	8	4	1
	占比(%)	0	12.7	6.1	16.0	9.3	1.9
写课题，写论文	N(人)	11	21	5	26	1	15
	占比(%)	31.4	38.2	15.2	52.0	2.3	27.8
听课评课	N(人)	0	5	0	4	1	2
	占比(%)	0	9.1	0	8.0	2.3	3.7
写反思，写教案，写读书笔记	N(人)	1	13	4	10	5	9
	占比(%)	2.9	23.6	12.1	20.0	11.6	16.7
教学论坛，专家报告	N(人)	2	11	2	12	4	7
	占比(%)	5.7	20.0	6.1	24.0	9.3	13.0
没有讨厌的工作	N(人)	20	7	15	7	26	20
	占比(%)	57.1	12.7	45.5	14.0	60.5	37.0
其他	N(人)	3	9	8	3	6	8
	占比(%)	8.6	16.4	24.2	6.0	14.0	14.8

从上表可知，不管哪个学段，约一半的特级教师选择“没有讨厌的工作”，而普通教师在这一项上的比例却比较小，高中普通教师例外，这说明特级教师更热爱教科研活动，随着学段提高，教师教科研活动的积极性也在提高。

而在教师最讨厌的教科研活动中，“写课题，写论文”居第一位，“写反思，写教案，写读书笔记”和“教学论坛，专家报告”次之。

相比较而言，在“写课题，写论文”这一选项上，初中普通教师比例最高(52.0%)，而高中特级教师最低(2.3%)，差异比较大；在“写反思，写教案，写读书笔记”这一选项上，各个学段的普通教师均高于特级教师，在“教学论坛，专家报告”选项上，亦是如此。

3. 不同性别教师讨厌的教科研活动

表 6-23 不同性别教师讨厌的教科研活动统计

教科研活动		男		女	
		特级	普通	特级	普通
上公开课	N(人)	5	7	1	9
	占比(%)	7.6	9.7	2.2	10.2
写课题,写论文	N(人)	6	21	11	42
	占比(%)	9.1	29.2	24.4	47.7
听课评课	N(人)	0	6	1	6
	占比(%)	.0	8.3	2.2	6.8
写反思,写教案,写读书笔记	N(人)	5	16	5	16
	占比(%)	7.6	22.2	11.1	18.2
教学论坛,专家报告	N(人)	5	15	3	15
	占比(%)	7.6	20.8	6.7	17.0
没有讨厌的工作	N(人)	37	18	24	16
	占比(%)	56.1	25.0	53.3	18.2
其他	N(人)	13	12	4	8
	占比(%)	19.7	16.7	8.9	9.1

从上表可知,不同性别教师在最讨厌的教科研活动上呈现大同小异。在“写课题,写论文”这一选项上,女教师均高于男教师,且女特级和普通教师分别高于男教师 15.3 和 18.5 个百分点,这说明女教师更不喜欢做课题和论文;而在“写反思,写教案,写读书笔记”这一选项上,则是女特级教师高于男特级教师 3.5 个百分点,而女普通教师却低于男普通教师 4 个百分点;在“教学论坛,专家报告”这一项上,性别之间差异不大。不过,在“没有讨厌的工作”这一选项上,二者比较一致,男女差异不大。

4. 不同教龄教师讨厌的教科研活动

表 6-24 不同教龄教师讨厌的教科研活动统计

教科研活动		16～20 年		21 年以上	
		特级	普通	特级	普通
上公开课	N(人)	1	1	5	6
	占比(%)	4.0	4.8	6.0	15.0
写课题,写论文	N(人)	3	8	14	13
	占比(%)	12.0	38.1	16.7	32.5
听课评课	N(人)	0	2	1	2
	占比(%)	0	9.5	1.2	5.0
写反思,写教案,写读书笔记	N(人)	2	2	8	6
	占比(%)	8.0	9.5	9.5	15.0

续表

教科研活动		16～20年		21年以上	
		特级	普通	特级	普通
教学论坛，专家报告	N(人)	2	5	6	7
	占比(%)	8.0	23.8	7.1	17.5
没有讨厌的工作	N(人)	14	3	45	13
	占比(%)	56.0	14.3	53.6	32.5
其他	N(人)	4	2	13	3
	占比(%)	16.0	9.5	15.5	7.5

从上表可知，16～20年教龄段和21年以上教龄段的特级教师和普通教师最讨厌的教科研活动是"写课题，写论文"、"教学论坛，专家报告"、"写反思，写教案，写读书笔记"，不过比例均不是很高。相比较而言，各个年龄段的特级教师，在这三个选项上的差别很小，即看法很一致；而普通教师则略有差异。在"写课题，写论文"和"教学论坛，专家报告"这两个选项上，16～20年教龄段的普通教师均高于21年以上的约6个百分比，在"写反思，写教案，写读书笔记"这一选项上，则是21以上的普通教师高于16～20的约6个百分点。

第二节　教师培训

一、培训认识

本维度1道题目，"培训对教师的专业成长有十分重要的作用，"采用五点量表题设计，试图探究两类型教师对培训作用和意义的认识。

(一)两类型教师对培训作用的认识

表 6-25　两类型教师对培训作用的认识比较

教师类型	人数	平均值	标准差	t
特级	111	4.36	0.698	1.773
普通	160	4.18	0.935	

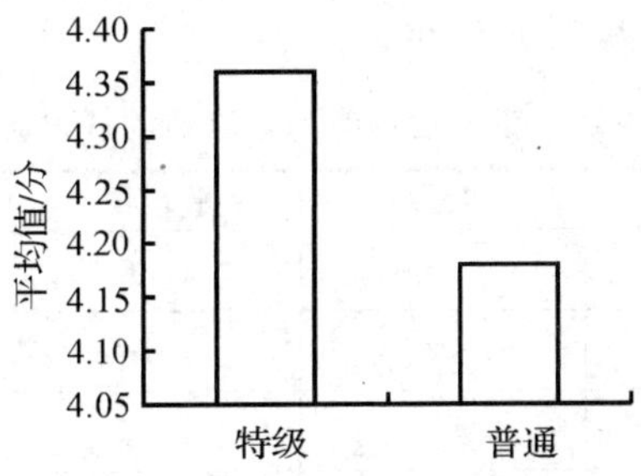

图 6-5　两类型教师对培训作用的认识比较

两类教师在这一维度上的平均得分分别为 4.36 和 4.18(总分为 5),说明两类型教师对培训具有高度的认同感,表明培训对教师的专业成长有十分重要的作用,比较而言,特级教师对培训作用的认识比普通教师更深刻。经独立样本 t 检验表明,两类型教师之间没有显著差异。

(二)不同学段教师对培训的认识

表 6-26 不同学段教师对培训的认识比较

学段	类型	人数	平均值	标准差	t
小学	特级	35	4.29	0.789	−0.376
	普通	55	4.35	0.700	
初中	特级	33	4.55	0.564	2.847**
	普通	50	3.96	1.087	
高中	特级	43	4.28	0.701	0.425
	普通	54	4.20	0.979	

** $p<0.01$

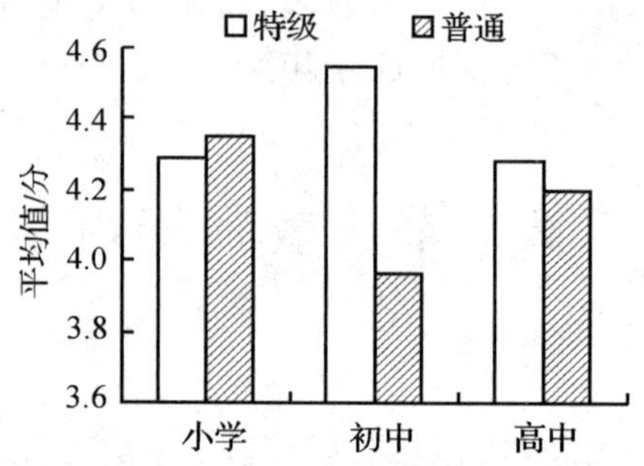

图 6-6 不同学段教师对培训的认识比较

不同学段两类型教师在这一维度上的平均得分呈现差异,经独立样本 t 检验表明,小学、高中两个学段的两类型教师之间对培训的认识没有显著差异,都高度认同培训对专业成长有很重要作用;初中段两类型教师对培训的认识有显著差异,特级教师普遍认为培训对教师专业在成长有很重要作用,普通老师对培训作用的认同较低,其中原因有待进一步研究。

(三)不同性别教师对培训的认识

表 6-27 不同性别教师对培训的认识比较

性别	类型	人数	平均值	标准差	t
男	特级	66	4.36	0.624	1.926
	普通	72	4.10	0.952	
女	特级	45	4.36	0.802	−0.722
	普通	88	4.24	0.922	

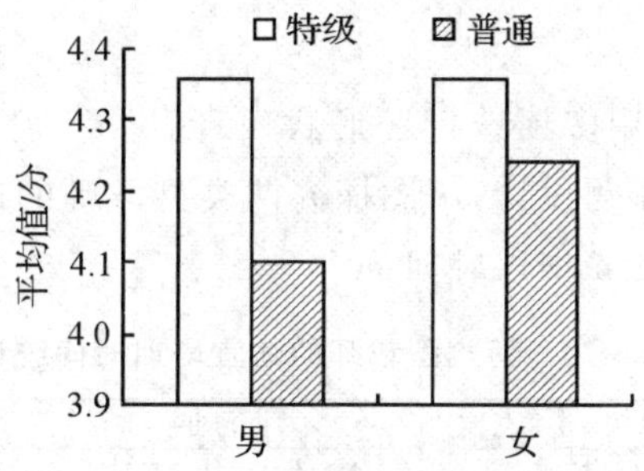

图 6-7　不同性别教师对培训的认识比较

不同性别两类型教师在这一维度上的平均得分均呈现特级教师高于普通教师的特点，但经 t 检验表明，不同性别的两类型教师之间没有显著差异。男教师中，特级教师和普通教师对培训作用的认同差异较大处于临界状态。

（四）不同教龄教师对培训的认识

表 6-28　不同教龄教师对培训的认识比较

教龄	类型	人数	平均值	标准差	t
16～20 年	特级	25	4.24	0.831	−1.169
	普通	22	4.50	0.673	
21 年以上	特级	84	4.40	0.642	2.547*
	普通	40	4.05	0.876	

* $p<0.05$

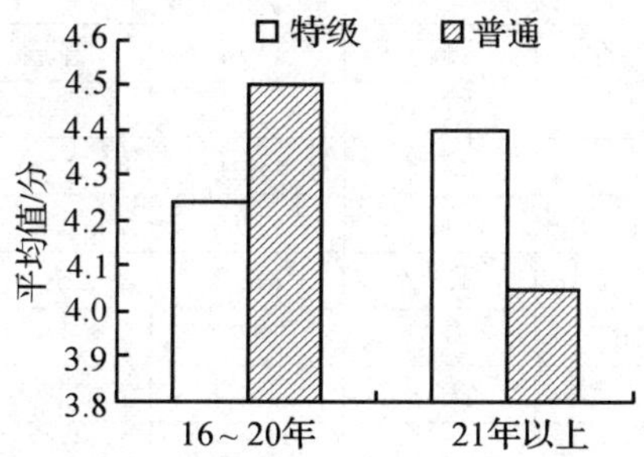

图 6-8　不同教龄教师对培训的认识比较

不同教龄的两类型教师在这一维度上的平均得分差异较大，16～20 年教龄的教师中，普通教师的得分高于特级教师的得分，但经独立样本 t 检验表明，两者不存在显著差异。21 年教龄以上的教师中，特级教师的得分明显高于普通教师，经独立样本 t 检验表明，两者存在显著差异。

比较不同教龄两类型教师的平均得分，在特级教师这个群体中，随着教龄的增加，对培训的认识也认为越来越重要。但在普通教师这个群体中，随着教龄的增加，对培训的认识呈弱化趋势。这可能和两类教师的职业心态以及普通教师少有培训机会有关，特级教师的职业心态和培训机会都要好于普通教师。

二、培训时间

本维度1道题目,采用多项选择题形式设计,题目为“你认为每年的培训时间多少比较合适”,采用选择题设计,试图探究两类型教师的适宜培训时间。

(一)两类型教师的适宜培训时间

表6-29 两类型教师的适宜培训时间统计

培训时间	特级		普通		总计	
	N(人)	占比(%)	N(人)	占比(%)	N(人)	占比(%)
少于3天	4	3.6	37	23.3	41	15.2
1周	44	39.6	54	34.0	98	36.3
2周	44	39.6	46	28.9	90	33.3
1个月	10	9.0	11	6.9	21	7.8
多于1个月	9	8.1	11	6.9	20	7.4

在培训的时间上,本题分少于3天、1周、2周、1个月、多于1个月等五个选项,两种类型教师都普遍认同一周或两周的培训时间比较合适。一周或两周的时间比较有利于解决工学矛盾,也符合教师的心理。特级教师大都赞同一周或两周,选择一个月以上或少于3天的比例较少。普通教师选择少于3天的比例相对较高,这可能和普通老师的日常工作量有关,少于3天对工作的影响不是很大。

(二)不同学段教师的适宜培训时间

表6-30 不同学段教师的适宜培训时间统计

培训时间		小学		初中		高中	
		特级	普通	特级	普通	特级	普通
少于3天	N(人)	1	15	1	15	2	7
	占比(%)	2.9	27.8	3.0	30.0	4.7	13.0
一周	N(人)	9	19	11	13	24	21
	占比(%)	25.7	35.2	33.3	26.0	55.8	38.9
两周	N(人)	16	16	12	12	16	18
	占比(%)	45.7	29.6	36.4	24.0	37.2	33.3
1个月	N(人)	4	2	6	4	0	5
	占比(%)	11.4	3.7	18.2	8.0	0	9.3
多于一个月	N(人)	5	2	3	6	1	3
	占比(%)	14.3	3.7	9.1	12.0	2.3	5.6

通过对不同学段的教师的调查,从上表中可以看出,在特级教师群体中,小学、初中、高中的特级教师认为两周的占的比例较高,但三个学段中,呈递减趋势,这和初中、高中教师的升学压力有关。高中教师还是认为一周的比较好。在普通教师这个群体中,普遍还是认为一周比较合适,三个学段中,选一周的比例都高于两周的,这可能和普通教师的日常工作量有关,一般来说,普通教师的课时都多于特级教师,选择少于3天的培训普通教师的比例大大高于特级教师。特级教师除了日

常课时外，许多都兼带有培训普通教师的任务以及其他的一些教研任务。因此对系统培训有更大的需求。

（三）不同性别教师的适宜培训时间

表 6-31　不同性别教师的适宜培训时间统计

培训时间		男		女	
		特级	普通	特级	普通
少于 3 天	N(人)	1	18	3	19
	占比(%)	1.5	25.0	6.7	21.8
1 周	N(人)	28	25	16	29
	占比(%)	42.4	34.7	35.6	33.3
2 周	N(人)	26	22	18	24
	占比(%)	39.4	30.6	40.0	27.6
1 个月	N(人)	9	3	1	8
	占比(%)	13.6	4.2	2.2	9.2
多于 1 个月	N(人)	2	4	7	7
	占比(%)	3.0	5.6	15.6	8.0

通过对不同性别的教师对培训时间的调查，男女教师之间还是有差异的，男教师之间特级教师和普通教师差异不大，认为一周好的比例略高于两周的。女教师中，女特级教师认为两周好的占的比例较高，和男教师差不多，而女普通教师选两周的比例就低，明显低于男教师，这可能和女性在生活中的角色有关，家庭、孩子等都会影响到女教师的外出培训、学习。女特级教师比女普通教师有更强的学习愿望。

选择少于 3 天时间的培训，特级教师群体无论男女选择的比例都较低，而普通男女教师选择的比例明显高于特级教师。

（四）不同教龄教师的适宜培训时间

表 6-32　不同教龄教师的适宜培训时间统计

培训时间		16～20 年		21 年以上	
		特级	普通	特级	普通
少于 3 天	N(人)	0	6	4	8
	占比(%)	.0	28.6	4.8	20.5
1 周	N(人)	9	6	34	12
	占比(%)	36.0	28.6	40.5	30.8
2 周	N(人)	12	7	32	14
	占比(%)	48.0	33.3	38.1	35.9
1 个月	N(人)	3	1	6	2
	占比(%)	12.0	4.8	7.1	5.1
多于 1 个月	N(人)	1	1	8	3
	占比(%)	4.0	4.8	9.5	7.7

从上表可知，不同教龄段教师对培训时间的需求，还是以一周至两周为主，无论是16～20年，还是21年教龄以上的特级教师或是普通教师，选择一周或两周的比例较高，16～20年教龄的普通教师选择3天以下培训的比例也较高。

三、培训方式

本维度1道题目，采用多项选择题形式设计，题目为“你参加的培训形式主要有(可选多项)”，采用选择题设计，试图探究两类型教师的培训方式。

(一)两类型教师的培训方式

表6-33 两类型教师的培训方式统计

培训方式	特级		普通		总计	
	N(人)	占比(%)	N(人)	占比(%)	N(人)	占比(%)
复习研讨会	41	37.3	75	46.9	116	42.8
校本培训	74	67.3	132	82.5	206	76.0
函授	38	34.5	52	32.5	90	33.2
脱产进修	26	23.6	9	5.6	35	12.9
其他	35	31.8	26	16.3	61	22.5

从上表可以看出，在这五个选项中，两类教师最喜欢的是校本培训，其次是复习研讨会，最不喜欢的是脱产进修，这和教师的工学矛盾有关，校本培训是能满足教师学习、工作两不误的培训方式。复习研讨会因有其针对性，因此也受欢迎。

无论是特级特级教师还是普通教师，选择脱产进修的人的比例最少，特别是普通教师选择脱产进修的很少很少，这说明脱产进修对普通教师来说是很难的，还有许多教师选择了其他的培训方式。

(二)不同学段教师的培训方式

表6-34 不同学段教师的培训方式统计

培训方式		小学		初中		高中	
		特级	普通	特级	普通	特级	普通
复习研讨会	N(人)	3	15	15	21	23	39
	占比(%)	8.6	27.3	45.5	42.0	54.8	72.2
校本培训	N(人)	23	44	21	45	30	42
	占比(%)	65.7	80.0	63.6	90.0	71.4	77.8
函授	N(人)	12	29	14	15	12	8
	占比(%)	34.3	52.7	42.4	30.0	28.6	14.8
脱产进修	N(人)	5	3	11	5	10	1
	占比(%)	14.3	5.5	33.3	10.0	23.8	1.9
其他	N(人)	19	11	9	5	7	9
	占比(%)	54.3	20.0	27.3	10.0	16.7	16.7

从上表可以看出，在不同的学段，无论是小学、初中、高中，两类教师也都是选择校本培训的比例最高，小学特级教师选择其他方式的比较多。仅次于校本培训。高中两类教师选择复习研讨会的比例也较高，这与这些学段的教学特点有关，高中教师更关注升学率。

（三）不同性别教师的培训方式

表 6-35　不同性别教师的培训方式统计

培训方式		男		女	
		特级	普通	特级	普通
复习研讨会	N(人)	25	36	16	39
	占比(%)	38.5	50.0	35.6	44.3
校本培训	N(人)	42	57	32	75
	占比(%)	64.6	79.2	71.1	85.2
函授	N(人)	18	17	20	35
	占比(%)	27.7	23.6	44.4	39.8
脱产进修	N(人)	10	6	16	3
	占比(%)	15.4	8.3	35.6	3.4
其他	N(人)	21	12	14	14
	占比(%)	32.3	16.7	31.1	15.9

从上表可以看出，不同性别的两类教师在培训方式上的选择也是以校本培训为主，其次是复习研讨会。女教师选择函授的比例分别高出男教师近 20 个百分点，这表明女教师想获得学历的需要比男教师大，这是由于女教师因哺乳等原因迟延了获得要求学历的时间而导致的。

（四）不同教龄教师的培训方式

表 6-36　不同教龄教师的培训方式统计

培训方式		16～20 年		21 年以上	
		特级	普通	特级	普通
复习研讨会	N(人)	6	14	35	22
	占比(%)	24.0	66.7	42.2	55.0
校本培训	N(人)	15	18	57	29
	占比(%)	60.0	85.7	68.7	72.5
函授	N(人)	10	7	27	7
	占比(%)	40.0	33.3	32.5	17.5
脱产进修	N(人)	6	0	20	3
	占比(%)	24.0	.0	24.1	7.5
其他	N(人)	11	4	24	7
	占比(%)	44.0	19.0	28.9	17.5

从上表可知,16～20 年教龄段和 21 年以上教龄的特级教师和普通教师选取的主要培训方式是校本培训、复习研讨会、函授及其他方式,选择脱产进修的较少。不同教龄的两类型教师之间差异不明显。

四、培训内容

本维度 1 道题目,“你最感兴趣的培训内容是(可选多项)”采用选择题设计,试图探究两类型教师对培训内容的兴趣。

(一)两类型教师最感兴趣的培训内容

表 6-37　两类型教师最感兴趣的培训内容统计

培训内容	特级		普通		总计	
	N(人)	占比(%)	N(人)	占比(%)	N(人)	占比(%)
教育教学理念	60	54.1	44	27.8	104	38.5
教学技能与课堂教学观摩	83	74.8	118	74.7	201	74.4
科研方法与技巧	36	32.4	50	31.6	86	31.9
本专业知识培训	38	34.2	44	27.8	82	30.4
其他	4	3.6	10	6.3	14	5.2

本题分五个选项,从上表可以看出,总的来说两类型教师最感兴趣的内容都是教学技能与课堂教学观摩。位于第二、三位的特级教师和普通教师略有差异,特级教师是教育教学理念和本专业知识;普通教师是科研方法与技巧、教育教学理念及本专业知识。对教育教学理念的需求,特级教师要高出普通教师近 27 个百分点,这和两类教师的专业发展处在不同阶段有直接关系,因为特级教师在教学科研上一般都已达到了一定高度。

(二)不同学段教师最感兴趣的培训内容

表 6-38　不同学段教师最感兴趣的培训内容统计

培训内容		小学		初中		高中	
		特级	普通	特级	普通	特级	普通
教育教学理念	N(人)	20	15	15	12	25	17
	占比(%)	57.1	27.8	45.5	24.0	58.1	32.1
教学技能与课堂教学观摩	N(人)	31	41	27	35	25	41
	占比(%)	88.6	75.9	81.8	70.0	58.1	77.4
科研方法与技巧	N(人)	11	10	7	17	18	23
	占比(%)	31.4	18.5	21.2	34.0	41.9	43.4
本专业知识培训	N(人)	14	16	9	15	15	13
	占比(%)	40.0	29.6	27.3	30.0	34.9	24.5
其他	N(人)	4	4	0	5	0	1
	占比(%)	11.4	7.4	0.0	10.0	0.0	1.9

从上表可知，不同学段的教师在对培训内容的需求上也是大同小异。教学技能与课堂教学观摩是各学段教师最感兴趣的，三个学段的特级教师第二感兴趣的都是教育教学理念。三个学段的普通教师之间略有差异，初中和高中的普通教师第二感兴趣的是科研方法和技巧。小学普通教师第二关注的是本专业知识。这和不同学段的教师的工作特点还是一致的。

（三）不同性别教师最感兴趣的培训内容

表 6-39　不同性别教师最感兴趣的培训内容统计

培训内容		男		女	
		特级	普通	特级	普通
教育教学理念	N(人)	39	21	21	23
	占比(%)	59.1	29.2	46.7	26.7
教学技能与课堂教学观摩	N(人)	48	52	35	66
	占比(%)	72.7	72.2	77.8	76.7
科研方法与技巧	N(人)	22	23	14	27
	占比(%)	33.3	31.9	31.	31.4
本专业知识培训	N(人)	20	20	18	24
	占比(%)	30.3	27.8	40.0	27.9
其他	N(人)	2	4	2	6
	占比(%)	3.0	5.6	4.4	7.0

从上表可知，不同性别的教师之间对培训内容的需求差异不大，最感兴趣的都是教学技能与课堂教学观摩，女教师对此感兴趣的比男教师的比例更高。女特级教师对教育教学理念和本专业知识比男特级教师更感兴趣。男女普通教师之间的差异不大。

（四）不同教龄教师最感兴趣的培训内容

表 6-40　不同教龄教师最感兴趣的培训内容统计

培训内容		16～20 年		21 年以上	
		特级	普通	特级	普通
教育教学理念	N(人)	15	8	44	9
	占比(%)	60.0	38.1	52.4	23.1
教学技能与课堂教学观摩	N(人)	18	15	63	30
	占比(%)	72.0	71.4	75.0	76.9
科研方法与技巧	N(人)	7	8	28	9
	占比(%)	28.0	38.1	33.3	23.1
本专业知识培训	N(人)	11	2	26	14
	占比(%)	44.0	9.5	31.0	35.9
其他	N(人)	1	1	3	2
	占比(%)	4.0	4.8	3.6	5.1

从上表可知，不同教龄的教师最感兴趣内容差异不大，最感兴趣的都是教学技能与课堂教学观摩，两个教龄段特级教师第二感兴趣的都是教育教学理念。21 年

以上教龄的普通教师对本专业知识很感兴趣。远远高于16～20年教龄的普通教师。但16～20年教龄的特级教师对本专业知识感兴趣的比例又很高，远远高于这一教龄段的普通教师。

五、培训建议

本维度1道题目，“你对教师培训的建议是(可选多项)”采用选择题设计，试图探究两类型教师对培训的建议。

(一)两类型教师的培训建议

表6-41　两类型教师的培训建议统计

培训建议	特级		普通		总计	
	N(人)	占比(%)	N(人)	占比(%)	N(人)	占比(%)
增加培训时间	13	11.7	41	25.8	54	20.1
带任务培训	62	55.9	41	25.8	103	38.3
专家引领，跟踪培训	79	71.2	101	63.5	180	66.9
少于10人的个性化培训	29	26.1	46	28.9	45	16.7
教师停岗轮训	28	25.2	44	27.7	72	26.8
其他	6	5.4	10	6.3	16	5.9

本题分6个选项，从上表可以看出，两类教师对培训的建议略有差异，特级教师对培训的建议依次是：专家引领，跟踪培训；带任务培训；少于10人的个性化培训；教师停岗轮训；增加培训时间。普通教师的培训建议依次是：专家引领，跟踪培训；少于10人的个性化培训；教师停岗轮训；带任务培训；增加培训时间。由此可见，专家引领的跟踪培训及个性化的培训很受教师欢迎。

(二)不同学段教师的培训建议

表6-42　不同学段教师的培训建议统计

培训建议		小学		初中		高中	
		特级	普通	特级	普通	特级	普通
增加培训时间	N(人)	2	13	6	17	5	10
	占比(%)	5.7	24.1	18.2	34.0	11.6	18.5
带任务培训	N(人)	23	15	18	10	21	16
	占比(%)	65.7	27.8	54.5	20.0	48.8	29.6
专家引领，跟踪培训	N(人)	22	33	28	30	29	37
	占比(%)	62.9	61.1	84.8	60.0	67.4	68.5
少于10人的个性化培训	N(人)	12	16	7	17	10	13
	占比(%)	34.3	29.6	21.2	34.	23.3	24.1
教师停岗轮训	N(人)	7	16	7	15	14	13
	占比(%)	20.0	29.6	21.2	30.0	32.6	24.1
其他	N(人)	3	2	1	7	2	1
	占比(%)	8.6	3.7	3.0	14.0	4.7	1.9

从上表可知，不同学段的两类教师在这些选项上略有差异，专家引领的跟踪培训和带任务的个性化培训是最受各学段两类老师欢迎的。小学初中普通教师希望停岗培训的也较多，多于特级教师。普通老师希望能增加培训时间的也较多。

（三）不同性别教师的培训建议

表 6-43 不同性别教师的培训建议统计

培训建议		男		女	
		特级	普通	特级	普通
增加培训时间	N(人)	7	19	6	22
	占比(%)	10.6	26.4	13.3	25.3
带任务培训	N(人)	35	26	27	15
	占比(%)	53.0	36.1	60.0	17.2
专家引领，跟踪培训	N(人)	46	47	33	54
	占比(%)	69.7	65.3	73.3	62.1
少于 10 人的个性化培训	N(人)	16	20	13	26
	占比(%)	24.2	27.8	28.9	29.9
教师停岗轮训	N(人)	14	20	14	24
	占比(%)	21.2	27.8	31.1	27.6
其他	N(人)	3	4	3	6
	占比(%)	4.5	5.6	6.7	6.9

从上表可知，不同性别的两类教师对培训的建议没有明显差异。男女两类型教师最希望的前三位培训形式是专家引领的跟踪培训、带任务的培训以及少于 10 人的个性化培训。男普通教师比女普通教师更希望目的明确的培训。

（四）不同教龄教师的培训建议

表 6-44 不同教龄教师的培训建议统计

培训建议		16～20 年		21 年以上	
		特级	普通	特级	普通
增加培训时间	N(人)	3	4	10	10
	占比(%)	12.0	20.0	11.9	25.0
带任务培训	N(人)	17	4	43	14
	占比(%)	68.0	20.0	51.2	35.0
专家引领，跟踪培训	N(人)	21	10	58	23
	占比(%)	84.0	50.0	69.0	57.5
少于 10 人的个性化培训	N(人)	7	6	22	11
	占比(%)	28.0	30.0	26.2	27.5
教师停岗轮训	N(人)	5	4	22	7
	占比(%)	20.0	20.0	26.2	17.5
其他	N(人)	0	3	6	2
	占比(%)	0	15.0	7.1	5.0

不同教龄的两类型教师对培训的建议略有差异，但总体是一致的，专家引领的跟踪培训是各类教师都希望的培训。不同教龄的特级教师比普通教师更倾向于带任务的培训。21 年以上的特级教师赞成教师能停岗轮训的比例较高。少于 10 人的个性化培训也受两类教师欢迎，特别是 16～20 年的普通教师对少于 10 人的个性化培训很看重。

第七章　专业素养

第一节　专业精神

一、人格修养

本维度共有 1 道题目，为“我觉得当教师，品德和人格是第一位的”。采用五点量表题设计，试图探究两类型教师的师德修养状况，具体统计结果如下：

（一）两类型教师的人格修养

表 7-1　两类型教师的人格修养比较

教师类型	人数	平均值	标准差	t
特级	111	4.88	0.350	0.314
普通	160	4.87	0.374	

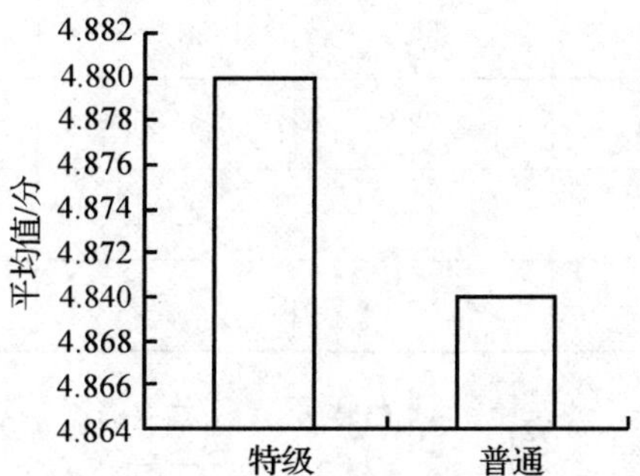

图 7-1　两类型教师的人格修养比较

两类型教师在这一维度上的平均得分分别为 4.88 和 4.87，说明两类型教师的对人格修养的重视程度相当一致。经独立样本 t 检验表明，两类型教师之间没有显著差异，特级教师得分略高于普通教师。

（二）不同学段教师的人格修养

表 7-2　不同学段教师的人格修养比较

	类型	人数	平均值	标准差	t
小学	特级	35	4.91	0.284	0.319
	普通	55	4.89	0.369	
初中	特级	33	4.82	0.465	0.366
	普通	50	4.78	0.465	
高中	特级	43	4.91	0.294	−0.334
	普通	54	4.93	0.264	

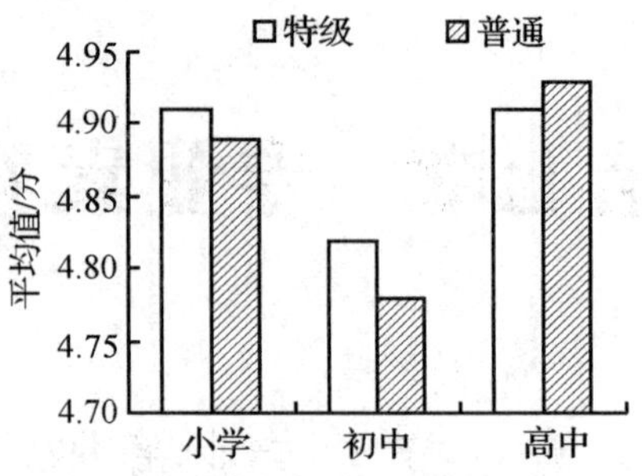

图 7-2 不同学段教师的人格修养比较

不同学段两类型教师在这一维度上的平均得分呈现一定差异，但经独立样本 t 检验表明，不同学段的两类型教师在人格修养方面没有显著差异。比较不同学段两类型教师在这一维度上的平均得分，在特级教师这个群体中，呈现高中特级教师得分最高，小学特级教师次之，初中特级教师居后的特点。

（三）不同性别教师的人格修养

表 7-3 不同性别教师的人格修养比较

性别	类型	人数	平均值	标准差	t
男	特级	66	4.86	0.346	0.245
	普通	72	4.85	0.433	
女	特级	45	4.91	0.358	0.406
	普通	88	4.89	0.319	

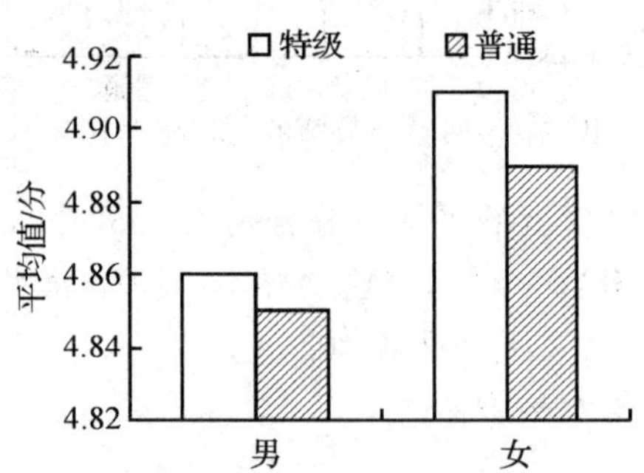

图 7-3 不同性别教师的人格修养比较

不同性别两类型教师在这一维度上的平均得分均呈现特级教师高于普通教师的特点，经独立样本 t 检验表明，不同性别两类型教师在人格修养方面差异不显著。比较不同性别两类型教师的平均得分，无论在特级教师还是普通教师群体中，女教师得分均高于男教师。

（四）不同教龄教师的人格修养

表 7-4 不同教龄教师的人格修养比较

教龄	类型	人数	平均值	标准差	t
16～20 年	特级	25	4.88	0.332	0.589
	普通	22	4.82	0.395	
21 年以上	特级	84	4.88	0.361	－0.687
	普通	40	4.93	0.267	

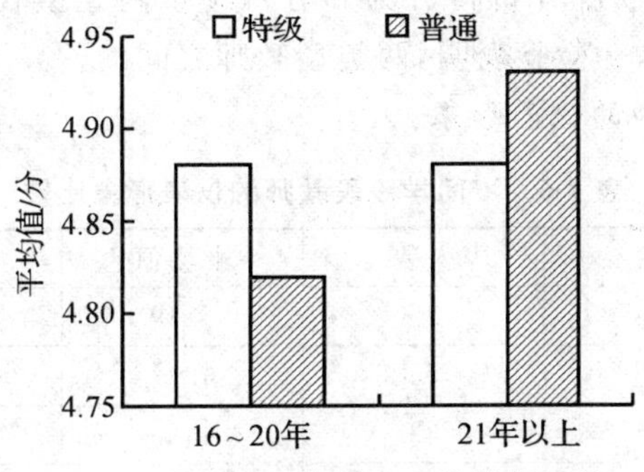

图 7-4 不同教龄教师的人格修养比较

经独立样本 t 检验表明，不同教龄的两类型教师之间不存在显著差异。比较不同教龄两类型教师的平均得分，不管是特级教师还是普通教师，都是 21 年教龄以上的教师得分略高于 16～20 年教龄段的教师；这说明教龄的长短（年龄）与教师的人格修养之间有一定联系，教龄长（年龄大）的教师的人格修养要优于教龄短（年龄小）的教师。

二、仪表形象

本维度 1 道题目，为“我会很注意自己的形象与仪表”。采用五点量表题设计，试图探究两类型教师的对自身仪表形象的看法，具体统计结果如下。

（一）两类型教师的仪表形象

表 7-5 两类型教师的仪表形象比较

教师类型	人数	平均值	标准差	t
特级	111	4.38	0.714	0.039
普通	160	4.38	0.680	

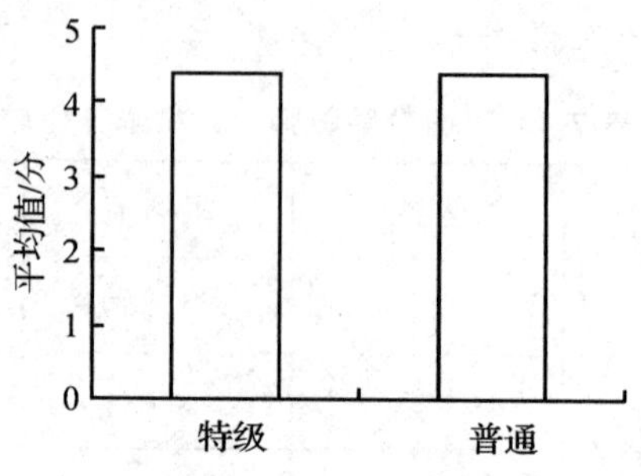

图 7-5 两类型教师的仪表形象比较

两类型教师在这一维度上的平均得分同为 4.38，说明两类型教师对自我仪表形象均比较在意(最佳状况评价得分为 5 分)，预示两类型教师都注意自己的良好外在形象。经独立样本 t 检验表明，两类型教师之间的差异不显著。

(二)不同学段教师的仪表形象

表 7-6 不同学段段教师的仪表形象比较

学段	类型	人数	平均值	标准差	t
小学	特级	35	4.49	0.658	0.099
	普通	55	4.47	0.573	
初中	特级	33	4.55	0.564	1.508
	普通	50	4.30	0.814	
高中	特级	43	4.16	0.814	−1.152
	普通	54	4.33	0.644	

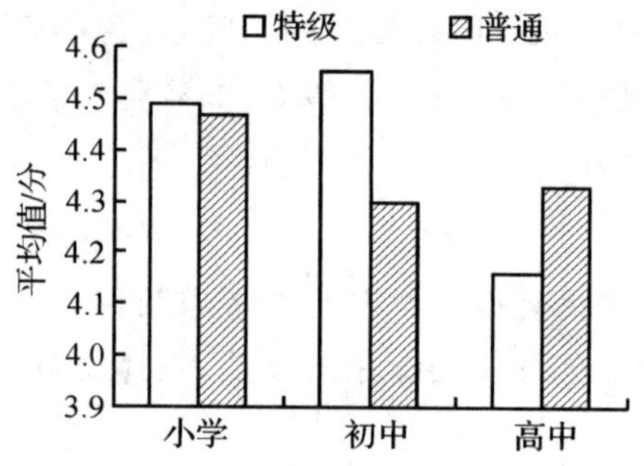

图 7-6 不同学段段教师的仪表形象比较

不同学段两类型教师在这一维度上的平均得分略有差异，经独立样本 t 检验表明，三个学段的两类型教师之间的差异不显著。比较不同学段两类型教师在这一维度上的平均得分，在特级教师这个群体中，初中特级教师得分最高，小学特级教师次之，高中特级教师居后；在普通教师这个群体中，小学普通教师的得分最高，高中普通教师次之，初中普通教师居后。

（三）不同性别教师的仪表形象

表 7-7 不同性别教师的仪表形象比较

性别	类型	人数	平均值	标准差	t
男	特级	66	4.24	0.725	−1.68
	普通	72	4.26	0.769	
女	特级	45	4.58	0.657	0.999
	普通	88	4.47	0.586	

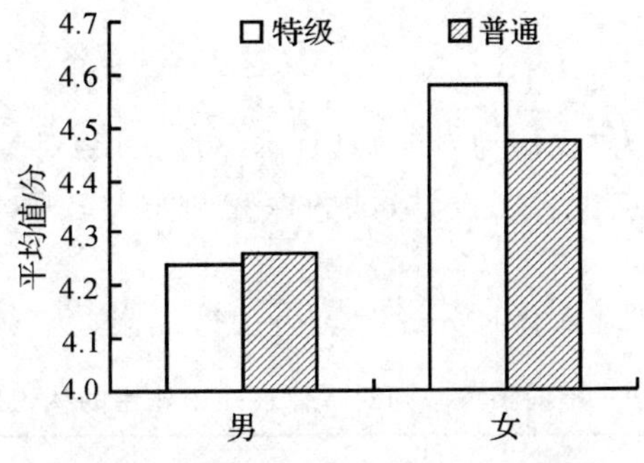

图 7-7 不同性别教师的仪表形象比较

经独立样本 t 检验表明，不同性别的两类型教师之间的差异不显著。比较不同性别两类型教师的平均得分，可见女特级教师的得分最高，女普通教师次之，男教师得分居后；在男教师这个群体中，男普通教师得分略高于男特级教师。

（四）不同教龄教师的仪表形象

表 7-8 不同教龄教师的仪表形象比较

教龄	类型	人数	平均值	标准差	t
16～20 年	特级	25	4.56	0.583	0.943
	普通	22	4.41	0.503	
21 年以上	特级	84	4.35	0.736	−0.392
	普通	40	4.40	0.709	

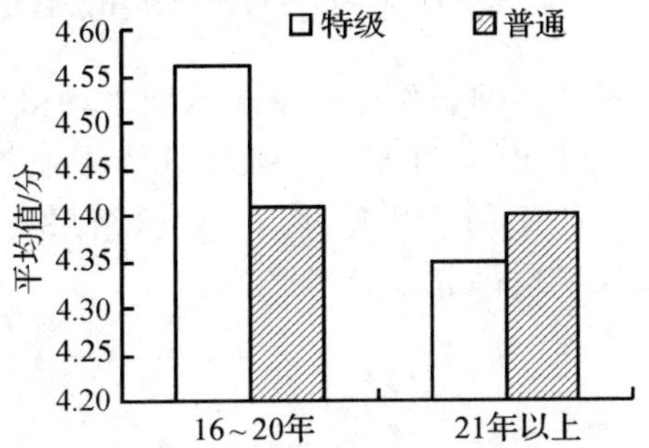

图 7-8 不同教龄教师的仪表形象比较

经独立样本 t 检验表明，不同教龄的两类型教师之间不存在显著差异。比较不同教龄两类型教师的平均得分，无论在特级教师还是普通教师群体中，都呈现出16～20 年教龄段的教师得分高于 21 年以上教龄的教师的现象，这说明教龄的长短(年龄)与教师的仪表形象之间有一定联系，教龄短(年龄小)的教师比教龄长(年龄大)的教师更加注重仪表形象。

第二节 专业知识

一、本体性知识

本维度 1 道题目，为"我认为专业知识(本体性知识)对教师的专业发展有十分重要的作用"。采用五点量表题设计，试图探究两类型教师对本体性知识的认识，具体统计结果如下。

(一)不同类型教师对本体性知识作用的认识

表 7-9 不同类型教师对本体性知识作用的认识比较

教师类型	人数	平均值	标准差	t
特级	111	4.73	0.466	1.660
普通	160	4.61	0.634	

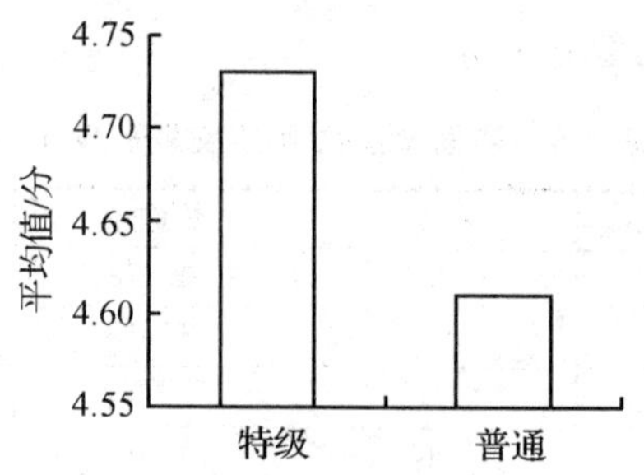

图 7-9 不同类型教师对本体性知识作用的认识比较

特级和普通教师对本体性知识作用的认识方面平均得分分别为 4.73 和 4.61，处于高水平(最高得分为 5)，说明两类型教师均认为专业知识(本体性知识)对教师的专业发展有十分重要的作用。独立样本 t 检验结果表明，特级和普通教师对本体性知识作用的认识的平均得分差异不显著。

（二）不同阶段教师对本体性知识作用的认识

表 7-10 不同阶段教师对本体性知识作用的认识比较

学段	类型	人数	平均值	标准差	t
小学	特级	35	4.77	0.426	1.422
	普通	55	4.60	0.627	
初中	特级	33	4.67	0.540	0.601
	普通	50	4.58	0.702	
高中	特级	43	4.74	0.441	0.722
	普通	54	4.67	0.583	

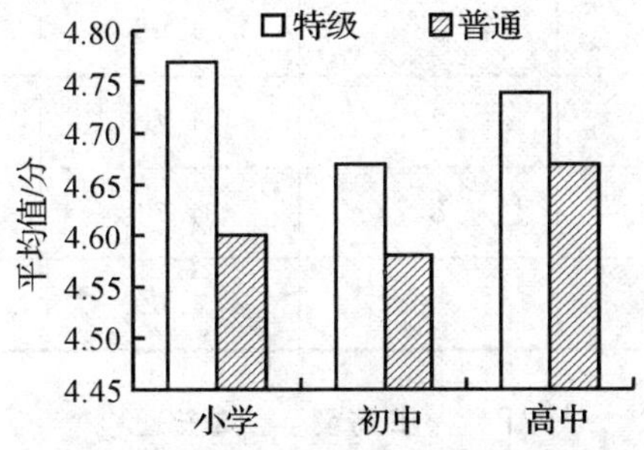

图 7-10 不同阶段教师对本体性知识作用的认识比较

独立样本 t 检验结果表明，各学段特级和普通教师对本体性知识作用的认识的得分差异不显著。

（三）不同性别教师对本体性知识作用的认识

表 7-11 不同性别教师对本体性知识作用的认识比较

性别	类型	人数	平均值	标准差	t
男	特级	66	4.76	0.432	2.396*
	普通	72	4.50	0.769	
女	特级	45	4.69	0.514	−0.173
	普通	88	4.70	0.483	

* $p<0.05$

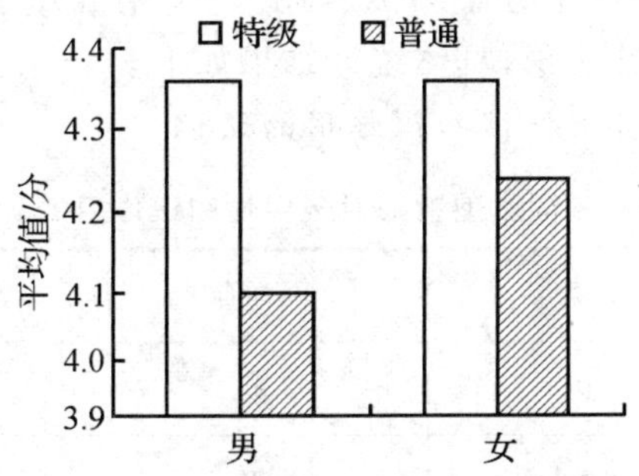

图 7-11 不同性别教师对本体性知识作用的认识比较

独立样本 t 检验结果表明，两类型男教师对本体性知识作用的认识的得分差异显著($p<0.05$)，特级男教师的得分高于普通男教师。特级和普通女教师对本体性知识作用的认识的得分差异不显著。这说明性别对两类型教师在本体性知识作用的认识上有影响。

(四)不同教龄教师对本体性知识作用的认识

表 7-12　不同教龄教师对本体性知识作用的认识比较

教龄	类型	人数	平均值	标准差	t
16～20 年	特级	25	4.68	0.557	−0.316
	普通	22	4.73	0.456	
21 年以上	特级	84	4.74	0.442	1.326
	普通	40	4.60	0.709	

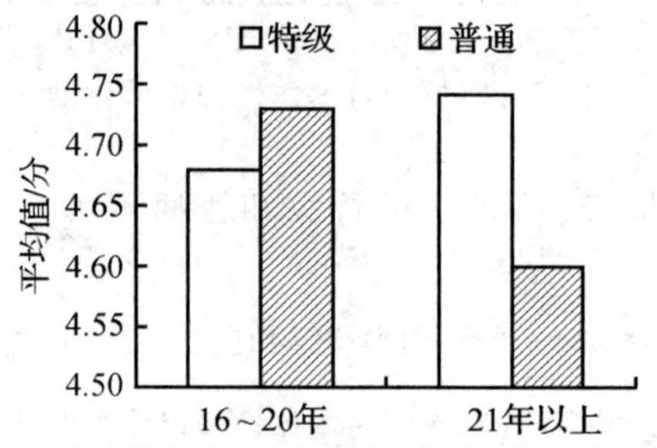

图 7-12　不同教龄教师对本体性知识作用的认识比较

独立样本 t 检验结果表明，不同教龄特级和普通教师对本体性知识作用的认识的得分差异不显著。

二、条件性知识

本维度 1 道题目，为“我认为条件性知识(如教育学心理学知识与教育智慧和技能)对教师的专业发展有十分重要的作用”。采用五点量表题设计，试图探究两类型教师对条件性知识的认识，具体统计结果如下。

(一)不同类型教师对条件性知识作用的认识

表 7-13　不同类型教师对条件性知识作用的认识比较

教师类型	人数	平均值	标准差	t
特级	111	4.47	0.600	1.271
普通	160	4.36	0.722	

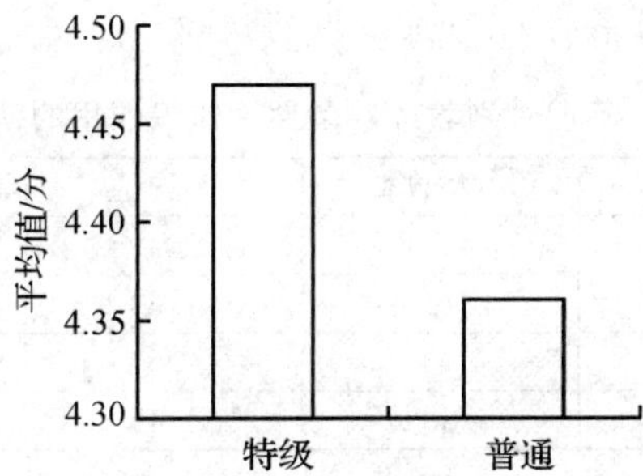

图 7-13 不同类型教师对条件性知识作用的认识比较

特级和普通教师对条件性知识作用的认识方面平均得分分别为 4.47 和 4.36，处于较高水平(最高得分为 5)，说明两类型教师均认为条件性知识(如教育学心理学知识与教育智慧和技能)对教师的专业发展有十分重要作用。独立样本 t 检验结果表明，特级和普通教师对条件性知识作用的认识的平均得分差异不显著。

(二)不同阶段教师对条件性知识作用的认识

表 7-14 不同阶段教师对条件性知识作用的认识比较

学段	类型	人数	平均值	标准差	t
小学	特级	35	4.69	0.471	2.557*
	普通	55	4.29	0.832	
初中	特级	33	4.42	0.708	0.764
	普通	50	4.30	0.735	
高中	特级	43	4.33	0.566	−1.495
	普通	54	4.50	0.575	

* $p<0.05$

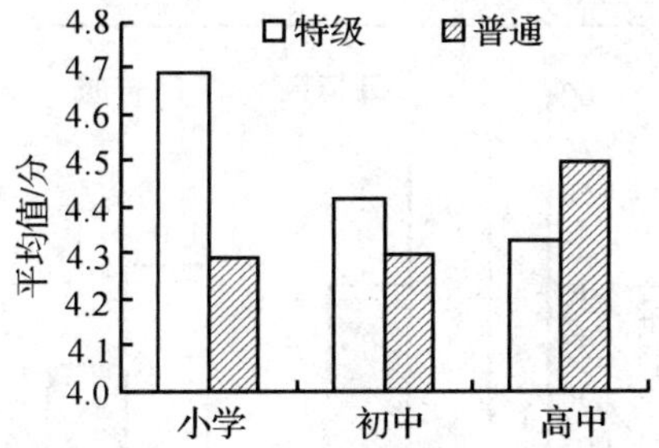

图 7-14 不同阶段教师对条件性知识作用的认识比较

独立样本 t 检验结果表明，小学段特级和普通教师对条件性知识作用认识的得分差异显著($p<0.05$)，特级教师的得分高于普通教师。初中和高中段特级和普通教师对条件性知识作用认识的得分差异均不显著。这说明学段对两类型教师对条件性知识作用的认识有影响。

(三)不同性别教师对条件性知识作用的认识

表 7-15　不同性别教师对条件性知识作用的认识比较

性别	类型	人数	平均值	标准差	t
男	特级	66	4.42	0.609	0.923
	普通	72	4.31	0.866	
女	特级	45	4.53	0.588	1.164
	普通	88	4.41	0.580	

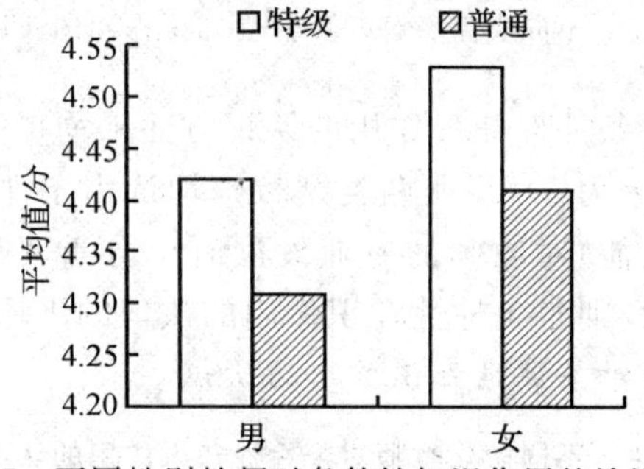

图 7-15　不同性别教师对条件性知识作用的认识比较

独立样本 t 检验结果表明，不同性别特级和普通教师对条件性知识作用认识的得分差异不显著。

(四)不同教龄教师对条件性知识作用的认识

表 7-16　不同教龄教师对条件性知识作用的认识比较

教龄	类型	人数	平均值	标准差	t
16～20 年	特级	25	4.56	0.507	1.022
	普通	22	4.41	0.503	
21 年以上	特级	84	4.43	0.626	0.800
	普通	40	4.33	0.764	

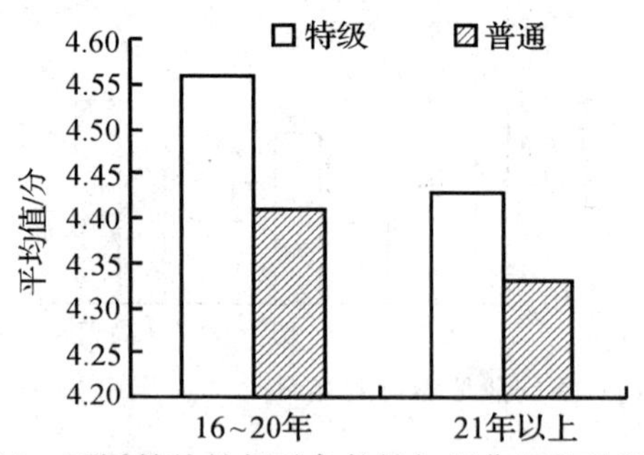

图 7-16　不同教龄教师对条件性知识作用的认识比较

独立样本 t 检验结果表明，不同教龄特级和普通教师对条件性知识作用认识的得分差异不显著。

第三节 专业能力

一、教学能力

(一)提升困扰

本维度1道题目,为“我想进一步提升教学水平,面临着的最大的困扰是(可多选)”。采用选择题设计,试图探究两类型教师的提升教学能力的困惑,具体统计结果如下。

1. 两类型教师的教学提升困惑

表7-17 两类型教师的教学提升困惑

困惑	特级		普通		总计	
	N(人)	占比(%)	N(人)	占比(%)	N(人)	占比(%)
忙于家庭、学校的琐事,没有时间静下心来学习	51	46.4	75	47.5	126	47.0
应付考试为中心,对教学理念失去信心	18	16.4	57	36.1	75	28.0
学校没有研究、进取的心态和氛围	13	11.8	29	18.4	42	15.7
自身教学激情的丧失和毅力缺乏	10	9.1	33	20.9	43	16.0
知足常乐,没有动力	8	7.3	24	15.2	32	11.9
缺乏专家的引领	17	15.5	36	22.8	53	19.8
生活的负担、经济的压力	4	3.6	22	13.9	26	9.7
上网、游戏、电视、股票之类的影响	0	0	5	3.2	5	1.9
其他	24	21.8	19	12.0	43	16.0

从总体上来看,两类型教师的教学提升困扰最大的是“忙于家庭、学校的琐事,没有时间静下心来学习”,人数百分比占47.0%;其次是“应付考试为中心,对教学理念失去信心”和“缺乏专家的引领”,人数百分比分别占28.0%和19.8%;人数百分比最小的困扰是“上网、游戏、电视、股票之类的影响”,占1.9%。困扰在于“忙于家庭、学校的琐事,没有时间静下心来学习”的特级和普通教师人数百分比差不多;困扰在于“其他”的特级教师人数百分比高于普通教师;其余选项上,特级教师人数百分比均大大低于普通教师。这说明教师想的困扰进一步提升教学水平,面

临着的最大的困扰是太忙而没有时间。

2.两类型三阶段教师的教学提升困惑

表 7-18 两类型三阶段教师的教学提升困惑

困惑		小学		初中		高中	
		特级	普通	特级	普通	特级	普通
忙于家庭、学校的琐事,没有时间静下心来学习	N(人)	19	23	18	25	14	26
	占比(%)	55.9	43.4	54.5	50.0	32.6	48.1
应付考试为中心,对教学理念失去信心	N(人)	5	11	4	31	9	14
	占比(%)	14.7	20.8	12.1	62.0	20.9	25.9
学校没有研究、进取的心态和氛围	N(人)	2	9	1	7	10	13
	占比(%)	5.9	17.0	3.0	14.0	23.3	24.1
自身教学激情的丧失和毅力缺乏	N(人)	2	14	3	9	5	9
	占比(%)	5.9	26.4	9.1	18.0	11.6	16.7
知足常乐,没有动力	N(人)	2	14	4	5	2	5
	占比(%)	5.9	26.4	12.1	10.0	4.7	9.3
缺乏专家的引领	N(人)	7	9	7	15	3	12
	占比(%)	20.6	17.0	21.2	30.0	7.0	22.2
生活的负担、经济的压力	N(人)	1	7	0	8	3	7
	占比(%)	2.9	13.2	0	16.0	7.0	13.0
上网、游戏、电视、股票之类的影响	N(人)	0	5	0	0	0	0
	占比(%)	0	9.4	0	0	0	0
其他	N(人)	7	8	7	3	10	8
	占比(%)	20.6	15.1	21.2	6.0	23.3	14.8

在教学提升困扰最大的是"忙于家庭、学校的琐事,没有时间静下心来学习"项目上,各学段特级教师的人数百分比均高于普通教师;在教学提升困扰最大的是"应付考试为中心,对教学理念失去信心"、"学校没有研究、进取的心态和氛围"、"自身教学激情的丧失和毅力缺乏"和"生活的负担、经济的压力"项目上,各学段特级教师的人数百分比均低于普通教师;在教学提升困扰最大的是"知足常乐,没有动力"项目上,小学和高中段特级教师人数百分比均低于普通教师,而初中段特级教师人数百分比稍微高于普通教师;在教学提升困扰最大的是"缺乏专家的引领"项目上,小学段特级教师人数百分比高于普通教师,而初中和高中段特级教师人数百分比均低于普通教师;特级教师人数百分比高于普通教师"上网、游戏、电视、股

票之类的影响"项目上,小学段特级教师人数百分比大大低于普通教师,而初中和高中段则无差异。在教学提升困扰最大的是"其他"项目上,各学段特级教师人数百分比均高于普通教师。这说明学段跟两类型教师的教学提升困扰有一定关系。

3. 两类型不同性别教师的教学提升困惑

表 7-19 两类型不同性别教师的教学提升困惑

困惑		男		女	
		特级	普通	特级	普通
忙于家庭、学校的琐事,没有时间静下心来学习	N(人)	28	33	23	42
	占比(%)	42.4	45.8	52.3	48.8
应付考试为中心,对教学理念失去信心	N(人)	15	30	3	27
	占比(%)	22.7	41.7	6.8	31.4
学校没有研究、进取的心态和氛围	N(人)	10	18	3	11
	占比(%)	15.2	25.0	6.8	12.8
自身教学激情的丧失和毅力缺乏	N(人)	3	15	7	18
	占比(%)	4.5	20.8	15.9	20.9
知足常乐,没有动力	N(人)	3	8	5	16
	占比(%)	4.5	11.1	11.4	18.6
缺乏专家的引领	N(人)	5	20	12	16
	占比(%)	7.6	27.8	27.3	18.6
生活的负担、经济的压力	N(人)	2	17	2	5
	占比(%)	3.0	23.6	4.5	5.8
上网、游戏、电视、股票之类的影响	N(人)	0	2	0	3
	占比(%)	.0	2.8	0	3.5
其他	N(人)	17	10	7	9
	占比(%)	25.8	13.9	15.9	10.5

在教学提升困扰最大的是"忙于家庭、学校的琐事,没有时间静下心来学习"项目上,男女特级教师的人数百分比均低于普通教师;在教学提升困扰最大的是"应付考试为中心,对教学理念失去信心"、"学校没有研究、进取的心态和氛围"、"自身教学激情的丧失和毅力缺乏"和"知足常乐,没有动力"项目上,男女特级教师的人数百分比均低于普通教师;在"生活的负担、经济的压力"项目上,男性特级教师的人数百分比远远低于普通教师,而女性特级和普通教师的人数百分比差不多;在教学提升困扰最大的是"缺乏专家的引领"项目上,男性特级教师人数百分比远远低于普通教师,而女性特级教师的人数百分比高于普通教师;在"上网、游戏、电视、股

票之类的影响”项目上，男女特级教师人数百分比均低于普通教师。在教学提升困扰最大的是“其他”项目上，男女特级教师人数百分比均高于普通教师。这说明性别对两类型教师的教学提升困扰有一定影响。

4. 两类型不同教龄教师的教学提升困惑

表 7-20 两类型不同教龄教师的教学提升困惑

困惑		16～20 年		21 年以上	
		特级	普通	特级	普通
忙于家庭、学校的琐事，没有时间静下心来学习	N(人)	16	6	33	16
	占比(%)	66.7	28.6	39.3	40.0
应付考试为中心，对教学理念失去信心	N(人)	5	6	12	12
	占比(%)	20.8	28.6	14.3	30.0
学校没有研究、进取的心态和氛围	N(人)	3	2	10	5
	占比(%)	12.5	9.5	11.9	12.5
自身教学激情的丧失和毅力缺乏	N(人)	2	5	8	3
	占比(%)	8.3	23.8	9.5	7.5
知足常乐，没有动力	N(人)	1	6	7	8
	占比(%)	4.2	28.6	8.3	20.0
缺乏专家的引领	N(人)	7	6	9	5
	占比(%)	29.2	28.6	10.7	12.5
生活的负担、经济的压力	N(人)	0	0	4	7
	占比(%)	0	0	4.8	17.5
上网、游戏、电视、股票之类的影响	N(人)	0	1	0	0
	占比(%)	.0	4.8	0	0
其他	N(人)	2	1	22	8
	占比(%)	8.3	4.8	26.2	20.0

在教学提升困扰最大的是“忙于家庭、学校的琐事，没有时间静下心来学习”项目上，教龄在 16～20 年的特级教师的人数百分比远远高于普通教师，教龄在 21 年以上的特级教师人数百分比低于普通教师；在教学提升困扰最大的是“应付考试为中心，对教学理念失去信心”和“知足常乐，没有动力”上，不同教龄的特级教师人数百分比均低于普通教师；在“学校没有研究、进取的心态和氛围”和“缺乏专家的引领”项目上，不同教龄的两类型教师人数百分比差不多；在“自身教学激情的丧失和毅力缺乏”项目上，教龄在 16～20 年的特级教师的人数百分比远远低于普通教师，

教龄在21年以上的特级教师人数百分比高于普通教师；在"生活的负担、经济的压力"项目上，教龄在21年以上的特级教师人数百分比远远低于普通教师，教龄在16～20年的两类型教师人数百分比一样；在"其他"项目上，不同教龄特级教师人数百分比均高于普通教师。这说明教龄对两类型教师的教学提升困扰有一定影响。

（二）教学惰性

本维度1道题目，为"在教学中有惰性，我认为主要原因是（可多选）"。采用选择题设计，试图探究两类型教师的教学惰性，具体统计结果如下。

1. 两类型教师的教学惰性分析

表7-21　两类型教师的教学惰性比较

惰性	特级		普通		总计	
	N（人）	占比（%）	N（人）	占比（%）	N（人）	占比（%）
生活很安定，已能适应教学需要	48	43.2	33	20.8	81	30.0
目标太远了，畏难心理	33	29.7	47	29.6	80	29.6
坚持不懈的毅力不足	19	17.1	26	16.4	45	16.7
付出与获得不平等	30	27.0	81	50.9	111	41.1
我已经在本地最好的学校	14	12.6	9	5.7	23	8.5
上网、游戏、股票之类的影响	9	8.1	9	5.7	18	6.7
忙于教学常规工作，没有时间研究教学	68	61.3	99	62.3	167	61.9
其他	10	9.0	10	6.3	20	7.4

从总体上来看，两类型教师在教学中有惰性，主要原因是"忙于教学常规工作，没有时间研究教学"，占人数百分比为61.9%；其次是"付出与获得不平等"、"生活很安定，已能适应教学需要"和"目标太远了，畏难心理"，分别占人数百分比为41.1%、30.0%和29.6%；人数百分比最小的是"上网、游戏、电视、股票之类的影响"，占6.7%。教学中有惰性的原因在于"目标太远了，畏难心理"、"坚持不懈的毅力不足"和"忙于教学常规工作，没有时间研究教学"的特级和普通教师人数百分比差不多；在"生活很安定，已能适应教学需要"和"我已经在本地最好的学校"项目上，特级教师人数百分比高于普通教师；在"付出与获得不平等"项目上，特级教师人数百分比远远低于普通教师；在"上网、游戏、股票之类的影响"和"其他"项目上，特级教师人数百分比高于普通教师。这说明教师在教学中存在惰性的主要原因是

太忙而没有时间。

2. 两类型三阶段教师的教学惰性分析

表 7-22 两类型三阶段教师的教学惰性比较

惰性		小学		初中		高中	
		特级	普通	特级	普通	特级	普通
生活很安定，已能适应教学需要	N(人)	18	14	12	8	18	11
	占比(%)	51.4	25.9	36.4	16.0	41.9	20.4
目标太远了，畏难心理	N(人)	14	13	12	20	7	14
	占比(%)	40.0	24.1	36.4	40.0	16.3	25.9
坚持不懈的毅力不足	N(人)	8	7	4	10	7	9
	占比(%)	22.9	13.0	12.1	20.0	16.3	16.7
付出与获得不平等	N(人)	11	24	10	28	9	28
	占比(%)	31.4	44.4	30.3	56.0	20.9	51.9
我已经在本地最好的学校	N(人)	6	3	4	3	4	3
	占比(%)	17.1	5.6	12.1	6.0	9.3	5.6
上网、游戏、股票之类的影响	N(人)	4	6	5	0	0	3
	占比(%)	11.4	11.1	15.2	0	0	5.6
忙于教学常规工作，没有时间研究教学	N(人)	24	30	20	32	24	36
	占比(%)	68.6	55.6	60.6	64.0	55.8	66.7
其他	N(人)	4	3	1	2	5	5
	占比(%)	11.4	5.6	3.0	4.0	11.6	9.3

在教学中存在惰性的原因是“生活很安定，已能适应教学需要”和“我已经在本地最好的学校”项目上，各学段特级教师人数百分比均高于普通教师。在“目标太远了，畏难心理”、“忙于教学常规工作，没有时间研究教学”和“坚持不懈的毅力不足”项目上，小学段特级教师的人数百分比远高于普通教师，而初高中学段特级教师人数百分比均低于普通教师；在“付出与获得不平等”项目上，各学段特级教师人数百分比均低于普通教师。在“上网、游戏、股票之类的影响”项目上，小学段两类型教师的人数百分比差不多，初中段特级教师人数百分比高于普通教师，高中段特级教师人数百分比低于普通教师；在“其他”项目上，小学和高中段特级教师人数百分比均高于普通教师，初中段特级教师人数百分比低于普通教师。这说明学段对特级和普通教师的教学惰性原因存在影响。

3. 两类型不同性别教师的教学惰性分析

表 7-23 两类型不同性别教师的教学惰性比较

惰性		男		女	
		特级	普通	特级	普通
生活很安定，已能适应教学需要	N(人)	27	14	21	19
	占比(%)	40.9	19.4	46.7	21.8
目标太远了，畏难心理	N(人)	18	26	15	21
	占比(%)	27.3	36.1	33.3	24.1
坚持不懈的毅力不足	N(人)	10	12	9	14
	占比(%)	15.2	16.7	20.0	16.1
付出与获得不平等	N(人)	19	36	11	45
	占比(%)	28.8	50.0	24.4	51.7
我已经在本地最好的学校	N(人)	8	5	6	4
	占比(%)	12.1	6.9	13.3	4.6
上网、游戏、股票之类的影响	N(人)	2	3	7	6
	占比(%)	3.0	4.2	15.6	6.9
忙于教学常规工作，没有时间研究教学	N(人)	38	42	30	57
	占比(%)	57.6	58.3	66.7	65.5
其他	N(人)	6	4	4	6
	占比(%)	9.1	5.6	8.9	6.9

在教学中存在惰性的原因是"生活很安定，已能适应教学需要"、"我已经在本地最好的学校"和"其他"项目上，男女特级教师人数百分比均高于普通教师。在"目标太远了，畏难心理"、"忙于教学常规工作，没有时间研究教学"、"坚持不懈的毅力不足"和"上网、游戏、股票之类的影响"项目上，男性中特级教师的人数百分比低于普通教师，女性中特级教师的人数百分比高于普通教师；在"付出与获得不平等"项目上，男女特级教师人数百分比均远低于普通教师。这说明性别对特级和普通教师的教学惰性原因存在一定影响。

4. 两类型不同教龄教师的教学惰性分析

表 7-24 两类型不同教龄教师的教学惰性比较

惰性		16～20 年		21 年以上	
		特级	普通	特级	普通
生活很安定，已能适应教学需要	N(人)	13	3	33	10
	占比(%)	52.0	14.3	39.3	25.0
目标太远了，畏难心理	N(人)	11	6	20	13
	占比(%)	44.0	28.6	23.8	32.5
坚持不懈的毅力不足	N(人)	6	3	13	6
	占比(%)	24.0	14.3	15.5	15.0
付出与获得不平等	N(人)	10	10	20	16
	占比(%)	40.0	47.6	23.8	40.0

续表

惰性		16～20年		21年以上	
		特级	普通	特级	普通
我已经在本地最好的学校	N(人)	7	2	7	2
	占比(%)	28.0	9.5	8.3	5.0
上网、游戏、股票之类的影响	N(人)	7	1	2	1
	占比(%)	28.0	4.8	2.4	2.5
忙于教学常规工作，没有时间研究教学	N(人)	14	15	52	23
	占比(%)	56.0	71.4	61.9	57.5
其他	N(人)	1	0	9	3
	占比(%)	4.0	.0	10.7	7.5

在教学中存在惰性的原因是“生活很安定，已能适应教学需要”、“坚持不懈的毅力不足”、“我已经在本地最好的学校”和“其他”项目上，不同教龄特级教师人数百分比均高于普通教师。在“目标太远了，畏难心理”项目上，教龄在16～20年的特级教师人数百分比高于普通教师，教龄在21年以上的特级教师人数百分比低于普通教师；在“忙于教学常规工作，没有时间研究教学”项目上，教龄在16～20年的特级教师人数百分比低于普通教师，教龄在21年以上的特级教师人数百分比高于普通教师；在“付出与获得不平等”项目上，不同教龄特级教师人数百分比均低于普通教师。在“上网、游戏、股票之类的影响”项目上，教龄在16～20年的特级教师人数百分比远高于普通教师，教龄在21年以上的特级教师人数百分比和普通教师差不多。这说明教龄对特级和普通教师的教学惰性原因存在一定影响。

二、教育能力

(一)教育能力的自我认识

本维度1道题目，为“我认为学生在我的教育下会越来越好”。采用五点量表题设计，试图探究两类型教师自身教育能力的认识，具体统计结果如下。

1.不同类型教师教育能力的自我认识

表7-25 不同类型教师教育能力的自我认识比较

教师类型	人数	平均值	标准差	t
特级	111	4.53	0.569	2.961**
普通	160	4.28	0.754	

** $p<0.01$

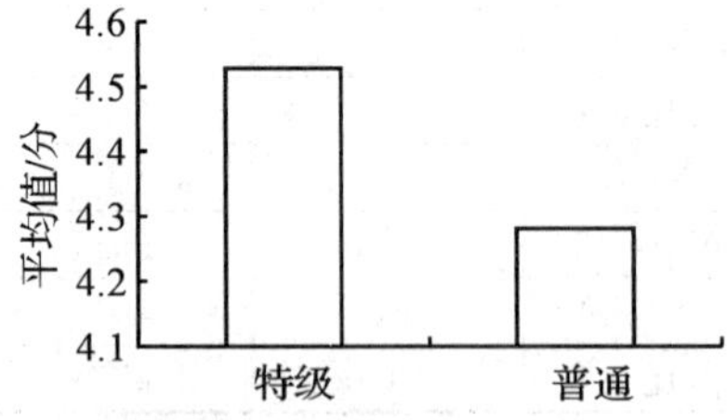

图7-17 不同类型教师教育能力的自我认识比较

特级教师在"教师教育能力的自我认识"项目上的平均得分为 4.53，普通教师为 4.28，两类型教师在该维度上的平均得分均处于较高水平（最高得分为 5）。独立样本 t 检验结果表明，两类型教师教育能力的自我认识差异十分显著（$p<0.01$），特级教师的得分远高于普通教师，说明特级教师对教育能力的自我认识比普通教师要高。

2. 不同阶段教师教育能力的自我认识

表 7-26　不同阶段教师教育能力的自我认识比较

学段	类型	人数	平均值	标准差	t
小学	特级	35	4.66	0.482	2.208*
	普通	55	4.33	0.795	
初中	特级	33	4.52	0.566	2.548*
	普通	50	4.10	0.814	
高中	特级	43	4.44	0.629	0.413
	普通	54	4.39	0.627	

* $p<0.05$

独立样本 t 检验结果表明，小学和初中段两类型教师教育能力的自我认识差异均达到显著水平（$p<0.05$），特级教师的得分均高于普通教师，说明特级教师对教育能力的自我认识比普通教师要高；高中段特级和普通教师对教育能力的自我认识差异不显著。这说明学段对两类型教师教育能力的自我认识有影响。

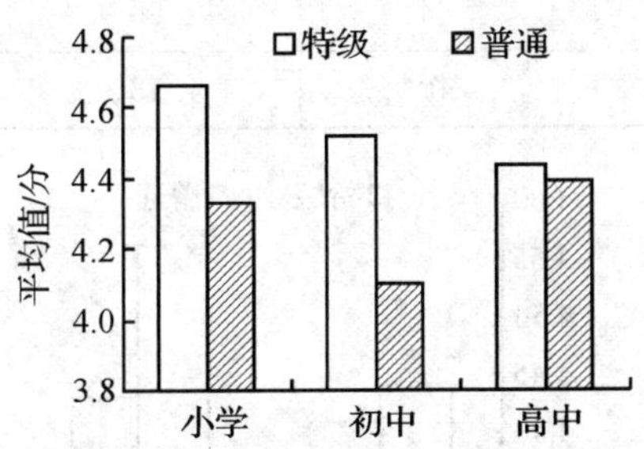

图 7-18　不同阶段教师教育能力的自我认识比较

3. 不同性别教师教育能力的自我认识

表 7-27　不同性别教育能力的自我认识比较

性别	类型	人数	平均值	标准差	t
男	特级	66	4.53	0.588	2.399*
	普通	72	4.25	0.765	
女	特级	45	4.53	0.548	1.798
	普通	88	4.31	0.748	

* $p<0.05$

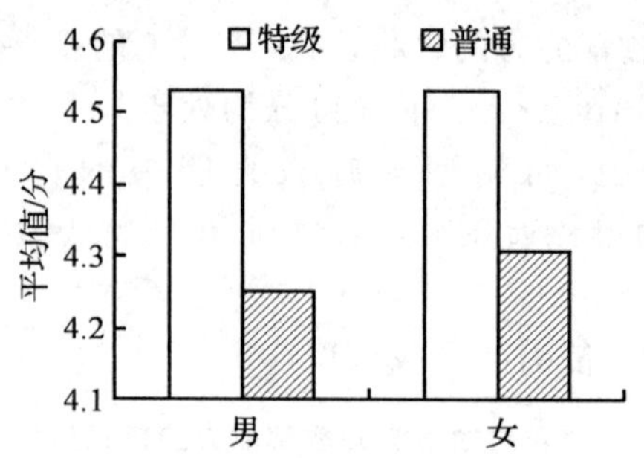

图 7-19　不同性别教育能力的自我认识比较

独立样本 t 检验结果表明，在男性中，特级和普通教师教育能力的自我认识差异显著($p<0.05$)，特级教师的得分高于普通教师，说明特级教师对教育能力的自我认识比普通教师要高；在女性中，特级和普通教师对教育能力的自我认识差异不显著。这说明性别对两类型教师教育能力的自我认识有影响。

4. 不同教龄教师教育能力的自我认识

表 7-28　不同教龄教师教育能力的自我认识比较

教龄	类型	人数	平均值	标准差	t
16～20 年	特级	25	4.44	0.507	0.180
	普通	22	4.41	0.666	
21 年以上	特级	84	4.56	0.588	1.089
	普通	40	4.43	0.747	

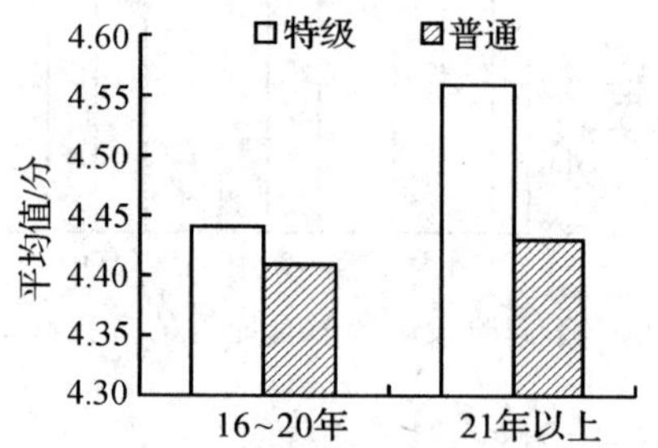

图 7-20　不同教龄教师教育能力的自我认识比较

独立样本 t 检验结果表明，不同教龄特级和普通教师教育能力的自我认识差异均不显著。这说明教龄对两类型教师教育能力的自我认识没有影响。

(二)班主任工作

本维度 1 道题目，为“班主任工作对教师的专业发展很有促进”。采用五点量表题设计，试图探究两类型教师对班主任工作与教师专业发展作用的认识，具体统计结果如下。

1.不同类型教师对班主任工作的认识

表 7-29 不同类型教师对班主任工作的认识比较

教师类型	人数	平均值	标准差	t
特级	111	4.33	0.730	1.295
普通	160	4.22	0.706	

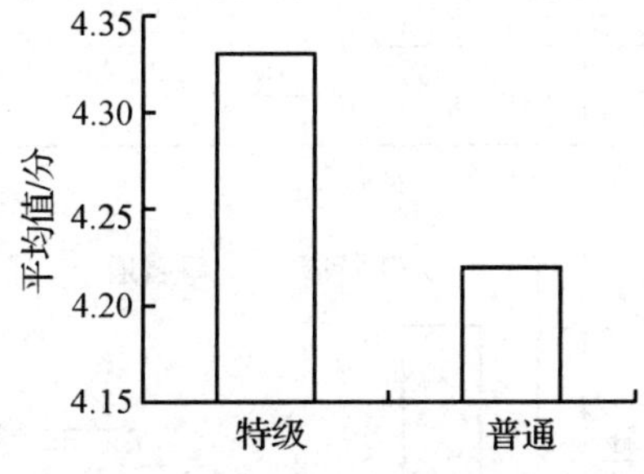

图 7-21 不同类型教师对班主任工作的认识比较

特级教师在“对班主任工作的认识”维度上的平均得分为 4.33，普通教师为 4.22，两类型教师在该维度上的平均得分均处于较高水平（最高得分为 5），这说明两类型教师均认为班主任工作对教师的专业发展很有促进。独立样本 t 检验结果表明，两类型教师对班主任工作的认识差异不显著。

2.不同阶段教师对班主任工作的认识

表 7-30 不同阶段教师对班主任工作认识的比较

学段	类型	人数	平均值	标准差	t
小学	特级	35	4.43	0.698	0.689
	普通	55	4.33	0.668	
初中	特级	33	4.33	0.854	1.301
	普通	50	4.10	0.763	
高中	特级	43	4.26	0.658	−0.026
	普通	54	4.26	0.620	

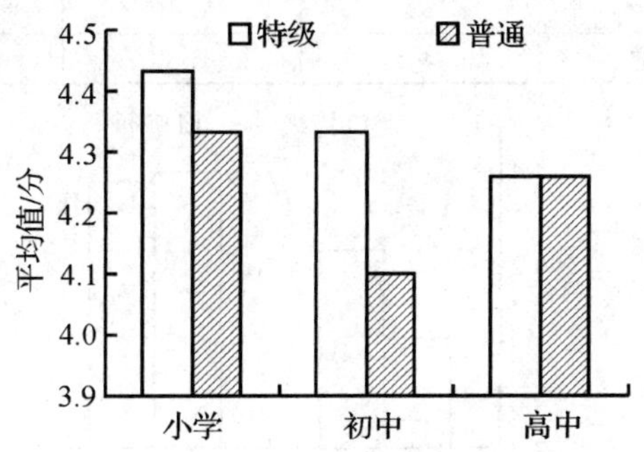

图 7-22 不同阶段教师对班主任工作认识的比较

独立样本 t 检验结果表明，各学段特级和普通教师对班主任工作的认识差异均不显著。这说明学段对两类型教师对班主任工作的认识没有影响。

3. 不同性别教师对班主任工作的认识

表 7-31 不同性别教师对班主任工作认识的比较

类型	人数	平均值	标准差	t	
男	特级	66	4.41	0.632	2.078*
	普通	72	4.15	0.799	
女	特级	45	4.22	0.850	−0.391
	普通	88	4.27	0.620	

* $p<0.05$

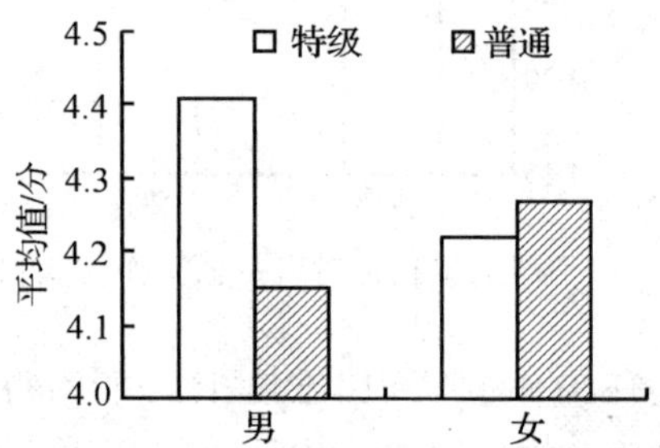

图 7-23 不同性别教师对班主任工作认识的比较

独立样本 t 检验结果表明，在男性中，特级和普通教师对班主任工作的认识差异显著（$p<0.05$），特级教师的得分高于普通教师，说明特级教师对对班主任工作的认识比普通教师要好；在女性中，特级和普通教师对班主任工作的认识差异不显著。这说明性别对两类型教师对班主任工作的认识有影响。

4. 不同教龄教师对班主任工作的认识

表 7-32 不同教龄教师对班主任工作的认识的比较

教龄	类型	人数	平均值	标准差	t
16～20 年	特级	25	4.04	0.889	−0.800
	普通	22	4.23	0.685	
21 年以上	特级	84	4.40	0.661	0.238
	普通	40	4.38	0.628	

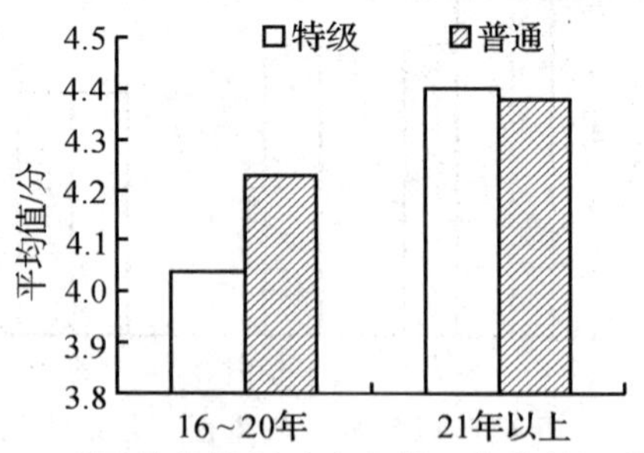

图 7-24 不同教龄教师对班主任工作的认识的比较

独立样本 t 检验结果表明，不同教龄特级和普通教师对班主任工作的认识差异均不显著。这说明教龄对两类型教师对班主任工作的认识没有影响。

（三）后进生转化

本维度 1 道题目，为“我对后进生的转化很有办法”。采用五点量表题设计，试图探究两类型教师对后进生的转化的认识和实践，具体统计结果如下。

1. 不同类型教师的后进生转化

表 7-33　不同类型教师后进生转化比较

教师类型	人数	平均值	标准差	t
特级	111	3.98	0.660	3.558**
普通	160	3.63	0.902	

** $p<0.01$

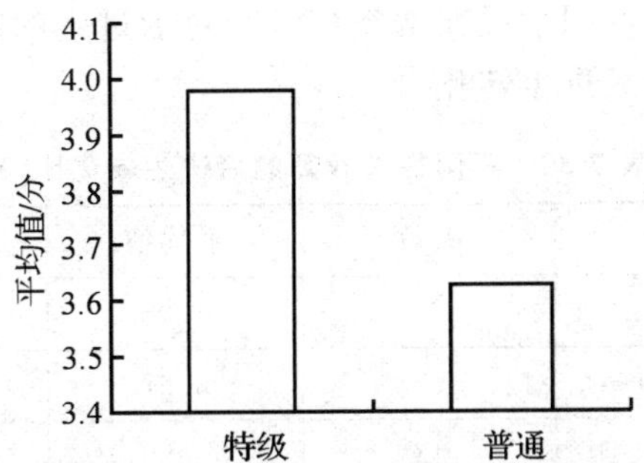

图 7-25　不同类型教师后进生转化比较

特级教师在“后进生转化”维度上的平均得分为 3.98，普通教师为 3.63，两类型教师在该维度上的平均得分均处于中上水平（最高得分为 5），说明两类型教师在对后进生的转化上均有一定办法。独立样本 t 检验结果表明，两类型教师在后进生转化维度上差异十分显著（$p<0.01$），特级教师的得分大大高于普通教师，说明特级教师在转化后进生上比普通教师更有办法。

2. 不同阶段教师的后进生转化

表 8-34　不同阶段教师的后进生转化比较

学段	类型	人数	平均值	标准差	t
小学	特级	35	4.09	0.612	1.732
	普通	55	3.82	0.772	
初中	特级	33	3.97	0.684	3.135**
	普通	50	3.30	1.093	
高中	特级	43	3.91	0.684	1.240
	普通	54	3.72	0.763	

** $p<0.01$

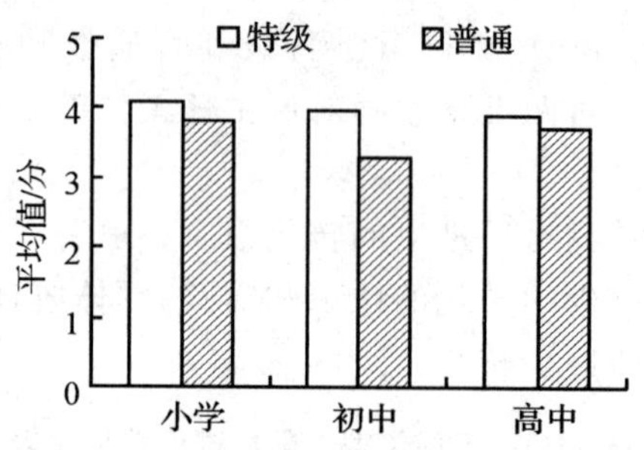

图 7-26　不同阶段教师的后进生转化比较

独立样本 t 检验结果表明，初中段特级和普通教师在后进生的转化维度上差异十分显著（$p<0.01$），特级教师的得分远高于普通教师，说明初中特级教师对后进生的转化比普通教师更有办法；小学和高中特级和普通教师在后进生的转化维度上差异均不显著。这说明学段对两类型教师对后进生的转化有影响。

3. 不同性别教师的后进生转化

表 7-35　不同性别教师的后进生转化比较

性别	类型	人数	平均值	标准差	t
男	特级	66	4.05	0.567	3.219**
	普通	72	3.67	0.787	
女	特级	45	3.89	0.775	1.761
	普通	88	3.59	0.990	

** $p<0.01$

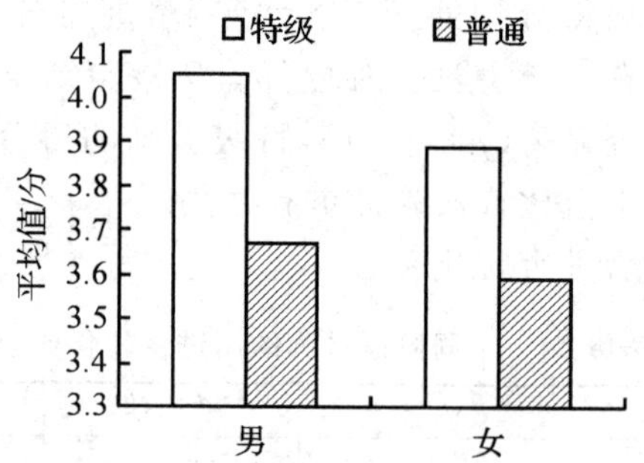

图 7-27　不同性别教师的后进生转化比较

独立样本 t 检验结果表明，在男性中，特级和普通教师在后进生的转化维度上差异十分显著（$p<0.01$），特级男教师的得分远高于普通男教师，说明特级男教师对后进生的转化比普通男教师更有办法；女性特级和普通教师在后进生的转化维度上差异不显著。这说明性别对两类型教师对后进生的转化有影响。

4. 不同教龄教师的后进生转化

表 7-36 不同教龄教师的后进生转化的比较

教龄	类型	人数	平均值	标准差	t
16～20 年	特级	25	3.92	0.812	1.311
	普通	22	3.59	0.908	
21 年以上	特级	84	4.00	0.621	1.559
	普通	40	3.80	0.758	

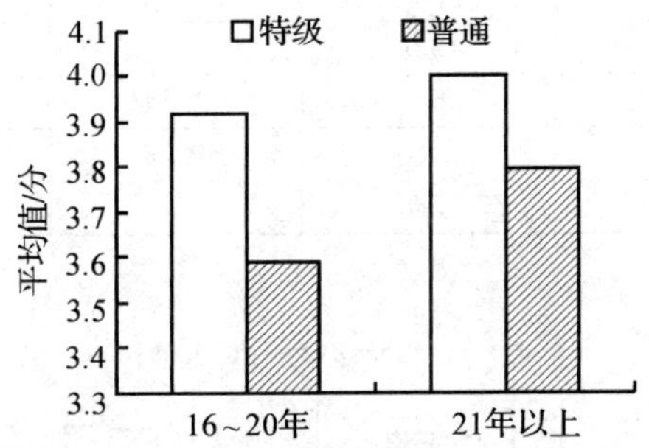

图 7-28 不同教龄教师的后进生转化的比较

独立样本 t 检验结果表明，不同教龄特级和普通教师在后进生的转化维度上差异均不显著，这说明教龄对两类型教师对后进生的转化没有影响。

（四）班集体建设

本维度 1 道题目，为“我总是对班级建设有长远的规划和蓝图”。采用五点量表题设计，试图探究两类型教师对班集体建设的认识和实践，具体统计结果如下。

1. 不同类型教师的班级建设规划

表 7-37 不同类型教师的班级建设规划比较

教师类型	人数	平均值	标准差	t
特级	111	4.18	0.649	1.430
普通	160	4.05	0.791	

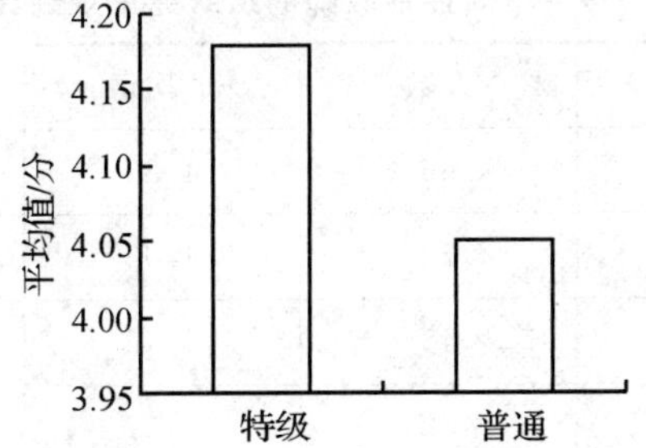

图 7-29 不同类型教师的班级建设规划比较

特级教师在“班集体建设”维度上的平均得分为4.18，普通教师为4.05，两类型教师在该维度上的平均得分均处于中上水平(最高得分为5)，说明两类型教师对班级建设均有长远的规划和蓝图。独立样本t检验结果表明，两类型教师在班集体建设维度上差异不显著，说明他们对班级的管理能力差不多。

2.不同阶段教师的班级建设规划

表7-38 不同阶段教师的班级建设规划比较

	类型	人数	平均值	标准差	t
小学	特级	35	4.14	0.733	−0.017
	普通	55	4.15	0.705	
初中	特级	33	4.24	0.561	2.266*
	普通	50	3.84	0.912	
高中	特级	43	4.16	0.652	−0.027
	普通	54	4.17	0.720	

* $p<0.05$

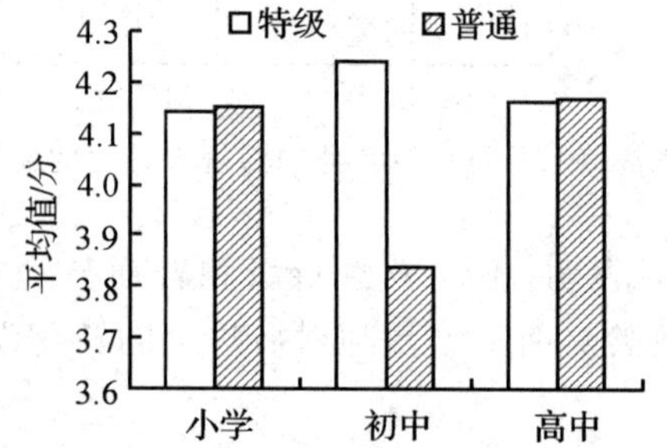

图7-30 不同阶段教师的班级建设规划比较

独立样本t检验结果表明，初中段特级和普通教师在班级建设规划维度上差异显著($p<0.05$)，特级教师的得分高于普通教师，说明初中特级教师在班级建设规划上比普通教师要好；小学和高中特级和普通教师在班级建设规划维度上差异均不显著。这说明学段对两类型教师对班级建设规划有影响。

3.不同性别教师的班级建设规划

表7-39 不同性别教师的班级建设规划比较

性别	类型	人数	平均值	标准差	t
男	特级	66	4.20	0.613	1.342
	普通	72	4.03	0.839	
女	特级	45	4.16	0.706	−0.645
	普通	88	4.07	0.755	

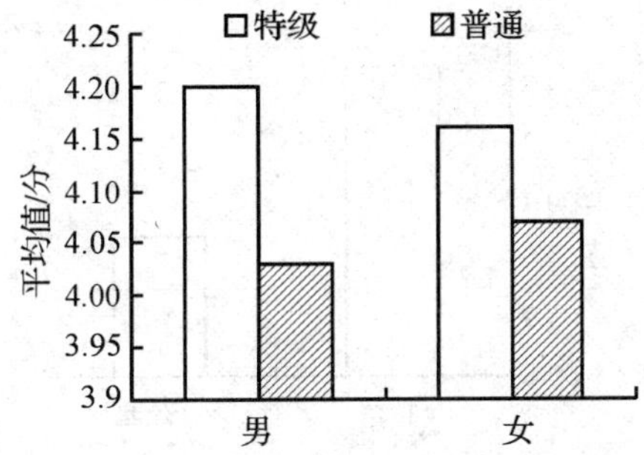

图 7-31 不同性别教师的班级建设规划比较

独立样本 t 检验结果表明，男女特级和普通教师在班级建设规划维度上差异均不显著，说明性别对教师班级建设规划没有影响。

4. 不同教龄教师的班级建设规划

表 7-40 不同教龄教师的班级建设规划比较

教龄	类型	人数	平均值	标准差	t
16～20 年	特级	25	4.16	0.688	0.729
	普通	22	4.00	0.816	
21 年以上	特级	84	4.19	0.630	0.343
	普通	40	4.15	0.580	

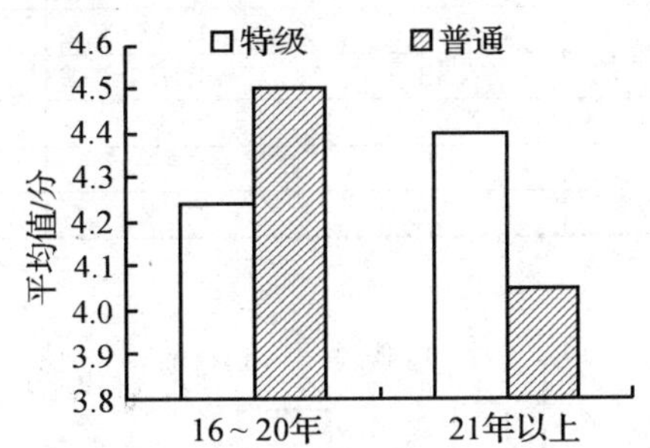

图 7-32 不同教龄教师的班级建设规划比较

独立样本 t 检验结果表明，不同教龄特级和普通教师在班级建设规划维度上差异均不显著，说明教龄对教师班级建设规划没有影响。

（五）家长沟通

本维度 1 道题目，为“我经常与家长沟通孩子的教育问题”。采用五点量表题设计，试图探究两类型教师家长沟通状况，具体统计结果如下。

1. 不同类型教师的家长沟通状况

表 7-41 不同类型教师与家长沟通状况的比较

教师类型	人数	平均值	标准差	t
特级	111	4.33	0.718	2.920**
普通	160	4.04	0.857	

** $p<0.01$

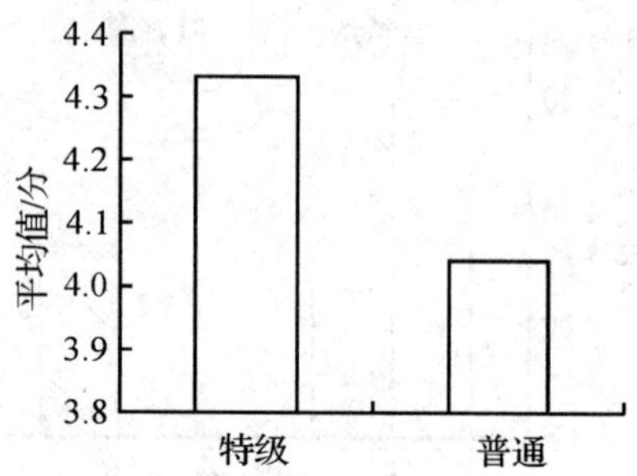

图 7-33 不同类型教师与家长沟通状况的比较

特级教师在"家长沟通"维度上的平均得分为 4.33,普通教师为 4.04,两类型教师在该维度上的平均得分均处于中上水平(最高得分为 5),说明两类型教师经常与家长沟通孩子的教育问题。独立样本 t 检验结果表明,两类型教师在家长沟通维度上得分差异十分显著,特级教师的得分远高于普通教师,说明特级教师与家长沟通孩子的教育问题比普通教师要频繁。

2. 不同阶段教师的家长沟通状况

表 7-42 不同阶段教师与家长沟通状况的比较

学段	类型	人数	平均值	标准差	t
小学	特级	35	4.46	0.561	1.503
	普通	55	4.24	0.744	
初中	特级	33	4.45	0.711	2.978**
	普通	50	3.86	0.990	
高中	特级	43	4.14	0.804	0.732
	普通	54	4.02	0.812	

** $p<0.01$

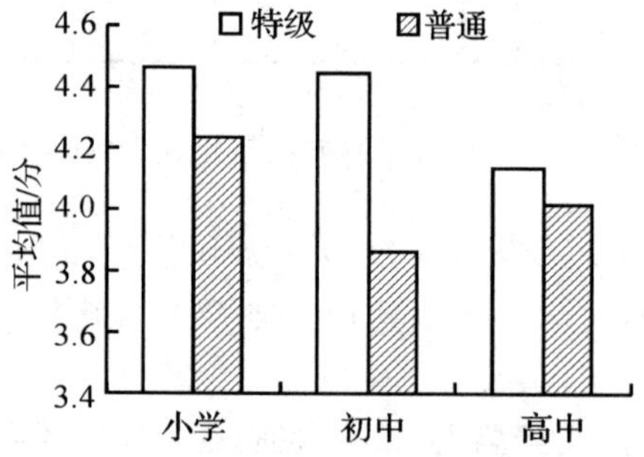

图 7-34 不同阶段教师与家长沟通状况的比较

独立样本 t 检验结果表明,初中段特级和普通教师在家长沟通维度上差异十分显著($p<0.1$),特级教师的得分远高于普通教师,说明初中特级教师在与家长沟通孩子的教育问题上比普通教师要频繁;小学和高中特级和普通教师在家长沟通维度上差异均不显著。这说明学段对两类型教师与家长的沟通有影响。

3. 不同性别教师的家长沟通状况

表 7-43 不同性别教师与家长沟通状况的比较

性别	类型	人数	平均值	标准差	t
男	特级	66	4.26	0.730	2.206*
	普通	72	3.94	0.918	
女	特级	45	4.44	0.693	2.277*
	普通	88	4.13	0.800	

* $p<0.05$

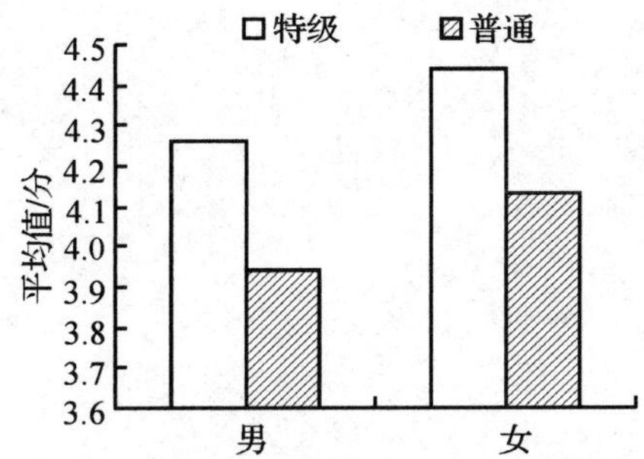

图 7-35 不同性别教师与家长沟通状况的比较

独立样本 t 检验结果表明，男女特级和普通教师在家长沟通维度上得分差异均显著($p<0.05$)，特级教师的得分均高于普通教师，说明男女特级教师在与家长沟通孩子的教育问题上比普通教师都要频繁。这说明性别对两类型教师与家长的沟通没有影响。

4. 不同教龄教师的家长沟通状况

表 7-44 不同教龄教师与家长沟通状况的比较

教龄	类型	人数	平均值	标准差	t
16～20 年	特级	25	4.32	0.627	0.461
	普通	22	4.23	0.752	
21 年以上	特级	84	4.36	0.739	1.242
	普通	40	4.18	0.813	

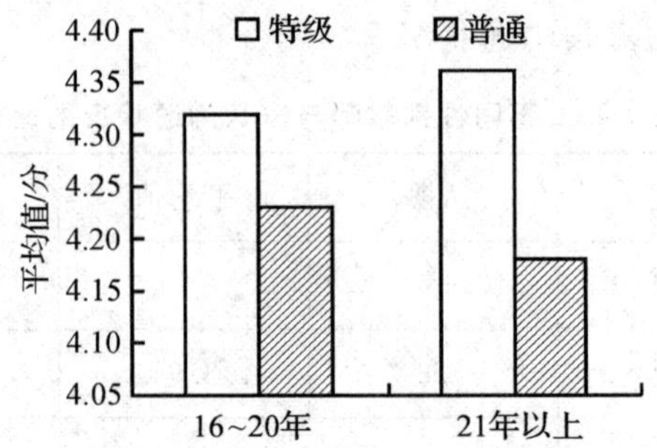

图 7-36 不同教龄教师与家长沟通状况的比较

独立样本 t 检验结果表明，不同教龄特级和普通教师在家长沟通维度上的得分差异均不显著，说明教龄对两类型教师与家长的沟通没有影响。

第八章　成长环境与经历

这一章我们将分别讨论成长环境（学校环境、社会环境、家庭环境）、成长经历（成长关键期、机遇、努力）、成长过程中的人和事等问题。

第一节　成长环境

一、学校环境

本维度1道题目，为"我任教的第一所学校的工作氛围很好"。采用五点量表题设计，试图探究两类型教师对首任工作环境的认识，具体统计结果如下。

（一）两类型教师的学校环境

表8-1　两类型教师的学校环境比较

教师类型	人数	平均值	标准差	t
特级	111	4.29	0.938	0.633
普通	160	4.18	1.714	

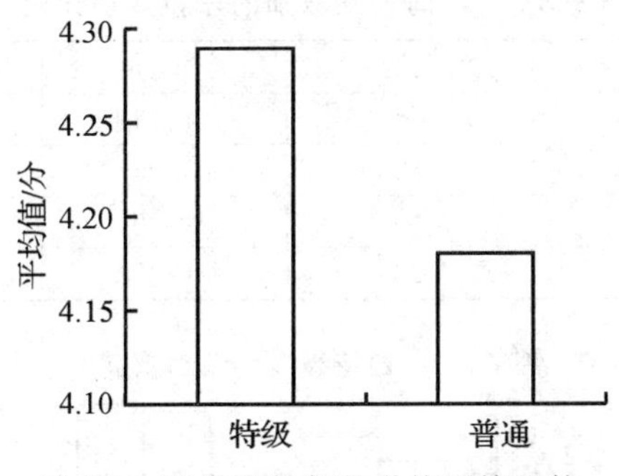

图8-1　两类型教师的学校环境比较

特级教师在学校环境维度上的平均得分为4.29，普通教师为4.18，处于中上水平（最高分为5），这说明两类型教师任教的第一所学校的工作氛围均较好。独立样本t检验结果表明，特级和普通教师在学校环境维度上的得分差异不显著，说明两类型教师任教的第一所学校的工作氛围没有差异。

（二）不同学段教师的学校环境

表 8-2　不同学段教师的学校环境比较

学段	类型	人数	平均值	标准差	t
小学	特级	35	4.26	0.950	0.677
	普通	55	4.11	1.048	
初中	特级	33	4.18	1.044	−0.197
	普通	50	4.28	2.733	
高中	特级	43	4.40	0.849	1.305
	普通	54	4.17	0.863	

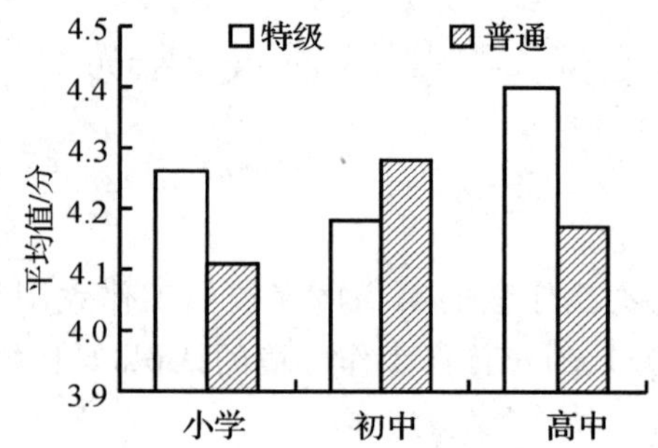

图 8-2　不同学段教师的学校环境比较

独立样本 t 检验结果表明，各学段特级和普通教师在学校环境维度上的得分差异不显著，说明学段对两类型教师的学校环境没有影响。

（三）不同性别教师的学校环境

表 8-3　不同性别教师的学校环境比较

性别	类型	人数	平均值	标准差	t
男	特级	66	4.24	0.978	1.799
	普通	72	3.93	1.053	
女	特级	45	4.36	0.883	−0.060
	普通	88	4.38	2.092	

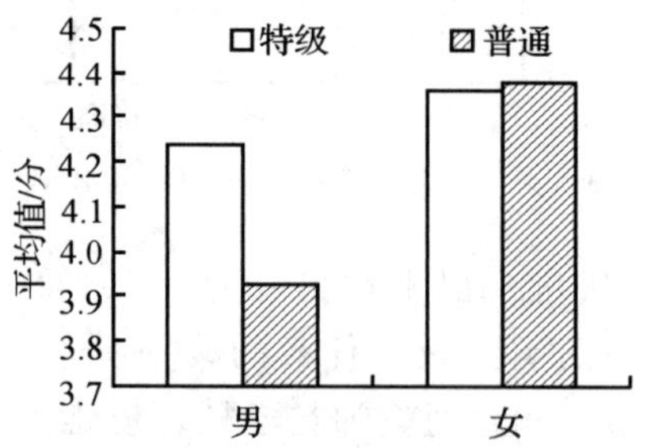

图 8-3　不同性别教师的学校环境比较

独立样本 t 检验结果表明，不同性别特级和普通教师在学校环境维度上的得分差异不显著，说明性别对两类型教师的学校环境没有影响。

（四）不同教龄教师的学校环境

表 8-4　不同教龄教师的学校环境比较

教龄	类型	人数	平均值	标准差	t
16～20 年	特级	25	4.20	0.866	0.902
	普通	22	3.95	0.999	
21 年以上	特级	84	4.31	0.969	−0.229
	普通	40	4.35	0.802	

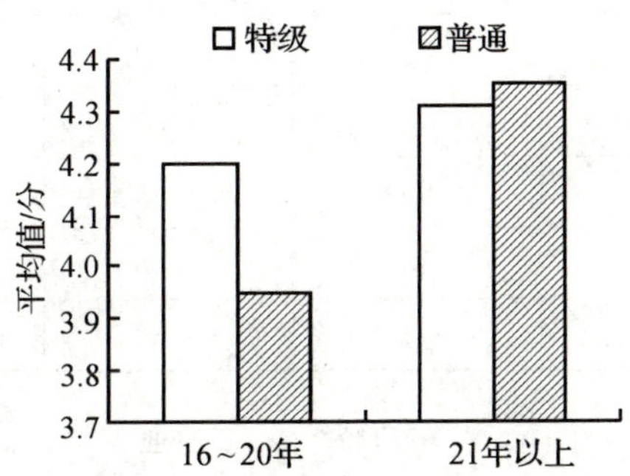

图 8-4　不同教龄教师的学校环境比较

独立样本 t 检验结果表明，不同教龄特级和普通教师在学校环境维度上的得分差异不显著，说明教龄对两类型教师的学校环境没有影响。

二、社会环境

本维度 1 道题目，为“社会环境对教师的期望促进了你的专业成长”。采用五点量表题设计，试图探究两类型教师对社会环境的认识，具体统计结果如下：

（一）两类型教师的社会环境

表 8-5　两类型教师的社会环境比较

教师类型	人数	平均值	标准差	t
特级	111	3.72	1.063	−0.131
普通	160	3.74	1.012	

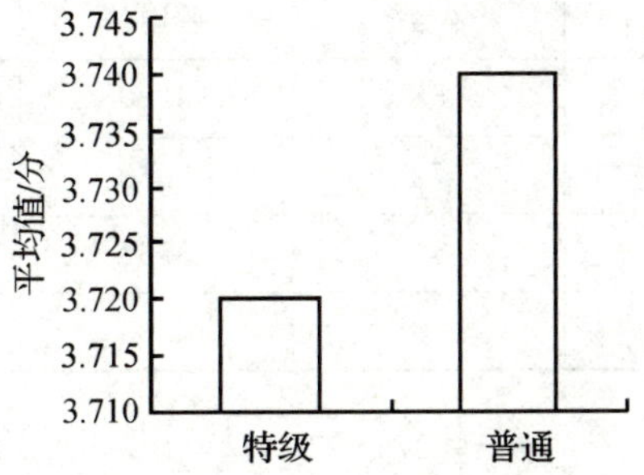

图 8-5　两类型教师的社会环境比较

特级教师在社会环境维度上的平均得分为3.72，普通教师为3.74，处于中等水平(最高分为5)，这说明社会环境对教师的期望在促进了教师的专业成长方面作用一般。独立样本t检验结果表明，特级和普通教师在社会环境维度上的得分差异不显著，说明社会环境对教师的期望在促进了他们的专业成长方面没有差异。

(二)不同学段教师的社会环境

表8-6　不同学段教师的社会环境比较

学段	类型	人数	平均值	标准差	t
小学	特级	35	3.66	1.162	0.909
	普通	55	3.85	0.891	
初中	特级	33	3.91	1.011	1.635
	普通	50	3.52	1.092	
高中	特级	43	3.63	1.024	−1.074
	普通	54	3.85	1.017	

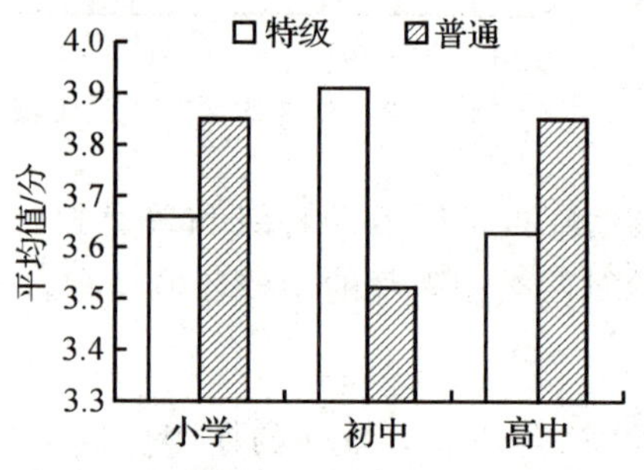

图8-6　不同学段教师的社会环境比较

独立样本t检验结果表明，不同学段特级和普通教师在社会环境维度上的得分差异不显著，说明学段对两类型教师的社会环境没有影响。

(三)不同性别教师的社会环境

表8-7　不同性别教师的社会环境比较

性别	类型	人数	平均值	标准差	t
男	特级	66	3.80	1.026	1.209
	普通	72	3.60	0.974	
女	特级	45	3.60	1.116	−1.296
	普通	88	3.85	1.034	

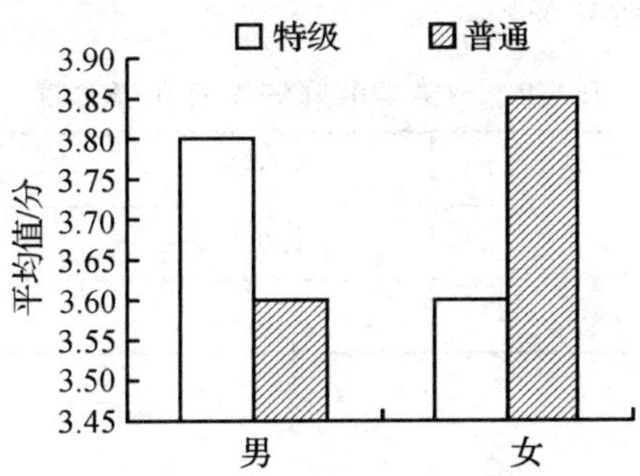

图 8-7 不同性别教师的社会环境比较

独立样本 t 检验结果表明，不同性别特级和普通教师在社会环境维度上的得分差异不显著，说明性别对两类型教师的社会环境没有影响。

（四）不同教龄教师的社会环境

表 8-8 不同教龄教师的社会环境比较

教龄	类型	人数	平均值	标准差	t
16～20 年	特级	25	3.52	0.963	−1.376
	普通	22	3.86	0.710	
21 年以上	特级	84	3.79	1.098	0.301
	普通	40	3.73	0.933	

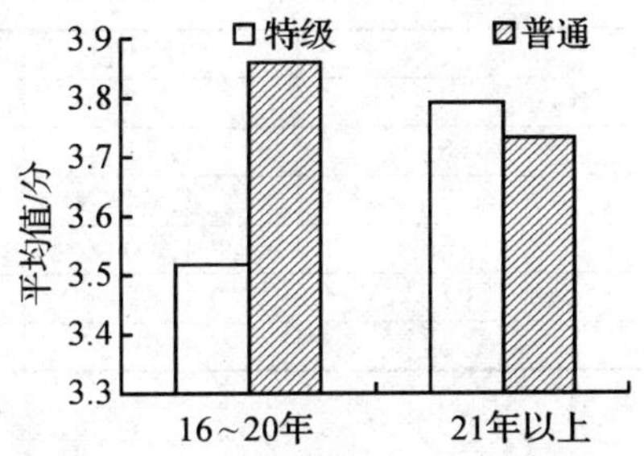

图 8-8 不同教龄教师的社会环境比较

独立样本 t 检验结果表明，不同教龄特级和普通教师在社会环境维度上的得分差异不显著，说明教龄对两类型教师的社会环境没有影响。

三、家庭环境

本维度 1 道题目，为“家庭对我工作的支持和帮助很大”。采用五点量表题设计，试图探究家庭环境对两类型教师的作用，具体统计结果如下：

（一）两类型教师的家庭环境

表 8-9　两类型教师的家庭环境比较

教师类型	人数	平均值	标准差	t
特级	111	4.69	0.569	3.588**
普通	160	4.38	0.807	

** $p<0.01$

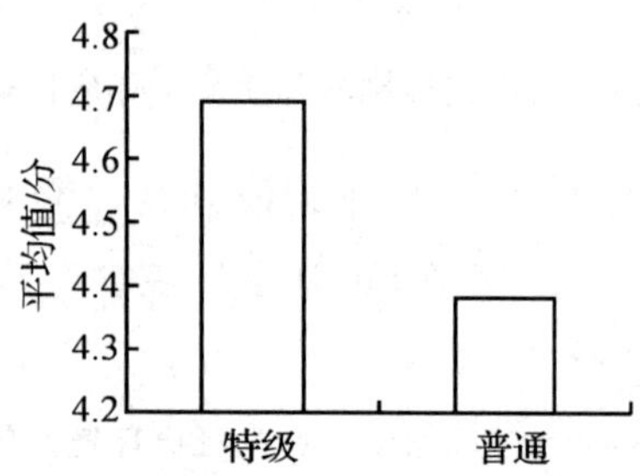

图 8-9　两类型教师的家庭环境比较

特级教师在家庭环境维度上的平均得分为 4.69，普通教师为 4.38，处于中上水平（最高分为 5），这说明家庭对两类型教师工作的支持和帮助均很大。独立样本 t 检验结果表明，特级和普通教师在家庭环境维度上的得分差异十分显著（$p<0.01$），说明家庭环境对教师的成长影响很大。

（二）不同学段教师的家庭环境

表 8-10　不同学段教师的家庭环境比较

学段	类型	人数	平均值	标准差	t
小学	特级	35	4.83	0.382	3.448**
	普通	55	4.31	0.836	
初中	特级	33	4.64	0.653	1.741
	普通	50	4.30	0.974	
高中	特级	43	4.63	0.618	1.053
	普通	54	4.50	0.575	

** $p<0.01$

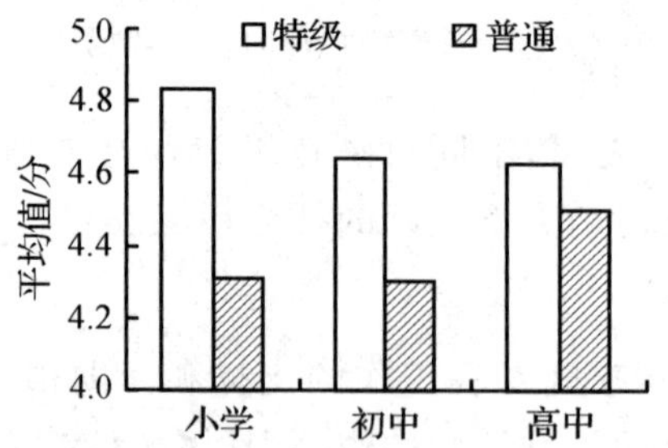

图 8-10　不同学段教师的家庭环境比较

独立样本 t 检验结果表明，小学段特级和普通教师在家庭环境维度上的得分差异十分显著（$p<0.01$），特级教师的得分远高于普通教师，初中和高中段特级和普通教师的得分差异不显著。这说明学段对教师的家庭环境有影响。

（三）不同性别教师的家庭环境

表 8-11 不同性别教师的家庭环境比较

性别	类型	人数	平均值	标准差	t
男	特级	66	4.70	0.607	3.315**
	普通	72	4.26	0.888	
女	特级	45	4.69	0.514	1.836
	普通	88	4.47	0.726	

** $p<0.01$

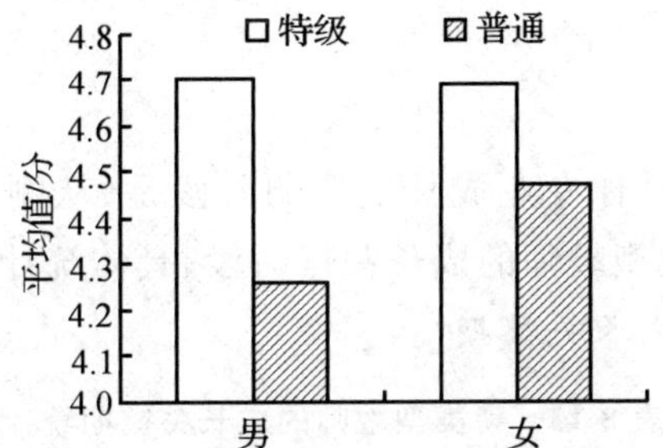

图 8-11 不同性别教师的家庭环境比较

独立样本 t 检验结果表明，特级和普通男教师在家庭环境维度上的得分差异十分显著（$p<0.01$），特级男教师的得分远高于普通男教师，特级和普通女教师在家庭环境维度上的得分差异不显著。这说明性别对教师的家庭环境有影响。

（四）不同教龄教师的家庭环境

表 8-12 不同教龄教师的家庭环境比较

教龄	类型	人数	平均值	标准差	t
16～20 年	特级	25	4.60	0.645	1.579
	普通	22	4.32	0.568	
21 年以上	特级	84	4.71	0.550	2.316*
	普通	40	4.45	0.677	

* $p<0.05$

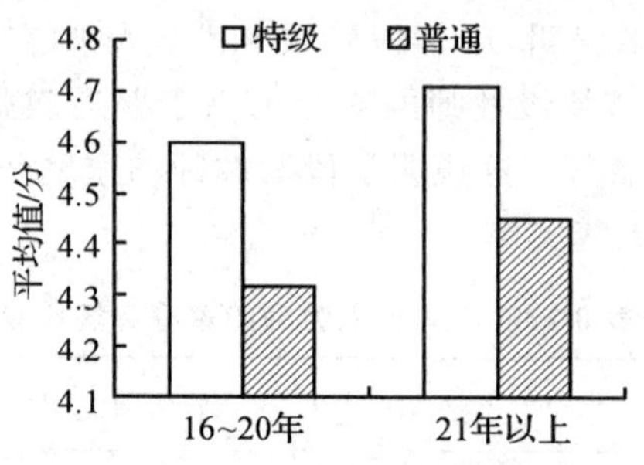

图 8-12　不同教龄教师的家庭环境比较

独立样本 t 检验结果表明，教龄在 21 年以上的特级和普通教师在家庭环境维度上的得分差异显著（$p<0.05$），特级教师的得分远高于普通教师，教龄在 16～20 年的特级和普通教师的得分差异不显著。这说明教龄对教师的家庭环境有影响。

第二节　成长经历

一、成长关键期

本维度 1 道题目，为“你专业成长最快的阶段是(从刚开始工作算)”。采用选择题设计，试图探究两类型教师的成长关键时段，具体统计结果如下：

（一）两类型教师的成长关键期

表 8-13　两类型教师的成长关键期统计

成长期(年)	特级		普通		总计	
	N(人)	占比(%)	N(人)	占比(%)	N(人)	占比(%)
1～5	23	20.7	74	48.4	97	36.7
6～10	47	42.3	62	40.5	109	41.3
11～15	27	24.3	13	8.5	40	15.2
16～20	13	11.7	1	7	14	5.3
21～25	0	0	3	2.0	3	1.1
26～30	1	9	0	0	1	4
30 年以后	0	0	0	0	0	0

从总体上看来，两类型教师认为专业成长最快的阶段主要是在 6～10 年，占的人数百分比为 41.3%，其次为 1～5 年和 11～15 年，占的人数百分比分别为 36.7%和 15.2%。特级教师中专业成长最快的阶段主要是在 6～10 年，占的人数百分比为 42.3%，其次为 11～15 年和 1～5 年，分别占人数百分比为 24.3%和 20.7%。普通教师中专业成长最快的阶段主要是在 1～5 年，占的人数百分比为 48.4，其次为 6～10 年，占的人数百分比为 40.5%。这特级和普通教师的专业成长最快阶段存在差异，特级教师的专业成长最快阶段主要是在 6～10 年，而普通教师主要是在 1～5 年。

（二）不同学段教师的成长关键期

表 8-14 不同学段教师的成长关键期统计

成长期(年)		小学		初中		高中	
		特级	普通	特级	普通	特级	普通
1～5	N(人)	7	24	9	26	7	23
	占比(%)	20.0	49.0	27.3	53.1	16.3	42.6
6～10	N(人)	15	20	11	18	21	24
	占比(%)	42.9	40.8	33.3	36.7	48.8	44.4
11～15	N(人)	9	4	9	4	9	5
	占比(%)	25.7	8.2	27.3	8.2	20.9	9.3
16～20	N(人)	3	0	4	1	6	0
	占比(%)	8.6	0	12.1	2.0	14.0	0
21～25	N(人)	0	1	0	0	0	2
	占比(%)	0	2.0	0	0	0	3.7
26～30	N(人)	1	0	0	0	0	0
	占比(%)	2.9	0	0	0	0	0
30 年以后	N(人)	0	0	0	0	0	0
	占比(%)	0	0	0	0	0	0

各学段认为专业成长最快的阶段是在 1～5 年的特级教师人数百分比均大大低于普通教师；小学和高中段认为专业成长最快的阶段是在 6～10 年的特级教师人数百分比均高于普通教师，而初中段特级教师低于普通教师；各学段认为专业成长最快的阶段是在 11～15 年的特级教师人数百分比均大大高于普通教师；各学段认为专业成长最快的阶段是在 16～20 年的特级教师人数百分比均高于普通教师。这说明学段对两类型教师的专业成长时间段影响不大。

（三）不同性别教师的成长关键期

表 8-15 不同性别教师的成长关键期统计

成长期(年)		男		女	
		特级	普通	特级	普通
1～5	N(人)	14	35	9	39
	占比(%)	21.2	50.0	20.0	47.0
6～10	N(人)	31	26	16	36
	占比(%)	47.0	37.1	35.6	43.4
11～15	N(人)	12	6	15	7
	占比(%)	18.2	8.6	33.3	8.4
16～20	N(人)	9	0	4	1
	占比(%)	13.6	0	8.9	1.2
21～25	N(人)	0	3	1	0
	占比(%)	0	4.3	2.2	0
26～30	N(人)	0	0	0	0
	占比(%)	0	0	0	0
30 年以后	N(人)	0	0	0	0
	占比(%)	0	0	0	0

男女教师中认为专业成长最快的阶段是在1～5年的特级教师人数百分比均大大低于普通教师；认为专业成长最快的阶段是在6～10年的特级男教师人数百分比高于普通男教师，而特级女教师低于普通女教师；男女教师认为专业成长最快的阶段是在11～15年的特级教师人数百分比均大大高于普通教师；男女教师认为专业成长最快的阶段是在16～20年的特级教师人数百分比均高于普通教师。这说明性别对两类型教师的专业成长时间段影响不大。

（四）不同教龄教师的成长关键期

表 8-16　不同教龄教师的成长关键期统计

成长期(年)		16～20年		21年以上	
		特级	普通	特级	普通
1～5	N(人)	6	3	17	10
	占比(%)	24.0	16.7	20.2	25.6
6～10	N(人)	11	11	34	20
	占比(%)	44.0	61.1	40.5	51.3
11～15	N(人)	7	4	20	6
	占比(%)	28.0	22.2	23.8	15.4
16～20	N(人)	1	0	12	0
	占比(%)	4.0	0	14.3	0
21～25	N(人)	0	0	0	3
	占比(%)	0	0	0	7.7
26～30	N(人)	0	0	1	0
	占比(%)	0	0	1.2	0
30年以后	N(人)	0	0	0	0
	占比(%)	0	0	0	0

认为专业成长最快的阶段是在1～5年的教师中，教龄在16～20年的特级教师人数百分比高于普通教师；而教龄21年以上的特级教师人数百分比低于普通教师；认为专业成长最快的阶段是在6～10年的教师中，不同教龄的特级教师人数百分比均低于普通教师；认为专业成长最快的阶段是在11～15年的教师中，特级教师人数百分比均高于普通教师；认为专业成长最快的阶段是在16～20年的教师中，特级教师人数百分比均高于普通教师。这说明教龄对两类型教师的专业成长时间段影响不大。

二、外部激励

本维度1道题目，为“在我任教的前5年，经常能得到校领导的关注和鼓励”。采用五点量表题设计，试图探究两类型教师的前5年经历中的领导作用，具体统计结果如下。

（一）两类型教师受到的领导鼓励

表 8-17　两类型教师受到的领导鼓励比较

教师类型	人数	平均值	标准差	t
特级	111	4.17	0.913	3.216**
普通	160	3.78	1.026	

** $p<0.01$

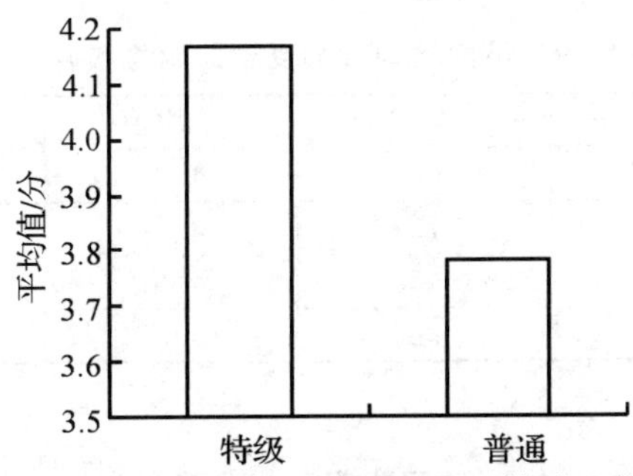

图 8-13　两类型教师受到的领导鼓励比较

特级教师在领导鼓励维度上的平均得分为 4.17，普通教师为 3.78，处于中等偏上水平（最高分为 5），这说明在教师任教的前 5 年，经常能得到校领导的关注和鼓励。独立样本 t 检验结果表明，特级和普通教师在领导鼓励维度上的得分差异十分显著（$p<0.01$），特级教师的得分远高于普通教师，说明在特级教师任教的前 5 年，比普通教师经常能得到校领导的关注和鼓励。

（二）不同学段教师受到的领导鼓励

表 8-18　不同学段教师受到的领导鼓励比较

学段	类型	人数	平均值	标准差	t
小学	特级	35	4.46	0.741	2.740**
	普通	55	3.93	0.979	
初中	特级	33	3.88	1.111	1.226
	普通	50	3.58	1.071	
高中	特级	43	4.16	0.814	1.651
	普通	54	3.85	0.998	

** $p<0.01$

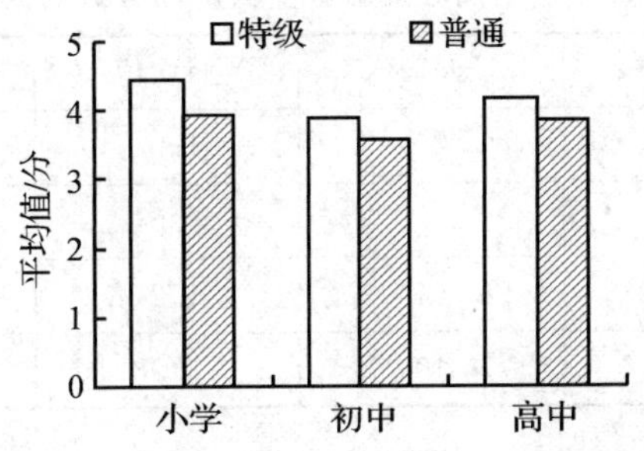

图 8-14　不同学段教师受到的领导鼓励比较

独立样本 t 检验结果表明，小学段特级和普通教师在领导鼓励维度上的得分差异十分显著（$p<0.01$），特级教师的得分远高于普通教师，说明小学特级教师任教的前5年，比小学普通教师经常能得到校领导的关注和鼓励；初中和高中段特级和普通教师的得分差异均不显著。这说明学段对教师受到领导的鼓励有一定影响。

（三）不同性别教师受到的领导鼓励

表 8-19　不同性别教师受到的领导鼓励比较

性别	类型	人数	平均值	标准差	t
男	特级	66	4.00	0.977	2.573*
	普通	72	3.56	1.047	
女	特级	45	4.42	0.753	2.744**
	普通	88	3.97	0.976	

* $p<0.05$，** $p<0.01$

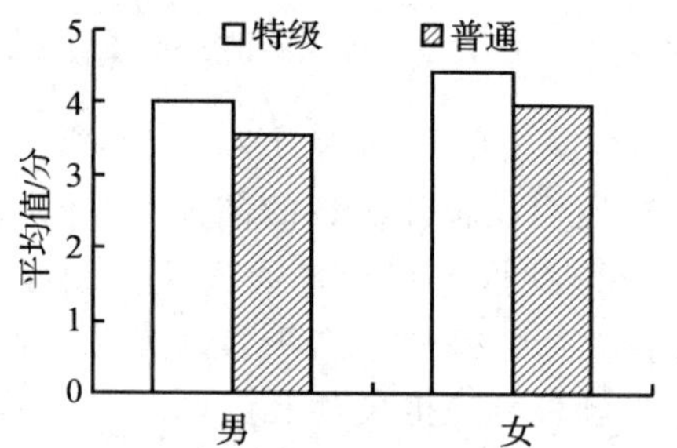

图 8-15　不同性别教师受到的领导鼓励比较

独立样本 t 检验结果表明，特级男教师和普通男教师在领导鼓励维度上的得分差异显著（$p<0.05$），特级男教师的得分高于普通男教师，特级女教师和普通女教师在领导鼓励维度上的得分差异十分显著（$p<0.01$），特级女教师的得分远高于普通女教师，说明特级教师在任教的前5年，均比普通教师经常能得到校领导的关注和鼓励，性别对教师受到领导的鼓励影响不大。

（四）不同教龄教师受到的领导鼓励

表 8-20　不同教龄教师受到的领导鼓励比较

教龄	类型	人数	平均值	标准差	t
16～20年	特级	25	4.04	1.020	1.309
	普通	22	3.64	1.093	
21年以上	特级	84	4.21	0.893	1.368
	普通	40	3.98	0.947	

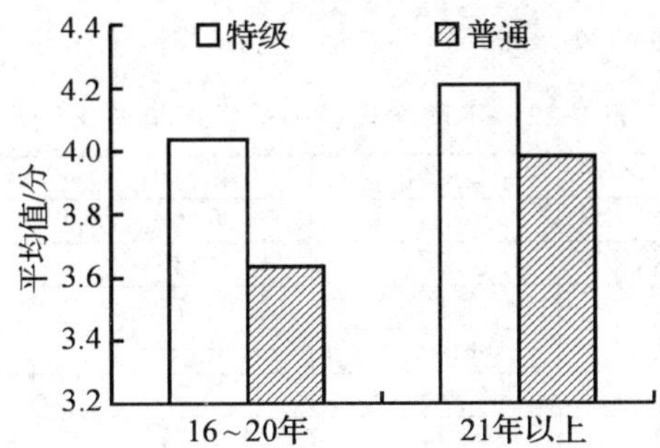

图 8-16　不同教龄教师受到的领导鼓励比较

独立样本 t 检验结果表明，不同教龄特级和普通教师受到的领导鼓励差异不显著，说明教龄对教师受到的领导鼓励没有影响。

三、发展机遇

本维度 2 道题目，为“在我任教的前 5 年，经常能参加乡镇级以上的专业培训和专业竞赛”、“在我任教的前 5 年，我经常承担校级以上公开课”。采用五点量表题设计，试图探究两类型教师的前 5 年发展机遇，具体统计结果如下。

（一）两类型教师的发展机遇

表 8-21　两类型教师的发展机遇比较

教师类型	人数	平均值	标准差	t
特级	111	7.50	2.11	1.490
普通	160	7.10	2.18	

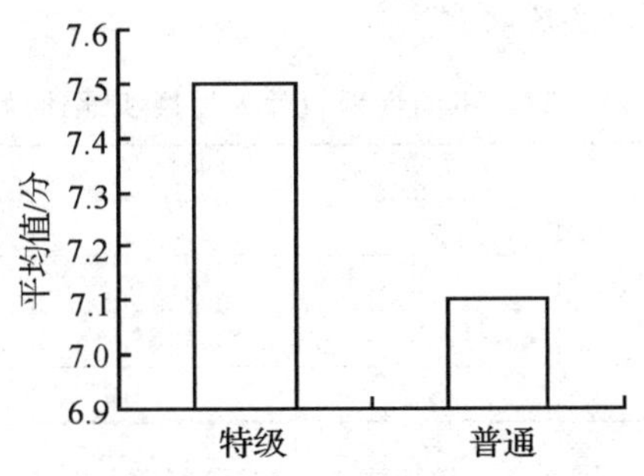

图 8-17　两类型教师的发展机遇比较

特级教师在发展机遇纬度上的平均得分为 7.50，普通教师在发展机遇纬度上的得分为 7.10，处于中等偏上水平（最高得分为 10 分），说明两类型教师在任教前五年，均经常能参加乡镇级以上的专业培训和专业竞赛，承担校级以上公开课。最高独立样本 t 检验结果表明，两类型教师在发展机遇纬度上的得分差异不显著，说明特级和普通教师在任教的前五年发展机遇差不多。

（二）不同学段教师的发展机遇

表 8-22 不同学段教师的发展机遇比较

学段	类型	人数	平均值	标准差	t
小学	特级	35	8.43	1.914	2.348*
	普通	55	7.36	2.206	
初中	特级	33	6.70	2.186	0.280
	普通	50	6.56	2.177	
高中	特级	43	7.35	1.950	−0.52
	普通	54	7.37	2.086	

* $p<0.05$

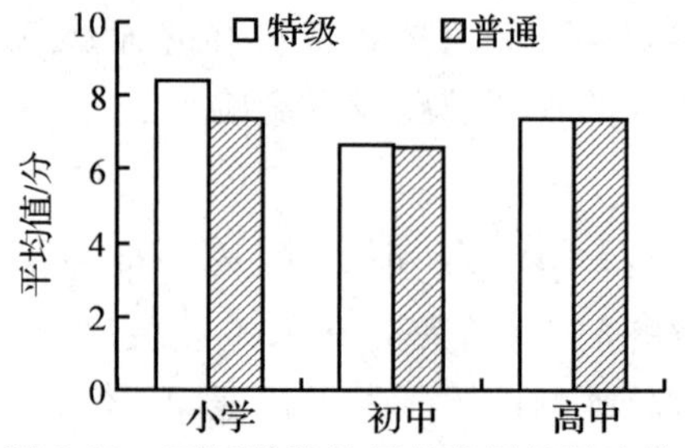

图 8-18 不同学段教师的发展机遇比较

独立样本 t 检验结果表明，小学段特级和普通教师在发展机遇纬度上的得分差异显著（$p<0.05$），特级教师的得分高于普通教师，说明特级教师在任教的前五年比普通教师的发展机遇要大。初中和高中的特级和普通教师在发展机遇纬度上的得分差异不显著。

（三）不同性别教师的发展机遇

表 8-23 不同性别教师的发展机遇比较

性别	类型	人数	平均值	标准差	t
男	特级	66	7.39	1.921	1.501
	普通	72	6.85	2.317	
女	特级	45	7.64	2.376	0.853
	普通	88	7.31	2.042	

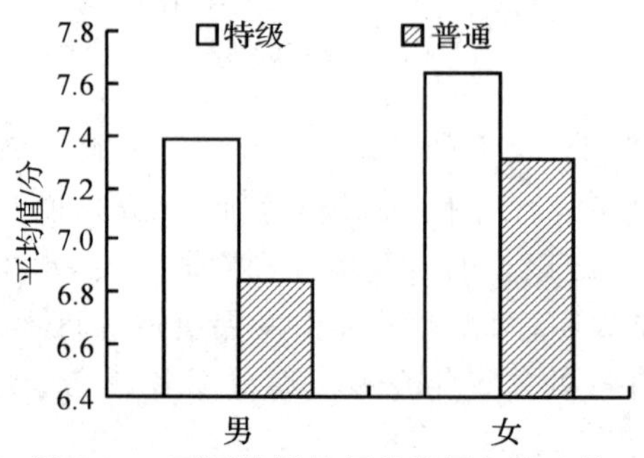

图 8-19 不同性别教师的发展机遇比较

独立样本 t 检验结果表明，不同性别特级和普通教师在发展机遇纬度上的得分差异不显著，说明性别对教师的发展机遇影响不大。

（四）不同教龄教师的发展机遇

表 8-24 不同教龄教师的发展机遇比较

教龄	类型	人数	平均值	标准差	t
16～20 年	特级	25	7.88	2.223	2.195*
	普通	22	6.45	2.220	
21 年以上	特级	84	7.38	2.088	−0.750
	普通	40	7.68	1.940	

* $p<0.05$

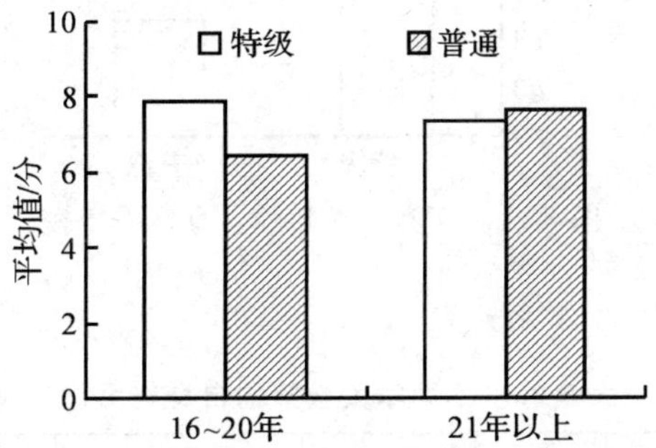

图 8-20 不同教龄教师的发展机遇比较

独立样本 t 检验结果表明，教龄在 16～20 年的特级和普通教师在发展机遇纬度上的得分差异显著（$p<0.05$），特级教师的得分高于普通教师，说明特级教师在任教的前五年比普通教师的发展机遇要大；教龄在 21 年以上的特级和普通教师得分差异不显著。这说明教龄对教师的发展机遇影响较大。

四、自身努力

本维度 2 道题目，为“在我任教的前 5 年，我能主动拜师结对，积极参加听课评课等教研活动”、“在我任教的前 5 年，我始终都能坚持写教学反思或工作笔记，把心得写成论文并争取发表或获奖”。采用五点量表题设计，试图探究两类型教师前 5 年的努力情况，具体统计结果如下。

（一）两类型教师的自身努力

表 8-25 两类型教师的自身努力比较

教师类型	人数	平均值	标准差	t
特级	111	7.81	1.703	1.756
普通	160	7.44	1.733	

特级教师在自身努力纬度上的平均得分为 7.81，普通教师在自身努力纬度上的平均得分为 7.44，处于中等偏上水平（最高得分为 10 分），说明两类型教师在任教的前 5 年，均能主动拜师结对，积极参加听课评课等教研活动，坚持写教学反思或工作笔记，把心得写成论文并争取发表或获奖。独立样本 t 检验结果表明，两类型教师在自身努力纬度上的得分差异不显著，说明两类型教师的自身努力没有差异。

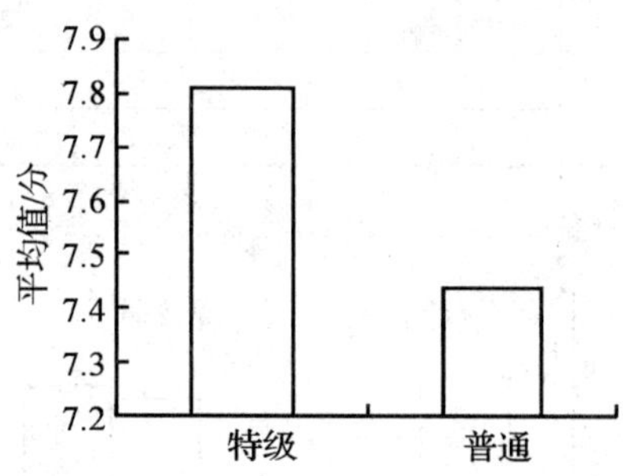

图 8-21　两类型教师的自身努力比较

（二）不同学段教师的自身努力

表 8-26　不同学段教师的自身努力比较

学段	类型	人数	平均值	标准差	t
小学	特级	35	8.00	1.715	1.516
	普通	55	7.42	1.812	
初中	特级	33	7.45	1.697	0.792
	普通	50	7.14	1.818	
高中	特级	43	7.93	1.696	0.519
	普通	54	7.76	1.541	

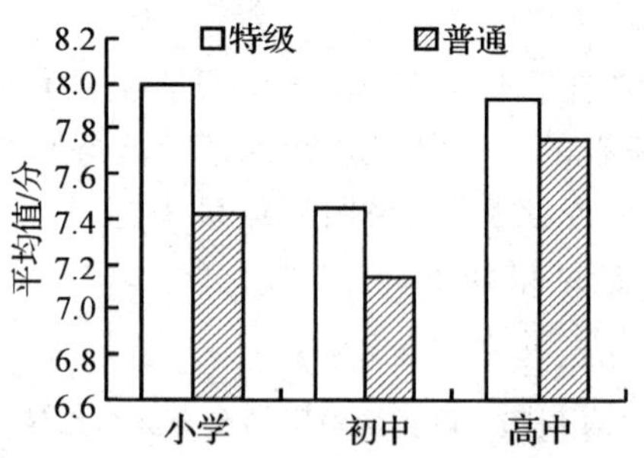

图 8-22　不同学段教师的自身努力比较

独立样本 t 检验结果表明，不同学段的特级和普通教师在自身努力纬度上的得分差异不显著，说明学段对教师自身努力的影响不大。

（三）不同性别教师的自身努力

表 8-27 不同性别教师的自身努力比较

	类型	人数	平均值	标准差	t
男	特级	66	7.94	1.788	2.129*
	普通	72	7.28	1.855	
女	特级	45	7.62	1.571	0.184
	普通	88	7.57	1.624	

* $p<0.05$

独立样本 t 检验结果表明，特级男教师和普通男教师在自身努力维度上的得分差异显著（$p<0.05$），特级男教师的得分高于普通男教师，特级女教师和普通女教师在自身努力维度上的得分差异不显著，说明性别对教师自身努力的影响较大。

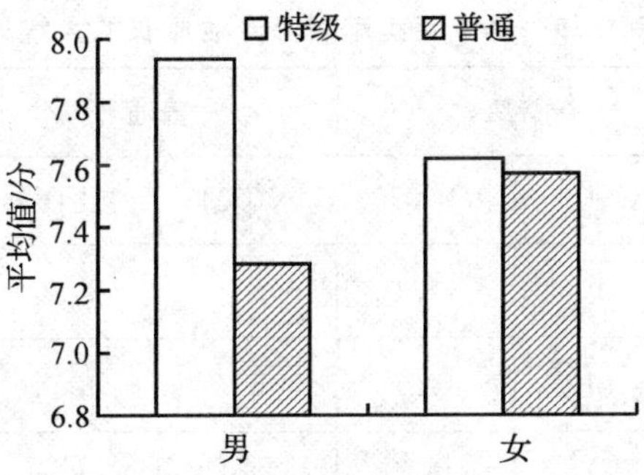

图 8-23 不同性别教师的自身努力比较

（四）不同教龄教师的自身努力

表 8-28 不同教龄教师的自身努力比较

教龄	类型	人数	平均值	标准差	t
16～20 年	特级	25	7.72	1.671	1.176
	普通	22	7.14	1.726	
21 年以上	特级	84	7.86	1.730	0.807
	普通	40	7.60	1.499	

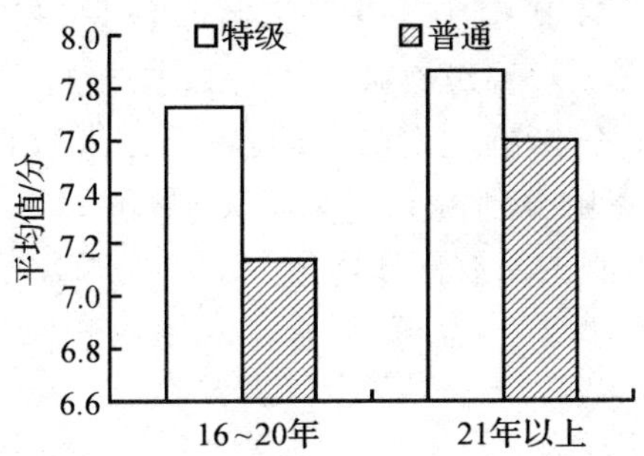

图 8-24 不同教龄教师的自身努力比较

独立样本 t 检验结果表明，不同教龄段的两类型教师在自身努力维度上的差异不显著。

第三节　成长过程中的人和事

一、他人影响

本维度1道题目，为“在我的专业成长中，谁对我的影响较大（可选多项）”。采用选择题设计，试图探究两类型教师成长过程中的他人的影响，具体统计结果如下。

（一）影响两类型教师专业成长的人

表 8-29　影响两类型教师专业成长的人统计

影响的人	特级		普通		总计	
	N（人）	占比（%）	N（人）	占比（%）	N（人）	占比（%）
专家	49	44.1	33	20.6	82	30.3
导师	49	44.1	54	33.8	103	38.0
校长	25	22.5	30	18.8	55	20.3
同事	40	36.0	80	50.0	120	44.3
学生	25	22.5	45	28.1	70	25.8
父母和家人	24	21.6	22	13.8	46	17.0
其他	4	3.6	16	10.0	20	7.4

从总体上来看，对教师的专业成长影响最大的是同事和导师，所占人数百分比分别为44.3%和38.0%，其次为专家、学生和校长，所占人数百分比分别为30.3%、25.8%和20.3%。对特级教师的专业成长影响最大的是专家和导师，所占人数百分比均为44.1%，影响其次的是同事，所占人数百分比为36.0%，校长、学生以及父母和家人的影响分别占22.5%、22.5%和21.6%。对普通教师的专业成长影响最大的是同事，所占人数百分比为50.0%，其次为导师和学生，所占人数百分比分别为33.8%和28.1%，专家、校长以及家人和父母所占人数百分比分别为20.6%、18.8%和13.8%。

（二）影响不同学段教师专业成长的人

表 8-30　影响不同学段教师专业成长的人统计

影响的人		小学		初中		高中	
		特级	普通	特级	普通	特级	普通
专家	N(人)	18	14	14	7	17	12
	占比(%)	51.4	25.5	42.4	14.0	39.5	22.2
导师	N(人)	23	18	8	17	18	18
	占比(%)	65.7	32.7	24.2	34.0	41.9	33.3
校长	N(人)	11	10	7	11	7	9
	占比(%)	31.4	18.2	21.2	22.0	16.3	16.7
同事	N(人)	12	23	11	33	17	24
	占比(%)	34.3	41.8	33.3	66.0	39.5	44.4
学生	N(人)	6	14	7	13	12	17
	占比(%)	17.1	25.5	21.2	26.0	27.9	31.5
父母和家人	N(人)	10	9	8	5	6	8
	占比(%)	28.6	16.4	24.2	10.0	14.0	14.8
其他	N(人)	1	6	0	8	3	2
	占比(%)	2.9	10.9	0	16.0	7.0	3.7

专家对教师专业成长的影响中，各学段特级教师所占人数百分比均高于普通教师。导师对教师专业成长的影响中，小学和高中段特级教师所占人数百分比均高于普通教师，初中段特级教师的人数百分比低于普通教师。校长对教师的专业成长影响中，小学段特级教师所占人数百分比高于普通教师，初中和高中的特级和普通教师所占人数百分比差不多。同事和学生对教师的专业成长影响中，各学段特级教师所占人数百分比均低于普通教师。父母和家人对教师的专业成长影响中，小学和初中学段特级教师所占人数百分比均高于普通教师，高中段两类型教师所占人数百分比差不多。其他对教师的专业成长影响中，各学段特级教师人数百分比均低于普通教师。

（三）影响不同性别教师专业成长的人

表 8-31　影响不同性别教师专业成长的人统计

影响的人		男		女	
		特级	普通	特级	普通
专家	N(人)	30	18	19	15
	占比(%)	45.5	25.0	42.2	17.0
导师	N(人)	24	23	25	31
	占比(%)	36.4	31.9	55.6	35.2
校长	N(人)	13	14	12	16
	占比(%)	19.7	19.4	26.7	18.2

续表

影响的人		男		女	
		特级	普通	特级	普通
同事	N(人)	28	32	12	48
	占比(%)	42.4	44.4	26.7	54.5
学生	N(人)	12	13	13	32
	占比(%)	18.2	18.1	28.9	36.4
父母和家人	N(人)	9	8	15	14
	占比(%)	13.6	11.1	33.3	15.9
其他	N(人)	4	11	0	5
	占比(%)	6.1	15.3	0	5.7

专家和导师对教师专业成长的影响中，男女特级教师所占人数百分比均高于普通教师。校长以及父母和家人对教师的专业成长影响中，特级女教师所占人数百分比均高于普通女教师，特级男教师所占人数百分比和普通男教师差不多。同事和学生对教师专业成长的影响中，特级和普通男教师所占人数百分比差不多，特级女教师所占人数百分比低于普通女教师。其他对教师专业成长的影响中，男女特级教师所占人数百分比均低于普通教师。这说明性别对教师的专业成长有一定影响。

(四)影响不同教龄教师专业成长的人

表 8-32 影响不同教龄教师专业成长的人统计

影响的人		16～20 年		21 年以上	
		特级	普通	特级	普通
专家	N(人)	10	2	39	9
	占比(%)	40.0	9.5	46.4	22.5
导师	N(人)	11	3	38	13
	占比(%)	44.0	14.3	45.2	32.5
校长	N(人)	10	4	14	7
	占比(%)	40.0	19.0	16.7	17.5
同事	N(人)	7	11	33	19
	占比(%)	28.0	52.4	39.3	47.5
学生	N(人)	5	6	19	12
	占比(%)	20.0	28.6	22.6	30.0
父母和家人	N(人)	9	2	15	6
	占比(%)	36.0	9.5	17.9	15.0
其他	N(人)	0	1	4	5
	占比(%)	0	4.8	4.8	12.5

专家、导师以及父母和家人对教师专业成长的影响中，不同教龄特级教师的人数百分比均高于普通教师。校长对教师专业成长的影响中，教龄在 16～20 年的特

级教师人数百分比大大高于普通教师，教龄在 21 年以上的两类型教师人数百分比差不多。同事、学生和其他对教师专业成长的影响中，不同教龄特级教师的人数百分比均低于普通教师。这说明教龄对教师的专业成长有一定影响。

二、校长作用

本维度 1 道题目，为“校长对你影响最大的是什么”。采用选择题设计，试图探究校长对两类型教师的成长影响，具体统计结果如下：

（一）校长对两类型教师的影响

表 8-33 校长对两类型教师的影响统计

校长的作用	特级		普通		总计	
	N(人)	占比(%)	N(人)	占比(%)	N(人)	占比(%)
一次训话与一次鼓励	7	6.3	26	16.6	33	12.3
校长的人格魅力	55	49.5	60	38.2	115	42.9
校长的敬业精神	60	54.1	76	48.4	136	50.7
校长的人文关怀	46	41.4	54	34.4	100	37.3
其他	6	5.4	26	16.6	32	11.9

从总体上来看，校长对教师影响最大的是“敬业精神”，所占人数百分比为 50.7%，其次是“人格魅力”和“人文关怀”，分别占 42.9%和 37.3%，“一次训话与一次鼓励”和“其他”分别占 12.3%和 11.9%。特级和普通教师中，对其影响最大的均是“敬业精神”，所占人数百分比分别为 54.1%和 48.4%，影响其次的是“人格魅力”和“人文关怀”，最后是“一次训话与一次鼓励”和“其他”。

（二）校长对不同学段教师的影响

表 8-34 校长对不同学段教师的影响统计

校长的作用		小学		初中		高中	
		特级	普通	特级	普通	特级	普通
一次训话与一次鼓励	N(人)	3	10	2	13	2	3
	占比(%)	8.6	18.9	6.1	26.0	4.7	5.7
校长的人格魅力	N(人)	16	19	17	17	22	24
	占比(%)	45.7	35.8	51.5	34.0	51.2	45.3
校长的敬业精神	N(人)	15	28	25	17	20	31
	占比(%)	42.9	52.8	75.8	34.0	46.5	58.5
校长的人文关怀	N(人)	20	17	10	15	16	22
	占比(%)	57.1	32.1	30.3	30.0	37.2	41.5
其他	N(人)	4	9	1	12	1	4
	占比(%)	11.4	17.0	3.0	24.0	2.3	7.5

“校长的人格魅力”和“其他”对教师的影响方面，各学段均是特级教师人数百分比高于普通教师。“一次训话与一次鼓励”对教师的影响方面，特级教师人数百

分比均低于普通教师。“校长的敬业精神”对教师的影响方面，小学和高中段的特级教师人数百分比均低于普通教师，初中段的特级教师人数百分比高于普通教师。“校长的人文关怀“对教师的影响方面，小学段特级教师人数百分比高于普通教师，高中段特级教师人数百分比低于普通教师。这说明各学段校长对教师的影响存在一定差异。

（三）校长对不同性别教师的影响

表 8-35 校长对不同性别教师的影响统计

校长的作用		男		女	
		特级	普通	特级	普通
一次训话与一次鼓励	N(人)	3	5	4	21
	占比(%)	4.5	7.1	8.9	24.1
校长的人格魅力	N(人)	31	28	24	32
	占比(%)	47.0	40.0	53.3	36.8
校长的敬业精神	N(人)	34	34	26	42
	占比(%)	51.5	48.6	57.8	48.3
校长的人文关怀	N(人)	28	26	18	28
	占比(%)	42.4	37.1	40.0	32.2
其他	N(人)	4	15	2	11
	占比(%)	6.1	21.4	4.4	12.6

“校长的人格魅力”、“校长的敬业精神”和“校长的人文关怀”对教师的影响方面，男女特级教师人数百分比均高于普通教师。“一次训话与一次鼓励”和“其他”对教师的影响方面，男女特级教师人数百分比均低于普通教师。这说明校长对男女教师的影响没有差异。

（四）校长对不同教龄教师的影响

表 8-36 校长对不同教龄教师的影响统计

校长的作用		16～20 年		21 年以上	
		特级	普通	特级	普通
一次训话与一次鼓励	N(人)	3	5	4	2
	占比(%)	12.0	23.8	4.8	5.1
校长的人格魅力	N(人)	11	9	43	20
	占比(%)	44.0	42.9	51.2	51.3
校长的敬业精神	N(人)	18	10	41	23
	占比(%)	72.0	47.6	48.8	59.0
校长的人文关怀	N(人)	11	6	33	18
	占比(%)	44.0	28.6	39.3	46.2
其他	N(人)	1	5	5	6
	占比(%)	4.0	23.8	6.0	15.4

“一次训话与一次鼓励”和“其他”对教师的影响方面，各教龄段均是特级教师人数百分比低于普通教师。“校长的人格魅力”对教师的影响方面，各教龄段的特级和普通教师人数百分比差不多。“校长的敬业精神”和“校长的人文关怀”对教师的影响方面，教龄在 16～20 年的特级教师人数百分比大大高于普通教师，教龄在 21 年以上的特级教师人数百分比低于普通教师。这说明校长对不同教龄的教师影响存在一定影响。

三、关键事件

本维度 1 道题目，为“在我的专业成长中，哪件事对我促进较大(可选多项)”。采用选择题设计，试图探究关键事件对两类型教师的专业发展作用，具体统计结果如下：

(一)影响两类型教师专业成长的事

表 8-37 影响两类型教师专业成长的事统计

关键事件	特级		普通		总计	
	N(人)	占比(%)	N(人)	占比(%)	N(人)	占比(%)
承担公开课	81	73.0	90	56.6	171	63.3
参加教学竞赛	43	38.7	49	30.8	92	34.1
外出学习培训	64	57.7	89	56.0	153	56.7
拜师结对	24	21.6	39	24.5	63	23.3
论文发表	54	48.6	37	23.3	91	33.7
获得荣誉和受表扬	43	38.7	51	32.1	94	34.8
受批评	5	4.5	6	3.8	11	4.1
其他	3	2.7	10	6.3	13	4.8

从总体上来看，在教师的专业成长中，对其促进最大的是“承担公开课”，所占人数百分比为 63.3%，对其促进其次的是“外出学习培训”，所占人数百分比为 56.7%，“获得荣誉和受表扬”、“参加教学竞赛”、“论文发表”和“拜师结对”所占人数百分比分别为 34.8%、34.1%、33.7%和 23.3%。在“承担公开课”“参加教学竞赛”、“外出学习培训”、“论文发表”、“获得荣誉和受表扬”和“受批评”方面，特级教师所占人数百分比均高于普通教师，“拜师结对”和“其他”方面，特级教师所占人数百分比低于普通教师。

(二)影响不同学段教师专业成长的事

表 8-38 影响不同学段教师专业成长的事统计

关键事件		小学		初中		高中	
		特级	普通	特级	普通	特级	普通
承担公开课	N(人)	30	34	27	25	24	31
	占比(%)	85.7	61.8	81.8	50.0	55.8	58.5
参加教学竞赛	N(人)	14	13	14	16	15	19
	占比(%)	40.0	23.6	42.4	32.0	34.9	35.8
外出学习培训	N(人)	18	32	19	31	27	25
	占比(%)	51.4	58.2	57.6	62.0	62.8	47.2
拜师结对	N(人)	7	11	6	16	11	12
	占比(%)	20.0	20.0	18.2	32.0	25.6	22.6
论文发表	N(人)	11	11	16	8	27	18
	占比(%)	31.4	20.0	48.5	16.0	62.8	34.0
获得荣誉和受表扬	N(人)	13	18	15	12	15	21
	占比(%)	37.1	32.7	45.5	24.0	34.9	39.6
受批评	N(人)	2	1	1	2	2	3
	占比(%)	5.7	1.8	3.0	4.0	4.7	5.7
其他	N(人)	2	3	1	7	0	0
	占比(%)	5.7	5.5	3.0	14.0	0	0

“承担公开课”、“参加教学竞赛”、“获得荣誉和受表扬”、“受批评”对教师专业成长的影响方面,小学和初中特级教师人数百分比均高于普通教师,高中特级教师人数百分比均低于普通教师。“外出学习培训”对教师专业成长的影响方面,小学和初中段特级教师人数百分比均低于普通教师,高中段特级教师人数百分比高于普通教师。在“拜师结对”对教师专业成长的影响方面,小学段两类型教师所占的百分比差不多,初中段特级教师人数百分比低于普通教师,而高中段则是特级教师高于普通教师。在“论文发表”对教师专业成长的影响方面,各学段特级教师所占人数百分比均高于普通教师。在“其他”对教师专业成长的影响方面,初中段特级教师人数百分比低于普通教师,小学和高中段两类型教师人数百分比差不多。这说明学段对教师的专业成长有一定影响。

（三）影响不同性别教师专业成长的事

表 8-39　影响不同性别教师专业成长的事统计

关键事件		男		女	
		特级	普通	特级	普通
承担公开课	N(人)	40	36	41	54
	占比(%)	60.6	50.7	91.1	61.4
参加教学竞赛	N(人)	24	27	19	22
	占比(%)	36.4	38.0	42.2	25.0
外出学习培训	N(人)	38	42	26	47
	占比(%)	57.6	59.2	57.8	53.4
拜师结对	N(人)	15	12	9	27
	占比(%)	22.7	16.9	20.0	30.7
论文发表	N(人)	37	20	17	17
	占比(%)	56.1	28.2	37.8	19.3
获得荣誉和受表扬	N(人)	22	22	21	29
	占比(%)	33.3	31.0	46.7	33.0
受批评	N(人)	2	2	3	4
	占比(%)	3.0	2.8	6.7	4.5
其他	N(人)	2	7	1	3
	占比(%)	3.0	9.9	2.2	3.4

“承担公开课”、“论文发表”和“获得荣誉和受表扬”对教师专业成长的影响方面，男女特级教师人数百分比均高于普通教师。“参加教学竞赛”和“外出学习培训”对教师专业成长的影响方面，特级男教师所占人数百分比低于普通男教师，特级女教师所占人数百分比高于普通女教师。在“拜师结对”对教师专业成长的影响方面，特级男教师所占人数百分比高于普通男教师，而特级女教师低于普通女教师。在“受批评”对教师专业成长的影响方面，特级和普通男教师所占人数百分差不多，而特级女教师所占人数百分比高于普通女教师。在“其他”对教师专业成长的影响方面，特级男女教师所占人数百分比均低于普通男女教师。这说明性别对

教师的专业成长有一定影响。

(四)影响不同教龄教师专业成长的事

表 8-40 影响不同教龄教师专业成长的事统计

关键事件		16～20 年		21 年以上	
		特级	普通	特级	普通
承担公开课	N(人)	20	9	59	27
	占比(%)	80.0	42.9	70.2	69.2
参加教学竞赛	N(人)	16	8	27	10
	占比(%)	64.0	38.1	32.1	25.6
外出学习培训	N(人)	12	5	51	21
	占比(%)	48.0	23.8	60.7	53.8
拜师结对	N(人)	3	3	21	8
	占比(%)	12.0	14.3	25.0	20.5
论文发表	N(人)	12	2	41	11
	占比(%)	48.0	9.5	48.8	28.2
获得荣誉和受表扬	N(人)	11	8	31	8
	占比(%)	44.0	38.1	36.9	20.5
受批评	N(人)	2	0	3	0
	占比(%)	8.0	.0	3.6	0
其他	N(人)	1	1	2	4
	占比(%)	4.0	4.8	2.4	10.3

“承担公开课”、“参加教学竞赛”、“外出学习培训”、“论文发表”、“获得荣誉和受表扬”和“受批评”对教师专业成长的影响方面,不同教龄特级教师人数百分比均高于普通教师。在“拜师结对”对教师专业成长的影响方面,教龄在 16～20 年的特级教师人数百分比低于普通教师,而教龄在 21 年以上的特级教师人数百分比高于普通教师。在“其他”对教师专业成长的影响方面,特级教师所占人数百分比均低于普通教师。这说明教龄对教师的专业成长有一定影响,但不是很大。

四、媒介作用

本维度 1 道题目,为“报纸、杂志和网络对我的教师专业发展很有帮助,我也始终订阅相应的报纸、杂志”。采用五点量表题设计,试图探究报纸、杂志和网络等对两类型教师专业发展的意义和作用,具体统计结果如下:

(一)媒介对两类型教师的专业成长的作用

表 8-41 物对两类型教师的专业成长的作用比较

教师类型	人数	平均值	标准差	t
特级	111	4.62	0.523	5.116**
普通	160	4.14	0.882	

** $p<0.01$

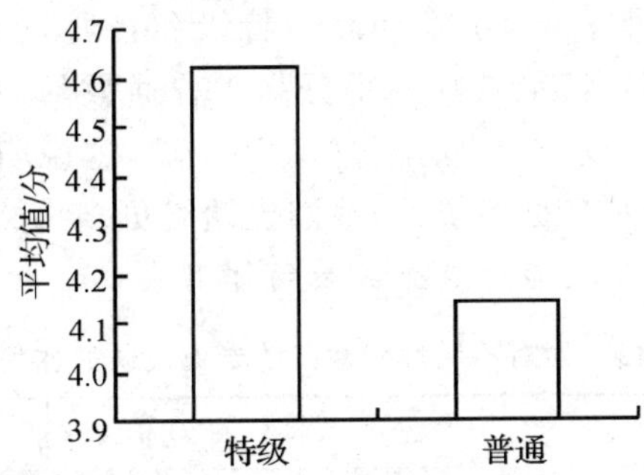

图 8-25 物对两类型教师的专业成长的作用比较

特级教师在物的作用上的平均得分为 4.62，普通教师在物的作用上的平均得分为 4.14，处于中等以上水平(最高得分为 5)，说明报纸、杂志和网络对教师专业发展很有帮助，他们也始终订阅相应的报纸、杂志。独立样本 t 检验结果表明，特级和普通教师在物的作用纬度上的得分差异十分显著($p<0.01$)，特级教师的平均得分高于普通教师，说明报纸、杂志和网络对特级教师的专业发展有更多帮助，他们也始终更多订阅相应的报纸、杂志。

(二)媒介对不同学段教师的专业成长的作用

表 8-42 物对不同学段教师的专业成长的作用比较

学段	类型	人数	平均值	标准差	t
小学	特级	35	4.69	0.471	2.401*
	普通	55	4.29	0.896	
初中	特级	33	4.61	0.496	4.098**
	普通	50	3.82	1.024	
高中	特级	43	4.58	0.587	2.275*
	普通	54	4.30	0.633	

* $p<0.05$，** $p<0.01$

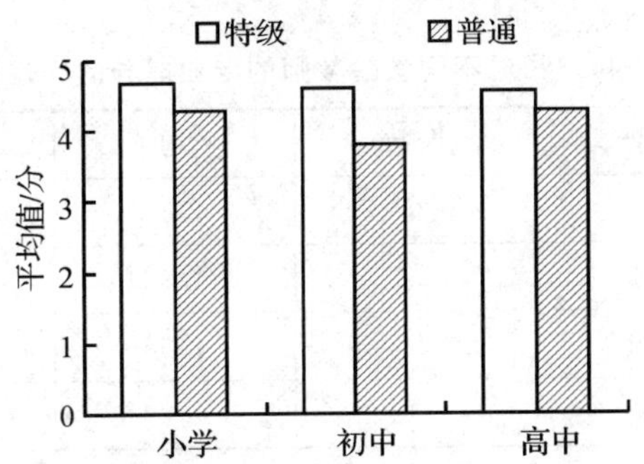

图 8-26 物对不同学段教师的专业成长的作用比较

独立样本 t 检验结果表明，小学和高中特级和普通教师在物的作用纬度上的得分差异显著($p<0.05$)，特级教师的得分高于普通教师；初中段特级和普通教师在物的作用纬度上的得分差异十分显著($p<0.01$)，这说明报纸、杂志和网络对各学段特级教师的专业发展有更多帮助，他们也始终更多订阅相应的报纸、杂志。

(三)媒介对不同性别教师的专业成长的作用

表 8-43 物对不同性别教师的专业成长的作用比较

性别	类型	人数	平均值	标准差	t
男	特级	66	4.67	0.506	4.404**
	普通	72	4.08	0.960	
女	特级	45	4.56	0.546	2.689**
	普通	88	4.19	0.814	

** $p<0.01$

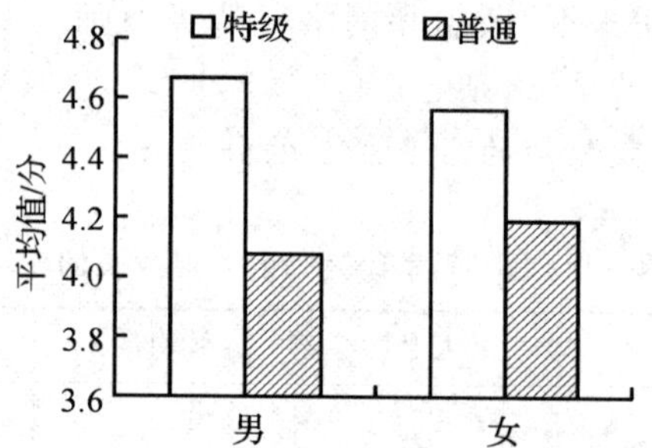

图 8-27 物对不同性别教师的专业成长的作用比较

独立样本 t 检验结果表明，男女特级和普通教师在物的作用纬度上的得分差异均十分显著($p<0.01$)，特级教师的得分均高于普通教师；这说明报纸、杂志和网络对男女特级教师的专业发展有更多帮助，他们也始终更多订阅相应的报纸、杂志，性别对教师物的作用方面的专业成长影响不大。

(四)媒介对不同教龄教师的专业成长的作用

表 8-44 物对不同教龄教师的专业成长的作用比较

教龄	类型	人数	平均值	标准差	t
16～20 年	特级	25	4.48	0.586	0.900
	普通	22	4.32	0.646	
21 年以上	特级	84	4.65	0.503	3.568**
	普通	40	4.23	0.832	

** $p<0.01$

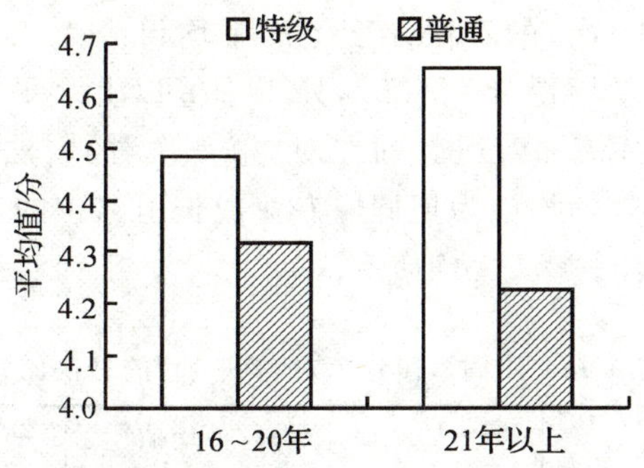

图 8-28　物对不同教龄教师的专业成长的作用比较

独立样本 t 检验结果表明，教龄在 21 年以上的特级和普通教师在物的作用纬度上的得分差异均十分显著（$p<0.01$），特级教师的得分高于普通教师，说明报纸、杂志和网络对特级教师的专业发展有更多帮助，他们也始终更多订阅相应的报纸、杂志；教龄在 16～20 年的特级和普通教师在物的作用纬度上的得分差异不显著。这说明教龄对教师物的作用方面的专业成长影响较大。

五、把握第一

本维度 1 道题目，为"我认为，把握好专业成长道路中的每个'第一次'很关键。如：第一次上公开课，第一次上台演讲，第一次参加竞赛等"。采用五点量表题设计，试图探究"第一次经历"对两类型教师的发展意义，具体统计结果如下。

（一）两类型教师对"第一次"的看法

表 8-45　两类型教师对"第一次"的看法比较

教师类型	人数	平均值	标准差	t
特级	111	4.52	0.784	−0.506
普通	160	4.57	0.706	

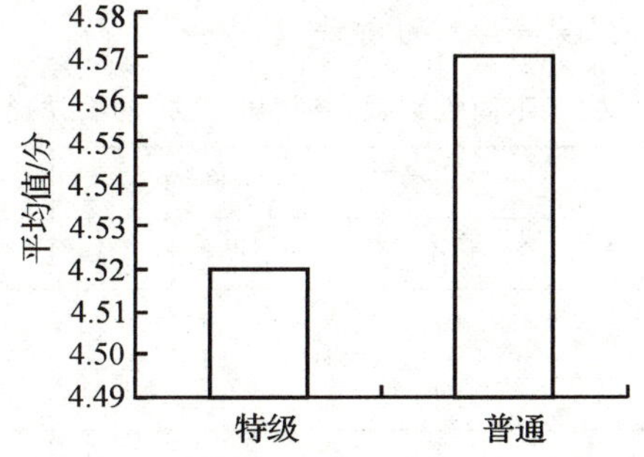

图 8-29　两类型教师对"第一次"的看法比较

特级教师在对“第一次”的看法纬度上的平均得分为 4.52，普通教师在对“第一次”的看法纬度上的平均得分为 4.57，处于中等以上水平(最高得分为 5)，独立样本 t 检验结果表明，特级和普通教师在对“第一次”的看法纬度上的平均得分差异不显著，说明两类型教师均认为把握好专业成长道路中的每个“第一次”很关键。

(二)不同学段教师对“第一次”的看法

表 8-46　不同学段教师对“第一次”的看法比较

	类型	人数	平均值	标准差	t
小学	特级	35	4.54	0.741	0.099
	普通	55	4.53	0.716	
初中	特级	33	4.61	0.659	0.843
	普通	50	4.46	0.838	
高中	特级	43	4.44	0.908	−1.768
	普通	54	4.70	0.537	

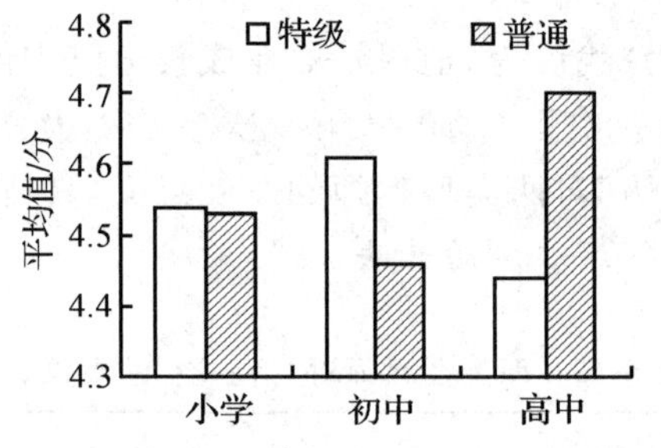

图 8-30　不同学段教师对“第一次”的看法比较

独立样本 t 检验结果表明，不同学段特级和普通教师在对“第一次”的看法纬度上的平均得分差异不显著，说明不同学段特级和普通教师均认为把握好专业成长道路中的每个“第一次”很关键。

(三)不同性别教师对“第一次”的看法

表 8-47　不同性别教师对“第一次”的看法比较

	类型	人数	平均值	标准差	t
男	特级	66	4.53	0.789	1.112
	普通	72	4.38	0.846	
女	特级	45	4.51	0.787	−1.896
	普通	88	4.73	0.519	

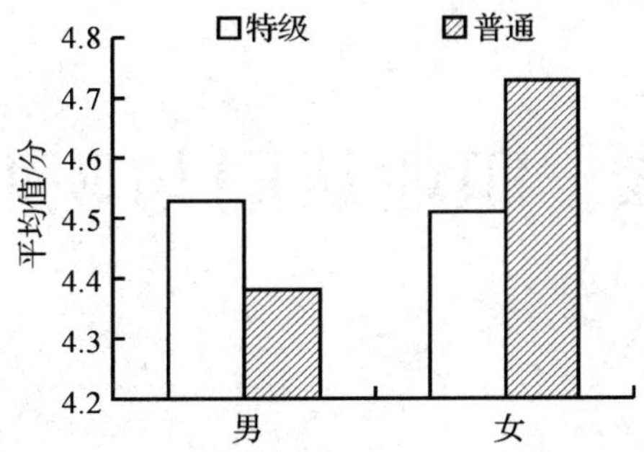

图 8-31　不同性别教师对“第一次”的看法比较

独立样本 t 检验结果表明，不同性别特级和普通教师在对“第一次”的看法纬度上的平均得分差异不显著，说明不同性别特级和普通教师均认为把握好专业成长道路中的每个“第一次”很关键。

（四）不同教龄教师对“第一次”的看法

表 8-48　不同教龄教师对“第一次”的看法比较

教龄	类型	人数	平均值	标准差	t
16～20 年	特级	25	4.60	0.707	−1.82
	普通	22	4.64	0.658	
21 年以上	特级	84	4.50	0.814	0.633
	普通	40	4.40	0.841	

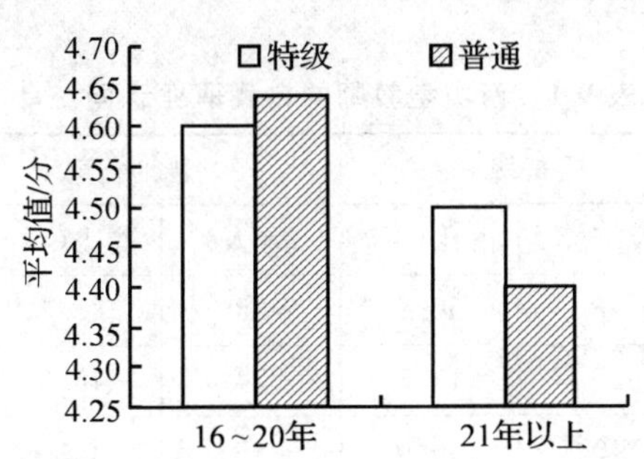

图 8-32　不同教龄教师对“第一次”的看法比较

独立样本 t 检验结果表明，不同教龄特级和普通教师在对“第一次”的看法纬度上的平均得分差异不显著，说明不同教龄特级和普通教师均认为把握好专业成长道路中的每个“第一次”很关键。

第九章　职业认同与职业倦怠

第一节　职业认同

本维度共有6道题目，为“假如可以让你重新择业，你还会选择教师职业吗？”、“你认为你周围的人对老师是非常尊敬的”“我认为最适合我的工作是”、“从教几年后你开始较深地喜欢教师职业”、“我喜欢教师职业那是因为”、“我不喜欢教师职业，那是因为”。试图探究不同类型教师的职业认同状况，具体统计结果如下。

一、自我认同

本维度1道题目，为“假如可以让你重新择业，你还会选择教师职业吗”，采用多项选择题形式设计，试图探究不同类型教师的自我认同状况。

（一）两类型教师的自我职业认同

表9-1　两类型教师的自我职业认同统计

自我认同	特级		普通		总计	
	N(人)	占比(%)	N(人)	占比(%)	N(人)	占比(%)
会	56	50.5	38	23.8	94	34.7
不会	15	13.5	74	46.3	89	32.8
说不定	40	36.0	48	30.0	88	32.5

从总体样本来看，34.7%的教师会重新选择教师职业，而32.8%的教师不会重新选择教师职业，这说明教师的自我认同不是很高。但是，特级教师与普通教师在这一维度上的差异较大，50.5%的特级教师会重新选择教师职业，而只有23.8%的普通教师会重新选择教师职业，高低相差近27个百分点，这说明特级教师的自我职业认同远远高于普通教师。

(二)不同学段教师的自我职业认同

表 9-2　不同学段教师的自我职业认同统计

自我认同		小学		初中		高中	
		特级	普通	特级	普通	特级	普通
会	N(人)	23	14	15	8	18	16
	占比(%)	65.7	25.5	45.5	16.0	41.9	29.6
不会	N(人)	2	26	6	29	7	18
	占比(%)	5.7	47.3	18.2	58.0	16.3	33.3
说不定	N(人)	10	15	12	13	18	20
	占比(%)	28.6	27.3	36.4	26.0	41.9	37.0

从上表可知,不同学段教师的自我职业认同存在较大的差异。

在三个学段的特级教师中,会重新选择教师职业的比例,小学特级教师最高(65.7%),初中特级教师次之(45.5%),高中特级略低(41.9%),高低之间相差近24个多百分点。在三个学段的普通教师中,会重新选择教师职业的比例,高中普通教师最高(29.6%),小学普通教师次之(25.5%),初中普通教师略低(16.0%),高低之间相差13个多百分点。

(三)不同性别教师的自我职业认同

表 9-3　不同性别教师的自我职业认同统计

自我认同		男		女	
		特级	普通	特级	普通
会	N(人)	28	16	28	22
	占比(%)	42.4	22.2	62.2	25.0
不会	N(人)	12	34	3	40
	占比(%)	18.2	47.2	6.7	45.5
说不定	N(人)	26	22	14	26
	占比(%)	39.4	30.6	31.1	29.5

从上表可知,不同性别两类型教师的自我职业认同均存在差异。

男性特级教师的自我职业认同高于男性普通教师,高低相差近20个百分点。女性特级教师的自我职业认同高于女性普通教师,高低相差37个多百分点。

比较不同性别两类型教师的自我职业认同,不论是特级教师还是普通教师,女教师均高于男教师。其中女特级教师与男特级教师的差别显著,女普通教师与男普通教师的差别不显著。

(四)不同教龄教师的自我职业认同

表 9-4　不同教龄教师的自我职业认同统计

自我认同		16～20 年		21 年以上	
		特级	普通	特级	普通
会	N(人)	14	2	41	13
	占比(%)	56.0	9.5	48.8	32.5
不会	N(人)	1	13	14	13
	占比(%)	4.0	61.9	16.7	32.5
说不定	N(人)	10	6	29	14
	占比(%)	40.0	28.6	34.5	35.0

从上表可知,不同教龄教师的自我职业认同存在差异。

在特级教师中,会重新选择教师职业的比例,16～20 年教龄段的为 56.0%,21 年以上教龄段的为 48.8%,随着教龄的增加,自我职业认同有所下降;而在普通教师中,会重新选择教师职业的比例,16～20 年教龄段的为 9.5%,21 年以上教龄段的为 32.5%,随着教龄的增加,自我职业认同增强。

二、外部环境认同

本维度共有 1 道题目,为"你认为你周围的人对老师是非常尊敬的",采用五点量表设计,试图探究不同类型教师外部环境认同的状况。

(一)两类型教师的外部环境认同

表 9-5　两类型教师的外部环境认同比较

教师类型	人数	平均值	标准差	t
特级	111	3.99	0.792	3.570**
普通	160	3.51	1.269	

** $p<0.01$

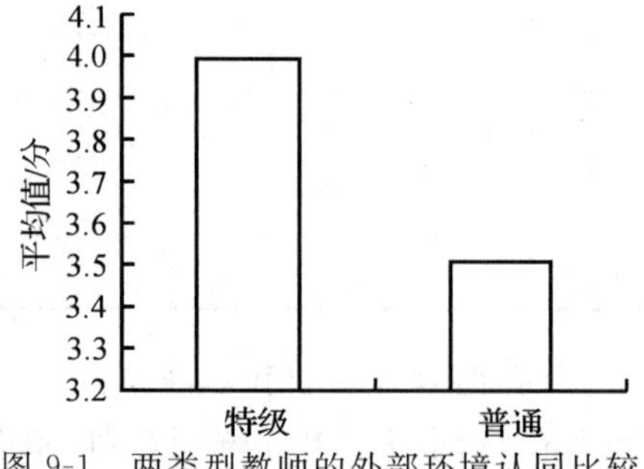

图 9-1　两类型教师的外部环境认同比较

两类型教师在这一维度上的平均得分分别是 3.99 和 3.51,说明两类教师的外部环境认同较高(最佳认同得分应为 5 分)。经独立样本 t 检验表明,两类型教师之间的差异十分显著($p<0.01$),特级教师的外部环境认同明显高于普通教师。

（二）不同学段教师的外部环境认同

表 9-6　不同学段教师的外部环境认同比较

学段	类型	人数	平均值	标准差	t
小学	特级	35	4.06	0.765	2.034*
	普通	55	3.60	1.180	
初中	特级	33	3.97	0.770	3.730**
	普通	50	3.06	1.252	
高中	特级	43	3.95	0.844	0.529
	普通	54	3.83	1.285	

* $p<0.05$，** $p<0.01$

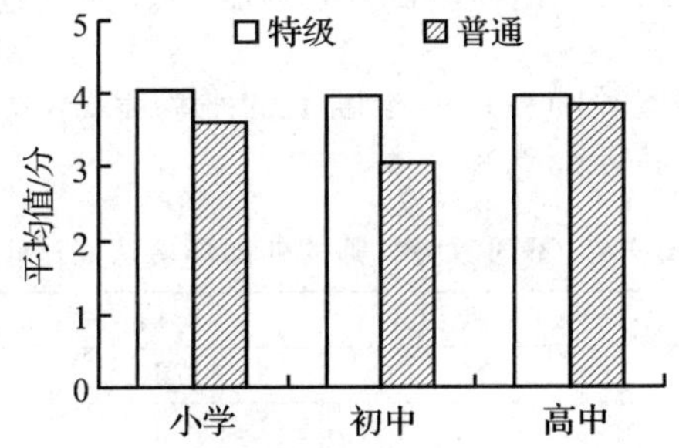

图 9-2　不同学段教师的外部环境认同比较

不同学段两类型教师在这一维度上的平均得分呈现差异，经独立样本 t 检验表明，小学阶段两类型教师之间的差异显著，初中学段的两类型教师之间的差异十分显著（$p<0.01$），特级教师的外部环境认同明显高于普通教师，高中学段的两类型教师没有显著差异。

比较不同学段两类型教师在这一维度上的平均得分，在特级教师这个群体中，三学段教师之间的得分略有差异，小学特级教师得分最高，初中特级教师次之，高中特级教师最低；在普通教师这个群体中，高中普通教师的得分最高，小学普通教师次之，初中普通教师得分居后。

（三）不同性别教师的外部环境认同

表 9-7　不同性别教师的外部环境认同比较

性别	类型	人数	平均值	标准差	t
男	特级	66	3.85	0.789	1.826
	普通	72	3.49	1.424	
女	特级	45	4.20	0.757	3.612**
	普通	88	3.52	1.134	

** $p<0.01$

不同性别两类型教师在这一维度上的平均得分均呈现特级教师高于普通教师的特点，经独立样本 t 检验表明，女特级教师与女普通教师之间的差异十分显著

($p<0.01$)，女特级教师的外部环境认同明显高于女普通教师；男特级教师与男普通教师之间的差异达到边缘显著。

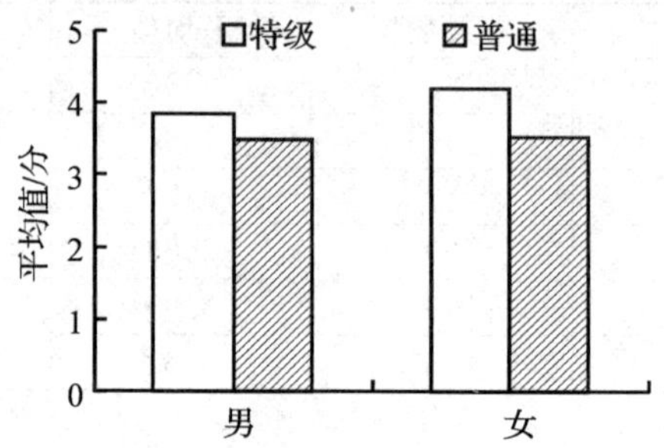

图 9-3 不同性别教师的外部环境认同比较

比较不同性别两类型教师在这一维度上的平均得分，女教师均略高于男教师。

(四)不同教龄教师的外部环境认同

表 9-8 不同教龄教师的外部环境认同比较

教龄	类型	人数	平均值	标准差	t
16～20 年	特级	25	3.76	0.779	0.967
	普通	22	3.50	1.058	
21 年以上	特级	84	4.05	0.790	0.115
	普通	40	4.03	1.387	

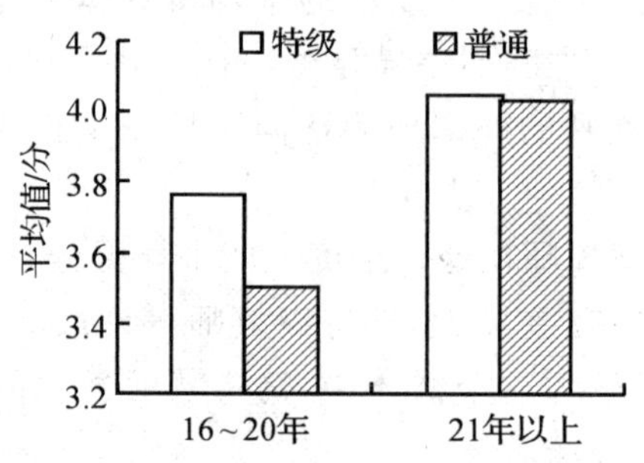

图 9-4 不同教龄教师的外部环境认同比较

不同教龄的两类型教师在这一维度上的平均得分均呈现特级教师略高于普通教师的趋向，但经独立样本 t 检验表明，不同教龄的两类型教师之间不存在显著差异。

比较不同教龄两类型教师的平均得分，不管是特级教师还是普通教师，都是 21 年教龄以上的教师得分略高于 16～20 年教龄段的教师，这说明教龄长的教师的外部环境认同要好于教龄短的教师。

三、其他职业适应

本维度 1 道题目，采用多项选择题形式设计，为“我认为最适合我的工作是”，共有五个选项，试图探究不同类型教师心中最理想的工作。

（一）两类型教师最理想的工作

表 9-9 两类型教师最理想的工作统计

理想的工作	特级		普通		总计	
	N(人)	占比(%)	N(人)	占比(%)	N(人)	占比(%)
教师	89	80.2	76	48.4	165	61.6
教辅人员	5	4.5	12	7.6	17	6.3
行政领导与公务员	9	8.1	13	8.3	22	8.2
经理、老板、商业人士	1	9	15	9.6	16	6.0
其他	7	6.3	41	26.1	48	17.9

从总体样本来看，教师认为最理想的工作前两位是“教师”、“行政领导与公务员”，但“教师”所占的比例高达 61.6%，遥遥领先于排在第二位的“行政领导与公务员”，两者相差 53 个多百分点。

特级教师与普通教师在具体选项上呈现较大差异，特级教师选择“教师”的比例为 80.2%，而普通教师为 48.4%，前者高出后者 31 个多百分点。特级教师最理想的工作排在第二位的是“行政领导与公务员”，占 8.1%，普通教师最理想的工作排在第二位的是“经理、老板、商业人士”，占 9.6%，而特级教师在此项的比例不足 1%。

（二）不同学段教师最理想的工作

表 9-10 不同学段教师最理想的工作统计

思想的工作		小学		初中		高中	
		特级	普通	特级	普通	特级	普通
教师	N(人)	28	24	26	19	35	33
	占比(%)	80.0	44.4	78.8	38.8	81.4	62.3
教辅人员	N(人)	3	6	2	2	0	4
	占比(%)	8.6	11.1	6.1	4.1	0	7.5
行政领导与公务员	N(人)	3	4	3	6	3	3
	占比(%)	8.6	7.4	9.1	12.2	7.0	5.7
经理、老板、商业人士	N(人)	0	7	0	4	1	4
	占比(%)	0	13.0	0	8.2	2.3	7.5
其他	N(人)	1	13	2	18	4	9
	占比(%)	2.9	24.1	6.1	36.7	9.3	17.0

从上表可知，三学段的特级教师和普通教师最理想的工作中，“教师”均高居榜首，但在具体选项上存在差异。

相比较而言，在“教师”这一选项上，在特级教师群体中，高中最高(81.4%)、小学次之(80.0%)、初中略低(78.8%)，差异很小。在普通教师群体中，也是高中最高(62.3%)、小学次之(44.4%)、初中最低(38.8%)，但差异较大，高低相差近 20

个百分点。

（三）不同性别教师最理想的工作

表 9-11　不同性别教师最理想的工作统计

理想的工作		男		女	
		特级	普通	特级	普通
教师	N(人)	52	38	37	38
	占比(%)	78.8	53.5	82.2	44.2
教辅人员	N(人)	2	5	3	7
	占比(%)	3.0	7.0	6.7	8.1
行政领导与公务员	N(人)	7	9	2	4
	占比(%)	10.6	12.7	4.4	4.7
经理、老板、商业人士	N(人)	1	6	0	9
	占比(%)	1.5	8.5	.0	10.5
其他	N(人)	4	13	3	28
	占比(%)	6.1	18.3	6.	32.6

从上表可知，不同性别教师最理想的工作在具体项目上呈现出差异。

在“教师”这一选项上，男特级教师高出男普通教师 25 个百分点；女特级教师高出女普通教师 38 个百分点；男普通教师高出女普通教师近 10 个百分点；男特级教师略低于女特级教师。

在“行政领导与公务员”选项上，呈现男教师高出女教师的特点，男特级教师高出女特级教师 6 个多百分点，男普通教师高出女普通教师 8 个百分点。在“经理、老板、商业人士”选项上，呈现普通教师高于特级教师的特点，男普通教师高出男特级教师 7 个百分点，女普通教师高出女特级教师 10 个多百分点。

（四）不同教龄教师最理想的工作

表 9-12　不同教龄教师最理想的工作统计

理想的工作		16～20 年		21 年以上	
		特级	普通	特级	普通
教师	N(人)	17	10	70	27
	占比(%)	68.0	50.0	83.3	71.1
教辅人员	N(人)	2	1	3	4
	占比(%)	8.0	5.0	3.6	10.5
行政领导与公务员	N(人)	5	1	4	1
	占比(%)	20.0	5.0	4.8	2.6
经理、老板、商业人士	N(人)	0	2	1	2
	占比(%)	0	10.0	1.2	5.3
其他	N(人)	1	6	6	4
	占比(%)	4.0	30.0	7.1	10.5

从上表可知，不同教龄教师最理想的工作，“教师”占绝对优势，但存在显著差异。

在“教师”选项上，呈现出21年以上教龄的教师高出16～20年教龄的教师的特点。21年以上教龄的特级教师高出16～20年教龄的特级教师15个百分点；21年以上教龄的普通教师高出16～20年教龄的普通教师21个百分点，呈现较大差异。

在“行政领导与公务员”选项上，呈现16～20年教龄的教师高出21年以上教龄的教师、特级教师高出普通教师的特点。16～20年教龄的特级教师高出21年以上教龄的特级教师15个百分点，差异显著；16～20年教龄的普通教师高出21年以上教龄的普通教师2个多百分点，无显著差异。

四、职业认同关键期

本维度共有一道题，采用多项选择题设计，题目为“从教几年后你开始较深地喜欢教师职业”，共九个选项，试图探究不同类型教师的职业认同关键期

(一)两类型教师的职业认同关键期

表 9-13 两类型教师的职业认同关键期统计

职业认同期(年)	特级		普通		总计	
	N(人)	占比(%)	N(人)	占比(%)	N(人)	占比(%)
1～5	57	51.8	77	49.7	134	50.5
6～10	39	35.5	23	14.8	62	23.4
11～15	13	11.8	11	7.1	24	9.1
16～20	10	9.1	4	2.6	14	5.3
21～25	3	2.7	3	1.9	6	2.3
26～30	1	9.	0	.0	1	0.4
30年以后	1	9.	2	1.3	3	1.1
至今未喜欢	3	2.7	49	31.6	52	19.6

从上表可知，两类型教师在职业认同关键期同中有异，不管是特级教师群体，还是普通教师群体，均有半数教师的职业关键期是从教1～5年后，其次是6～10年。

相比较而言，在“6～10年”的选项上，特级教师比普通教师要高出21个百分点；而在“至今未喜欢”的选项上，普通教师的比例高达31.6%，特级教师的比例只有2.7%，相差近30个百分点，呈现较大差异。

（二）不同学段教师的职业认同关键期

表 9-14 不同学段教师的职业认同关键期统计

职业认同期(年)		小学		初中		高中	
		特级	普通	特级	普通	特级	普通
1～5	N(人)	19	25	20	22	18	30
	占比(%)	54.3	49.0	60.6	44.5	42.8	55.6
6～10	N(人)	13	9	10	6	16	8
	占比(%)	37.1	17.6	30.3	12.2	38.1	14.8
11～15	N(人)	4	3	3	2	6	6
	占比(%)	11.4	5.9	9.1	4.1	14.3	11.1
16～20	N(人)	4	3	3	1	3	0
	占比(%)	11.4	5.9	9.1	2.0	7.1	0
21～25	N(人)	3	2	0	0	0	1
	占比(%)	8.6	3.9	0	0	0	1
26～30	N(人)	1	0	0	0	0	0
	占比(%)	2.9	0	0	0	0	0
30 年以后	N(人)	0	2	0	0	1	0
	占比(%)	0	3.9	0	0	2.4	0
至今未喜欢	N(人)	1	15	1	23	1	10
	占比(%)	2.9	29.4	3.0	46.9	2.4	18.5

从上表可知，不同学段教师的职业认同关键期均主要集中在从教 1～5 年，在小学和初中学段，特级教师的比例高于普通教师，在高中学段，普通教师的比例高于特级教师。职业认同关键期是“6～10 年”的教师比例，在三个学段中，特级教师均远远高于普通教师。

相比较而言，职业认同关键期是“1～5 年”的比例，在特级教师这个群体中，初中最高(60.6%)、小学次之(54.3%)高中最低(42.8%)，在普通教师这个群体中，高中最高(55.6%)、小学次之(49.0%)、初中最低(44.5%)。

在“至今未喜欢”这一选项上，三学段特级教师的差异很小，三学段普通教师的差异较大，初中教师的比例最高(46.9%)，小学次之(29.4%)，高中最低(18.5%)，高低相差近 30 个百分点。

(三)不同性别教师的职业认同关键期

表 9-15 不同性别教师的职业认同关键期统计

职业认同期(年)		男		女	
		特级	普通	特级	普通
1～5	N(人)	19	33	28	44
	占比(%)	44.7	46.4	62.2	52.4
6～10	N(人)	26	9	13	14
	占比(%)	40.0	12.7	28.9	16.7
11～15	N(人)	6	7	7	4
	占比(%)	9.2	9.9	15.6	4.8
16～20	N(人)	5	1	5	3
	占比(%)	7.7	1.4	11.1	3.6
21～25	N(人)	1	0	2	3
	占比(%)	1.5	.0	4.4	3.6
26～30	N(人)	0	0	1	0
	占比(%)	0	0	2.2	0
30 年以后	N(人)	1	2	0	0
	占比(%)	1.5	2.8	0	0
至今未喜欢	N(人)	2	24	1	25
	占比(%)	3.1	33.8	2.2	29.8

从上表可知,不同性别教师的职业认同关键期同中有异,在具体项目上有较大差异。

职业认同关键期为"1～5 年"的教师中,女教师的比例高于男教师,其中,女特级教师的比例最高,男普通教师的比例最低。女特级教师与男特级教师的差异较大,而女普通教师与男普通教师的差异较小。

职业认同关键期为"6～10 年"的教师中,同性别比较,男特级教师与男普通教师、女特级教师与女普通教师的差异均较大,男特级教师高出男普通老师近 28 个百分点,女特级教师高出女普通教师 12 个百分点。不同性别比较,男特级教师与女特级教师的差异较大,而男普通教师与女普通教师的差异很小。

（四）不同教龄教师的职业认同关键期

表 9-16 不同教龄教师的职业认同关键期统计

职业认同期（年）		16～20 年		21 年以上	
		特级	普通	特级	普通
1～5	N(人)	12	10	43	18
	占比(%)	48.0	50.0	51.8	46.2
6～10	N(人)	11	5	28	11
	占比(%)	44.0	25.0	33.7	28.2
11～15	N(人)	2	1	11	8
	占比(%)	8.0	5.0	13.3	20.5
16～20	N(人)	0	1	10	1
	占比(%)	0	5.0	12.0	2.6
21～25	N(人)	0	1	3	2
	占比(%)	0	5.0	3.6	5.1
26～30	N(人)	0	0	1	0
	占比(%)	0	0	1.2	0
30 年以后	N(人)	0	0	1	2
	占比(%)	0	0	1.2	5.1
至今未喜欢	N(人)	1	3	2	3
	占比(%)	4.0	15.0	2.4	7.7

从上表可知，16～20 年教龄段和 21 年以上教龄段的特级教师和普通教师职业认同关键期的分布基本一致，在具体项目上有较大差异。

职业认同关键期为“6～10 年”选项上，21 年以上教龄的教师与 16～20 年教龄的教师存在差异，16～20 年教龄的特级教师高出 21 年教龄的特级教师 10 个百分点，差异较大，而 16～20 年教龄的普通教师与 21 年教龄的普通教师的差异很小。

五、职业认同原因

本维度共有 1 道题，采用多项选择题设计，题目为“我喜欢教师职业，那是因为(可多选)”，共六个选项，试图探究不同类型教师职业认同的原因。

（一）两类型教师的职业认同原因

表 9-17　两类型教师的职业认同原因统计

原因	特级		普通		总计	
	N(人)	占比(%)	N(人)	占比(%)	N(人)	占比(%)
教师工作本身很适合我	59	53.2	46	29.1	105	39.0
喜欢学生喜欢孩子	41	36.9	48	30.4	89	33.1
自我价值能得到很好的实现	45	40.5	30	19.0	75	27.9
没有其他工作可选择	15	13.5	32	20.3	47	17.5
工作稳定，待遇也不错	10	9.0	26	16.5	36	13.4
其他	9	8.1	42	26.6	51	19.0

从总体样本来看，“教师工作本身很适合我”、“喜欢学生喜欢孩子”、“自我价值能得到很好的实现”是教师职业认同的三种主要原因，但特级教师与普通教师在具体项目上存在较大差异。

特级教师职业认同的原因，排在前三位的是“教师工作本身很适合我”、“自我价值能得到很好的实现”和“喜欢学生喜欢孩子”，而普通教师职业认同的原因，排在前三位的是“喜欢学生喜欢孩子”、“教师工作本身很适合我”和“其他”。

特级教师认同“教师工作本身很适合我”的比例为 53.2%，普通教师为 29.1%，前者高出后者 24 个百分点。特级教师认同“自我价值能得到很好的实现”的比例为 40.5%，普通教师的比例为 19.0%，前者高出后者 21 个百分点。

（二）不同学段教师的职业认同原因

表 9-18　不同学段教师的职业认同原因统计

原因		小学		初中		高中	
		特级	普通	特级	普通	特级	普通
教师工作本身很适合我	N(人)	23	14	15	12	21	20
	占比(%)	65.7	26.4	45.5	24.0	48.8	37.0
喜欢学生喜欢孩子	N(人)	17	21	12	14	12	12
	占比(%)	48.6	39.6	36.4%	28.0	27.9	22.2
自我价值能得到很好的实现	N(人)	17	8	13	7	15	14
	占比(%)	48.6	15.1	39.4	14.0	34.9	25.9
没有其他工作可选择	N(人)	0	8	8	16	7	8
	占比(%)	0	15.1	24.2	32.0	16.3	14.8
工作稳定，待遇也不错	N(人)	2	8	2	6	6	12
	占比(%)	5.7	15.1	6.1	12.0	14.0	22.2
其他	N(人)	3	17	2	13	4	12
	占比(%)	8.6	32.1	6.1	26.0	9.3	22.2

从上表可知，不同学段教师的职业认同原因在具体项目上存在较大差异。

相比较而言，对“教师工作本身很适合我”的认同率，在三个学段的特级教师中，小学最高(65.7%)、高中次之(48.8)、初中最低(45.5%)，差异较大；在三个学段的普通教师中，高中最高(37.0%)、小学次之(26.4%)、初中最低(24.0%)，差异较大。

在三个学段的教师对“没有其他工作可选择的”认同比例差异较大，在特级教师群体中，初中最高(24.2%)，高中次之(14.8%)，小学最低(0%)，高低相差24个百分点；在三个学段的普通教师中，初中最高(32.0%)，小学次之(15.1%)，高中略低(14.8%)，高低相差15个百分点。

(三)不同性别教师的职业认同原因

表 9-19 不同性别教师的职业认同原因统计

原因		男		女	
		特级	普通	特级	普通
教师工作本身很适合我	N(人)	28	17	31	29
	占比(%)	42.4	23.6	68.9	33.7
喜欢学生喜欢孩子	N(人)	16	17	25	31
	占比(%)	24.2	23.6	55.6	36.0
自我价值能得到很好的实现	N(人)	30	18	15	12
	占比(%)	45.5	25.0	33.3	14.0
没有其他工作可选择	N(人)	12	13	3	19
	占比(%)	18.2	18.1	6.7	22.1
工作稳定，待遇也不错	N(人)	4	6	6	20
	占比(%)	6.1	8.3	13.3	23.3
其他	N(人)	9	26	0	16
	占比(%)	13.6	36.1	0	18.6

从上表可知，不同性别教师的职业认同原因在具体项目上呈现较大差异。

相比较而言，在“教师工作本身很适合我”这一因素上，女特级教师认同度最高(68.9%)，高出男特级教师26个百分点，女普通教师高出男普通教师10个百分点。

在“喜欢学生喜欢孩子”这一因素上，女教师的认同度高于男教师，女特级教师高出男特级教师、男普通教师30多个百分点，女普通教师高出男特级教师、男普通教师约12个百分点；男特级教师和男普通教师之间的差异很小，但女特级教师与女普通教师之间的差异却比较大，相差近20个百分点。

（四）不同教龄教师的职业认同原因

表 9-20 不同教龄教师的职业认同原因统计

原因		16～20 年		21 年以上	
		特级	普通	特级	普通
教师工作本身很适合我	N(人)	13	7	45	16
	占比(%)	52.0	33.3	53.6	40.0
喜欢学生喜欢孩子	N(人)	13	5	28	13
	占比(%)	52.0	23.8	33.3	32.5
自我价值能得到很好的实现	N(人)	9	1	34	9
	占比(%)	36.0	4.8	40.5	22.5
没有其他工作可选择	N(人)	4	3	11	7
	占比(%)	16.0	14.3	13.1	17.5
工作稳定，待遇也不错	N(人)	2	4	8	3
	占比(%)	8.0	19.0	9.5	7.5
其他	N(人)	2	7	7	11
	占比(%)	8.0	33.3	8.3	27.5

从上表可知，不同教龄教师的职业认同原因同中有异。

相比较而言，在“教师工作本身适合我”这一因素上，21 年以上教龄的教师略高于 16～20 年教龄的教师，差异不大。

在“喜欢学生喜欢孩子”这一因素上，16～20 年教龄的特级教师的认同度高于 21 年以上教龄的特级教师近 20 个百分点；而 21 年以上教龄的普通教师对此的认同度却高于 16～20 年教龄的普通教师近 10 个百分点。

在“自我价值能得到很好的实现”这一因素上，21 年以上教龄的特级教师与 16～20年教龄的特级教师的差异很小，而 21 年以上教龄的普通教师与 16～20 年教龄的普通教师的差异很大，前者高出后者近 20 个百分点。

六、职业不认同原因

本维度 1 道题，采用多项选择题设计，题目为“我不喜欢教师职业，那是因为(可多选)”，共六个选项，试图探究不同类型教师职业不认同的原因。

(一)两类型教师职业不认同原因

表 9-21 两类型教师职业不认同原因统计

原因	特级		普通		总计	
	N(人)	占比(%)	N(人)	占比(%)	N(人)	占比(%)
教师工作本身不适合我	4	3.8	20	13.2	24	9.3
压力大,工作累,责任重	38	36.2	100	65.8	138	53.7
社会地位不高,待遇一般,得不到应有的尊重	20	19.0	75	49.3	95	37.0
家庭成员反对	0	0	2	1.3	2	0.8
自我价值得不到很好的实现	12	11.4	36	23.7	48	18.7
其他	50	47.6	19	12.5	69	26.8

从总体样本来看,“压力大,工作累,责任重”与“社会地位不高,待遇一般,得不到应有的尊重”是教师职业不认同的主要原因,但特级教师与普通教师在具体项目上存在较大差异。

对“压力大,工作累,责任重”的认同度,普通教师为 65.8%,特级教师的比例的 36.2%,前者高出后者近 30 个百分点。对“社会地位不高,待遇一般,得不到应有的尊重”的认同度,普通教师同样高出特级教师约 30 个百分点,差异很大。在“其他”这一选项上,特级教师则高出普通教师 35 个百分点。

(二)不同学段教师职业不认同原因

表 9-22 不同学段教师职业不认同原因统计

原因		小学		初中		高中	
		特级	普通	特级	普通	特级	普通
教师工作本身不适合我	N(人)	0	7	2	9	2	4
	占比(%)	0	13.5	6.1	18.4	5.4	8.0
压力大,工作累,责任重	N(人)	11	28	13	37	14	34
	占比(%)	31.4	53.8	39.4	75.5	37.8	68.0
社会地位不高,待遇一般,得不到应有的尊重	N(人)	10	27	5	28	5	20
	占比(%)	28.6	51.9	15.2	57.1	13.5	40.0
家庭成员反对	N(人)	0	1	0	1		
	占比(%)	0	1.9	0	2.0		
自我价值得不到很好的实现	N(人)	2	13	3	9	7	14
	占比(%)	5.7	25.0	9.1	18.4	18.9	28.0
其他	N(人)	18	8	17	4	15	7
	占比(%)	51.4	15.4	51.5	8.2	40.5	14.0

从上表可知,6 个引起教师职业不认同的原因,在学段上的表现同中有异。

相比较而言,对“压力大,工作累,责任重”的认同度,初中普通教师的比例最大,高出小学普通教师 20 多个百分点,也略高于高中普通教师;初中特级教师的比例也高于小学特级教师和高中特级教师。

在“社会地位不高，待遇一般，得不到应有的尊重”这个选项上，也是初中普通教师的比例最高，略高于小学普通教师，高出高中普通教师17个百分点。在特级教师群体中，小学特级教师对此的认同度最高（28.6%）、初中次之（15.2%）、小学略低（13.5%）。

（三）不同性别教师职业不认同原因

表 9-23 不同性别教师职业不认同原因统计

原因		男		女	
		特级	普通	特级	普通
教师工作本身不适合我	N(人)	3	12	1	8
	占比(%)	4.8	17.6	2.4	9.5
压力大，工作累，责任重	N(人)	18	41	20	59
	占比(%)	28.6	60.3	47.6	70.2
社会地位不高，待遇一般，得不到应有的尊重	N(人)	12	32	8	43
	占比(%)	19.0	47.1	19.0	51.2
家庭成员反对	N(人)	0	0	0	2
	占比(%)	0	0	0	2.4
自我价值得不到很好的实现	N(人)	10	14	2	22
	占比(%)	15.9	20.6	4.8	26.2
其他	N(人)	32	13	18	6
	占比(%)	50.8	19.1	42.9	7.1

从上表可知，6个引起教师职业不认同的原因，在性别上的表现同中有异。

相比较而言，在“压力大，工作累，责任重”这一因素上，女普通教师认同度最高（70.2%），高出男普通教师约10个百分点，高出男特级教师近40个百分点，女特级教师也高出男特级教师20个百分点，差异较大。在“社会地位不高，待遇一般，得不到应有的尊重”这一因素上，男特级教师和男普通教师、女特级教师与女普通教师之间的差异均很小。

（四）不同教龄教师职业不认同原因

表 9-24 不同教龄教师职业不认同原因统计

原因		16～20年		21年以上	
		特级	普通	特级	普通
教师工作本身不适合我	N(人)	0	3	4	2
	占比(%)	0	14.3	5.1	5.9
压力大，工作累，责任重	N(人)	9	16	28	22
	占比(%)	36.0	76.2	35.9	64.7
社会地位不高，待遇一般，得不到应有的尊重	N(人)	9	9	10	13
	占比(%)	36.0	42.9	12.8	38.2
家庭成员反对	N(人)	0	1	0	0
	占比(%)	0	4.8	0	0
自我价值得不到很好的实现	N(人)	2	3	10	6
	占比(%)	8.0	14.3	12.8	17.6
其他	N(人)	10	1	39	8
	占比(%)	40.0	4.8	50.0	23.5

从上表可知，6个引起教师职业不认同的原因，在教龄上的表现同中有异。

相比较而言，对“压力大，工作累，责任重”的认同度，16～20年教龄的教师高于21年以上教龄的教师，其中16～20年教龄的特级教师与21年以上教龄的特级教师的差异极小，16～20年教龄的普通教师与21年以上教龄的普通教师的差异较大，前者高出后者10个多百分点。

对“社会地位不高，待遇一般，得不到应有的尊重”的认同度，16～20年教龄的普通教师与21年以上教龄的普通教师的差异较小，16～20年教龄的特级教师与21年以上教龄的特级教师的差异较大，前者高出后者20多个百分点。

第二节　职业倦怠

本维度共有4道题目，为“教育教学工作让我感觉很累很疲惫”、“教师职业太累，工作压力太大，责任太重，使我常常惶恐不安，心绪不宁，几乎无法正常工作和生活！”、“从教几年后你开始较强烈地厌倦教师职业”和“你认为要克服教师职业倦怠，下列因素中哪些因素比较重要？”。试图探究不同类型教师的职业倦怠状况，具体统计结果如下。

一、职业倦怠

本维度共2道反向题，为“教育教学工作让我感觉很累很疲惫”和“教师职业太累，工作压力太大，责任太重，使我常常惶恐不安，心绪不宁，几乎无法正常工作和生活！”，采用五点量表设计，试图探究不同类型教师职业倦怠状况。

（一）两类型教师的职业倦怠

表9-25　两类型教师的职业倦怠比较

教师类型	人数	平均值	标准差	t
特级	111	5.28	2.111	−5.564**
普通	160	6.81	2.310	

** $p<0.01$

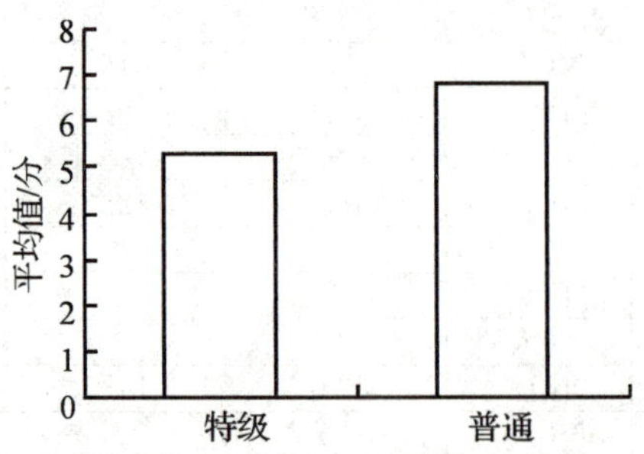

图9-5　两类型教师的职业倦怠比较

两类型教师在这一维度上的平均得分分别是 5.28 和 6.28，说明两类教师的职业倦怠状况比较明显(最佳认同得分应为 1 分)。经独立样本 t 检验表明，两类型教师之间的差异十分显著($p<0.01$)，普通教师的职业倦怠程度明显高于特级教师。

(二)不同学段教师的职业倦怠

表 9-26 不同学段教师的职业倦怠比较

学段	类型	人数	平均值	标准差	t
小学	特级	35	4.80	2.153	-3.336^{**}
	普通	55	6.47	2.418	
初中	特级	33	4.73	1.989	-6.331^{**}
	普通	50	7.70	2.159	
高中	特级	43	6.09	1.950	-0.527
	普通	54	6.31	2.144	

** $p<0.01$

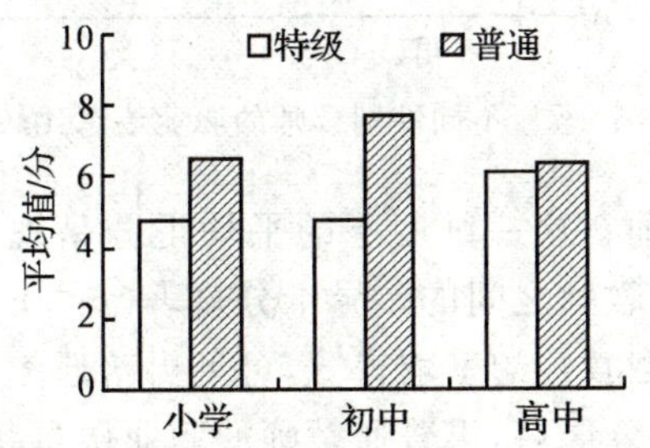

图 9-6 不同学段教师的职业倦怠比较

不同学段两类型教师在这一维度上的平均得分呈现差异，经独立样本 t 检验表明，小学、初中两个学段的两类型教师之间的差异十分显著($p<0.01$)，普通教师的职业倦怠程度明显高于特级教师，高中学段的两类型教师没有显著差异。

比较不同学段两类型教师在这一维度上的平均得分，在特级教师这个群体中，高中特级教师得分最高，小学特级教师次之，初中特级教师最低；在普通教师这个群体中，初中普通教师的得分最高，小学普通教师次之，高中普通教师得分居后，这说明普通初中教师的职业倦怠情况最严重。

（三）不同性别教师的职业倦怠

表 9-27　不同性别教师的职业倦怠比较

性别	类型	人数	平均值	标准差	t
男	特级	66	5.42	2.105	-4.696^{**}
	普通	72	7.10	2.077	
女	特级	45	5.07	2.126	-3.496^{**}
	普通	88	6.58	2.472	

$^{**}p<0.01$

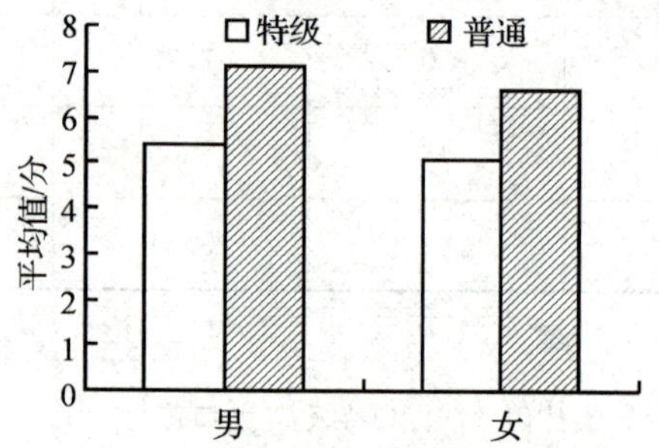

图 9-7　不同性别教师的职业倦怠比较

不同性别两类型教师在这一维度上的平均得分呈现差异，经独立样本 t 检验表明，不同性别的两类型教师之间的差异十分显著（$p<0.01$）。

比较不同性别两类型教师的平均得分，可见男普通教师的得分最高，女普通教师次之，男女特级教师得分居后，男普通教师的职业倦怠状况最严重。在特级教师群体中，男教师的得分高于女教师，在普通教师群体中亦如此。

（四）不同教龄教师的职业倦怠

表 9-28　不同教龄教师的职业倦怠比较

教龄	类型	人数	平均值	标准差	t
16～20 年	特级	25	5.28	1.904	-2.664^{**}
	普通	22	6.95	2.400	
21 年以上	特级	84	5.27	2.192	-1.749
	普通	40	6.03	2.326	

$^{**}p<0.01$

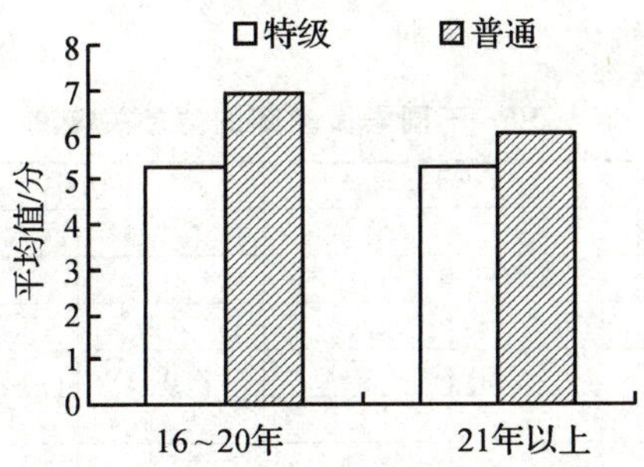

图 9-8 不同教龄教师的职业倦怠比较

不同教龄的两类型教师在这一维度上的平均得分呈现差异，经独立样本 t 检验表明，16～20 年教龄段的两类型教师差异十分显著；21 年教龄以上的两类型教师没有显著差异。

比较不同教龄两类型教师的平均得分，在特级教师群体中，21 年教龄以上的教师得分高于 16～20 年教龄段的教师；在普通教师群体中，16～20 年教龄段的教师得分高于 21 年教龄以上的教师。这说明，在特级教师中，教龄长的教师职业倦怠更严重，而在普通教师中，教龄短的教师职业倦怠更严重。

二、倦怠关键期

本维度共有 1 道题目，为"从教几年后你开始较强烈地厌倦教师职业"，采用多项选择题形式，共九个选项，试图探究两类型教师的职业倦怠关键期。

（一）两类型教师的倦怠关键期

表 9-29 两类型教师的厌倦关键期统计

倦怠期(年)	特级		普通		总计	
	N(人)	占比(%)	N(人)	占比(%)	N(人)	占比(%)
1～5	8	7.3	45	28.7	53	19.8
6～10	9	8.2	25	15.9	34	12.7
11～15	8	7.3	14	8.9	22	8.2
16～20	4	3.6	8	5.1	12	4.5
21～25	6	5.5	5	3.2	11	4.1
26～30	2	1.8	1	6	3	1.1
30 年以后	0	0	7	4.5	7	2.6
至今未厌倦	77	70.0	63	40.1	140	52.4

从总体样本来看，两类型教师的职业倦怠关键期排在前两位的是从教 1～5 年和 6～10 年，在具体项目有较大差异。

相比较而言，在"1～5 年"的选项上，普通教师比特级教师要高出 21 个百分点，在"6～10 年"选项上，普通教师比特级教师高出约 8 个百分点。特级教师的职业倦怠期"6～10 年"的比例高于"1～5 年"，但差异不大，普通教师的职业倦怠期"6～10年"的比例低于"1～5 年"，且差异较大。在"至今未厌倦"的选项上，特级教师的比例远远高于普通教师，相差约 30 个百分点。

（二）不同学段教师的倦怠关键期

表 9-30 不同学段教师的倦怠关键期

倦怠期(年)		小学		初中		高中	
		特级	普通	特级	普通	特级	普通
1～5	N(人)	2	18	3	19	3	8
	占比(%)	5.7	33.3	9.1	38.0	7.2	15.4
6～10	N(人)	2	7	3	8	4	10
	占比(%)	5.7	13.0	9.1	16.0	9.5	19.2
11～15	N(人)	1	8	5	5	2	1
	占比(%)	2.9	14.8	15.2	10.0	4.8	1.9
16～20	N(人)	0	1	0	3	4	4
	占比(%)	0	1.9	0	6.0	9.5	7.7
21～25	N(人)	0	2	2	2	4	1
	占比(%)	0	3.7	6.1	4.0	9.5	1.9
26～30	N(人)	0	1	0	0	2	0
	占比(%)	0	1.9	0	0	4.8	0
30 年以后	N(人)	0	6	0	0	0	1
	占比(%)	0	11.1	0	0	0	1.9
至今未厌倦	N(人)	30	16	22	18	25	28
	占比(%)	85.7	29.6	66.7	36.0	59.5	53.8

从上表可知，不同学段教师的职业倦怠关键期同中有异，在具体项目上有较大差异。

相比较而言，职业认同倦怠期是“1～5 年”的比例，在特级教师这个群体中，初中最高、高中次之、小学略低，但差异很小。在普通教师这个群体中，初中最高、小学次之、高中低，且差异较大。

比较职业倦怠关键期是“1～5 年”的认同度与“6～7 年”的认同度，在特级教师群体中，小学、初中学段比例相同，高中学段后者略高于前者，差异不大。在普通教师群体中，小学、初中学段前者的比例远远高于后者，在高中学段，后者略高于前者。

（三）不同性别教师的厌倦关键期

表 9-31 不同性别教师的倦怠关键期统计

倦怠期(年)		男		女	
		特级	普通	特级	普通
1～5	N(人)	8	19	0	26
	占比(%)	12.3	27.2	0	29.9
6～10	N(人)	5	13	4	12
	占比(%)	7.7	18.6	8.9	13.8
11～15	N(人)	4	6	4	8
	占比(%)	6.2	8.6	8.9	9.2
16～20	N(人)	3	3	1	5
	占比(%)	4.6	4.3	2.2	5.7

续表

倦怠期(年)		男		女	
		特级	普通	特级	普通
21～25	N(人)	4	1	2	4
	占比(%)	6.2	1.4	4.4	4.6
26～30	N(人)	0	0	2	1
	占比(%)	0	0	4.4	1.1
30 年以后	N(人)	0	1	0	6
	占比(%)	0	1.4	0	6.9
至今未厌倦	N(人)	45	30	32	33
	占比(%)	69.2	42.9	71.1	37.9

从上表可知,不同性别教师的职业倦怠关键期同中有异,在具体项目上有较大差异。

相比较而言,职业倦怠关键期为"1～5 年"的教师中,女普通教师的比例最高,女特级教师的比例最低。女特级教师与男特级教师的差异较大,而女普通教师与男普通教师的差异较小。职业倦怠关键期为"6～10 年"的教师中,男普通教师的比例最高,男特级教师的比例最低,男教师之间的差异较大,女教师之间的差异较小,女特级教师与男特级教师、女普通教师与男普通教师的差异均较小。

(四)不同教龄教师的厌倦关键期

表 9-32　不同教龄教师的厌倦关键期统计

倦怠期(年)		16～20		21 年以上	
		特级	普通	特级	普通
1～5	N(人)	2	4	7	3
	占比(%)	8.0	19.1	8.4	7.9
6～10	N(人)	3	5	8	2
	占比(%)	12.0	23.8	9.6	5.3
11～15	N(人)	2	4	5	3
	占比(%)	8.0	19.0	6.0	7.9
16～20	N(人)	0	0	2	1
	占比(%)	0	0	2.4	2.6
21～25	N(人)	0	0	6	4
	占比(%)	0	0	7.2	10.5
26～30	N(人)	0	0	2	1
	占比(%)	0	0	2.4	2.6
30 年以后	N(人)	0	2	0	3
	占比(%)	0	9.5	0	7.9
至今未厌倦	N(人)	19	9	56	23
	占比(%)	76.0	42.9	67.5	60.5

从上表可知，16～20 年教龄段和 21 年以上教龄段的特级教师和普通教师职业倦怠关键期存在较大差异。

职业认同关键期为“1～5 年”和“6～10 年”两个选项上，21 年以上教龄的特级教师与 16～20 年教龄的特级教师的差异均较小，16～20 年教龄的普通教师与 21 年教龄的普通教师的差异均较大。

三、倦怠克服

本维度共有一道题，采用多项选择题设计，题目为：“你认为要克服教师职业倦怠，下列哪些因素比较重要？”共有七个选项，试图探究两种类型教师克服倦怠的情况。

（一）两类型教师克服倦怠的因素

从总体样本来看，教师最认同的克服倦怠的因素是“学会有效调节自己的情绪”，其次是“积极健康的学校文化，满足教师的合理要求”，“教育行政和教育管理要建立灵活多样的评价体系，践行‘行政为教学服务的理念’”位居第三。两类型教师在具体项目上存在差异。

表 9-33　两类型教师克服倦怠的因素统计

因素	特级		普通		总计	
	N(人)	占比(%)	N(人)	占比(%)	N(人)	占比(%)
教育行政和教育管理要建立灵活多样的评价体系，践行“行政为教学服务的理念”	61	55.0	81	51.6	142	53.0
学会有效调节自己的情绪	71	64.0	102	65.0	173	64.6
确立教师角色的合理期望	56	50.5	61	38.9	117	43.7
加强学习，促进自身专业的进一步发展	55	49.5	56	35.7	111	41.4
积极健康的学校文化，满足教师的合理要求	54	48.6	92	58.6	146	54.5
校际调动，校内转岗	14	12.6	15	9.6	29	10.8
其他	5	4.5	6	3.8	11	4.1

相比较而言，在“积极健康的学校文化，满足教师的合理要求”的选项上，普通教师比特级教师要高出 10 个百分点；在“加强学习，促进自身专业的进一步发展”的选项上，特级教师要高出普通教师约 14 个百分点。

（二）不同学段教师克服倦怠的因素

表 9-34 不同学段教师克服倦怠的因素统计

因素		小学		初中		高中	
		特级	普通	特级	普通	特级	普通
教育行政和教育管理要建立灵活多样的评价体系，践行“行政为教学服务的理念”	N(人)	23	24	15	26	23	31
	占比(%)	65.7	45.3	45.5	52.0	53.5	58.5
学会有效调节自己的情绪	N(人)	22	35	24	37	25	30
	占比(%)	62.9	66.0	72.7	74.0	58.1	56.6
确立教师角色的合理期望	N(人)	18	18	19	23	19	20
	占比(%)	51.4	34.0	57.6	46.0	44.2	37.7
加强学习，促进自身专业的进一步发展	N(人)	17	16	16	21	22	18
	占比(%)	48.6	30.2	48.5	42.0	51.2	34.0
积极健康的学校文化，满足教师的合理要求	N(人)	19	28	17	30	18	34
	占比(%)	54.3	52.8	51.5	60.0	41.9	64.2
校际调动，校内转岗	N(人)	6	7	2	4	6	4
	占比(%)	17.1	13.2	6.1	8.0	14.0	7.5
其他	N(人)	3	3	1	2	1	1
	占比(%)	8.6	5.7	3.0	4.0	2.3	1.9

从上表可知，不同学段教师克服倦怠的因素同中有异。

三学段的特级教师选择“教育行政和教育管理要建立灵活多样的评价体系”，践行“行政为教学服务的理念”的比例，小学最高(65.7%)、高中次之(53.5%)、初中最低(45.5%)，差异较大；三学段的普通教师选择此项的比例，高中最高(58.5%)初中次之(52.0)，小学最低(45.3%)，差异较大。

特级教师选择“加强学习，促进自身专业的进一步发展”的比例远远高出普通教师。在三个学段的特级教师中，高中特级教师选择此项的比例略高(51.20%)，小学次之(48.6%)，高中略低(48.5%)，比例接近；在三个学段的普通教师中，初中最高(42.0%)，高中次之(34.0%)，小学最低(30.2%)，差异较大。

（三）不同性别教师克服倦怠的因素

表 9-35 不同性别教师克服倦怠的因素统计

因素		男		女	
		特级	普通	特级	普通
教育行政和教育管理要建立灵活多样的评价体系，践行“行政为教学服务的理念”	N(人)	36	44	25	37
	占比(%)	54.5	62.0	55.6	43.0
学会有效调节自己的情绪	N(人)	37	39	34	63
	占比(%)	56.1	54.9	75.6	73.3
确立教师角色的合理期望	N(人)	31	30	25	31
	占比(%)	47.0	42.3	55.6	36.0
加强学习，促进自身专业的进一步发展	N(人)	31	25	24	31
	占比(%)	47.0	35.2	53.3	36.0
积极健康的学校文化，满足教师的合理要求	N(人)	30	42	24	50
	占比(%)	45.5	59.2	53.3	58.1
校际调动，校内转岗	N(人)	8	9	6	6
	占比(%)	12.1	12.7	13.3	7.0
其他	N(人)	3	2	2	4
	占比(%)	4.5	2.8	4.4	4.7

从上表可知，不同性别教师克服倦怠的因素在具体项目上呈现较大差异。

在“教育行政和教育管理要建立灵活多样的评价体系，践行“行政为教学服务的理念”的选项上，男普通教师高出女普通教师近 20 个百分点，呈现较大差异，而男特级教师与女特级教师的差异却很小。

不管是普通教师还是特级教师，选择“学会有效调节自己的情绪”的女教师均高出男教师约 10 个百分点。

（四）不同教龄教师克服倦怠的因素

表 9-36 不同教龄教师克服倦怠的因素统计

因素		16～20 年		21 年以上	
		特级	普通	特级	普通
教育行政和教育管理要建立灵活多样的评价体系，践行“行政为教学服务的理念”	N(人)	12	8	47	21
	占比(%)	48.0	42.1	56.0	52.5
学会有效调节自己的情绪	N(人)	18	11	52	25
	占比(%)	72.0	57.9	61.9	62.5
确立教师角色的合理期望	N(人)	15	7	39	15
	占比(%)	60.0	36.8	46.4	37.5
加强学习，促进自身专业的进一步发展	N(人)	13	6	41	12
	占比(%)	52.0	31.6	48.8	30.0
积极健康的学校文化，满足教师的合理要求	N(人)	15	10	37	26
	占比(%)	60.0	52.6	44.0	65.0
校际调动，校内转岗	N(人)	5	0	9	2
	占比(%)	20.0	0	10.7	5.0
其他	N(人)	0	1	5	0
	占比(%)	0	5.3	6.0	0

从上表可知，不同教龄教师的克服倦怠的因素同中有异，在具体项目上有较大差异。

不管是特级教师还是普通教师，21 年以上教龄段的教师选择“教育行政和教育管理要建立灵活多样的评价体系，践行‘行政为教学服务的理念’”的比例均高于 16～20 年教龄段的特级教师和普通教师。在特级教师群体中，16～20 年教龄段的师选择“积极健康的学校文化，满足教师的合理要求”的比例高于 21 年以上教龄段的教师，高出约 16 个百分点；而在普通教师群体中，16～20 年教龄段的教师选择此项的比例低于 21 年以上教龄段的教师，相差约 13 个百分点。

第三节 影响因素

本维度的题目是：“我认为对教师专业成长影响比较大的因素有哪些？”采用多项选择题设计，试图探究影响教师成长的因素。

一、两类型教师成长因素分析

表 9-37 两类型教师成长因素统计

因素	特级		普通		总计	
	N(人)	占比(%)	N(人)	占比(%)	N(人)	占比(%)
工作环境	75	67.6	113	71.1	188	69.6
名师引领	62	55.9	99	62.3	161	59.6
先天素质	61	55.0	61	38.4	122	45.2
勤奋努力	52	46.8	80	50.3	132	48.9
好的机遇	77	69.4	90	56.6	167	61.9
激励机制	37	33.3	71	44.7	108	40.0
反思习惯	54	48.6	53	33.3	107	39.6
认真备课	27	24.3	40	25.2	67	24.8
博览群书	38	34.2	62	39.0	100	37.0
家庭支持	24	21.6	27	17.0	51	18.9
他人帮助	14	12.6	29	18.2	43	15.9
专业基础	32	28.8	61	38.4	93	34.4
从业动机	11	9.9	17	10.7	28	10.4
人生追求	40	36.0	47	29.6	87	32.2
业余爱好	2	1.8	25	15.7	27	10.0
身体素质	33	29.7	47	29.6	80	29.6
生源质量	13	11.7	37	23.3	50	18.5
其他	1	9	9	5.7	10	3.7

上表可见，在18个影响教师专业成长因素中，从总体样本看，位居前六位的依次是：工作环境(69.6%)—好的机遇(61.9%)—名师引领(59.6%)—勤奋努力(48.9%)—先天素质(45.2%)—激励机制(40.0%)；在特级教师这个群体中，位居前六位的依次是：好的机遇(69.4%)—工作环境(67.6%)—名师引领(55.9%)—先天素质(55.0%)—反思习惯(48.6%)—勤奋努力(46.8%)；在普通教师这个群体中，位居前六位的依次是：工作环境(71.1%)—名师引领(62.3%)—好的机遇(56.6%)—勤奋努力(50.3%)—激励机制(44.7%)—博览群书(39.0%)。紧随其后的是先天素质(38.4%)和专业基础(38.4%)。

在一些个别选项上，特级教师与普通教师之间的差异较大。特级教师认同“先天素质”的比例高出普通教师近17个百分点，认同“好的机遇”的比例高出普通教师近 13 个百分点，认同“反思习惯”的比例高出普通教师 15 多个百分点；普通教师认同“激励机制”的比例高出特级教师 11 多个百分点。

二、不同学段教师的成长因素分析

表 9-38　不同学段教师成长因素统计

因素	小学				初中				高中			
	特级		普通		特级		普通		特级		普通	
	N（人）	占比（%）	N（人）	占比（%）	N（人）	占比（%）	N（人）	占比（%）	N（人）	占比（%）	N（人）	占比（%）
工作环境	24	68.6	34	61.8	20	60.6	39	78.0	31	72.1	40	75.5
名师引领	22	62.9	34	61.8	19	57.6	32	64.0	21	48.8	32	60.4
先天素质	19	54.3	20	36.4	19	57.6	18	36.0	23	53.5	22	41.5
勤奋努力	14	40.0	25	45.5	17	51.5	21	42.0	21	48.8	33	62.3
好的机遇	29	82.9	29	52.7	20	60.6	26	52.0	28	65.1	34	64.2
激励机制	10	28.6	22	40.0	4	12.1	20	40.0	23	53.5	28	52.8
反思习惯	19	54.3	16	29.1	17	51.5	17	34.0	18	41.9	20	37.7
认真备课	11	31.4	15	27.3	3	9.1	9	18.0	13	30.2	16	30.2
博览群书	12	34.3	22	40.0	11	33.3	17	34.0	15	34.9	23	43.4
家庭支持	8	22.9	9	16.4	6	18.2	9	18.0	10	23.3	9	17.0
他人帮助	5	14.3	11	20.0	4	12.1	11	22.0	5	11.6	6	11.3
专业基础	14	40.0	18	32.7	7	21.2	22	44.0	11	25.6	21	39.6
从业动机	2	5.7	4	7.3	4	12.1	6	12.0	5	11.6	7	3.2
人生追求	18	51.4	11	20.0	10	30.3	16	32.0	12	27.9	20	37.7
业余爱好	0	0	6	10.9	1	3.0	12	24.0	1	2.3	7	13.2
身体素质	11	31.4	23	41.8	6	18.2	12	24.0	16	37.2	12	22.6
生源质量	1	2.9	3	5.5	5	15.2	18	36.0	7	16.3	16	30.2
其他	1	2.9	8	14.5	0	0	1	2.0	0	0	0	0

上表可见，在 18 个影响教师专业成长因素中，三学段的总体分布基本一致，但在具体项目上，呈现差异。

分析影响各个学段教师专业成长的前六位因素，三个学段的特级教师对“工作环境、好的机遇、名师引领、先天素质”四项认识趋同，在另外两项中，小学特级教师认同的是“反思习惯”和“人生追求”，初中特级教师认同的是“勤奋努力”和“反思习惯”，高中特级教师认同的是“激励机制”和“勤奋努力”；三个学段的普通教师对“工作环境、好的机遇、名师引领、勤奋努力”四项认识趋同，在另外二项中，小学普通教师认同的是“身体素质”和“激励机制、博览群书”，初中普通教师认同的是“专业基础”和“激励机制”，高中特级教师认同的是“激励机制”和“博览群书”。

在一些个别选项上，各学段的特级教师与普通教师之间的差异较大。认同“工作环境”的比例初中普通教师最高（78.0%），最低的是初中特级教师（60.6%），高低之间相差近 18 个百分点；认同“好的机遇”的比例小学特级教师最高（82.9%），最低的是初中普通教师(52.0%),高低之间相差近 31 个百分点;认同“激励机制”的比例高中特级教师最高(53.5%),最低的是小学特级教师(28.6%),高低之间相差近 25 个百分点;认同“反思习惯”的比例小学特级教师最高(54.3%),最低的是小学普通教师(29.1%),高低之间相差 25 个多百分点;认同“勤奋努力”的比例高中普通教师最高(62.3%),最低的是小学特级教师(40.0%),高低之间相差 22 个多百分点。其间原因有待进一步研究。

三、不同性别教师的成长因素分析

表 9-39 不同性别教师的成长因素统计

因素	男				女			
	特级		普通		特级		普通	
	N(人)	占比(%)	N(人)	占比(%)	N(人)	占比(%)	N(人)	占比(%)
工作环境	45	68.2	50	70.4	30	66.7	63	71.6
名师引领	38	57.6	44	62.0	24	53.3	55	62.5
先天素质	29	43.9	27	38.0	32	71.1	34	38.6
勤奋努力	25	37.9	35	49.3	27	60.0	45	51.1
好的机遇	42	63.6	37	52.1	35	77.8	53	60.2
激励机制	24	36.4	33	46.5	13	28.9	38	43.2
反思习惯	32	48.5	22	31.0	22	48.9	31	35.2
认真备课	13	19.7	17	23.9	14	31.1	23	26.1
博览群书	22	33.3	24	33.8	16	35.6	38	43.2
家庭支持	14	21.2	16	22.5	10	22.2	11	12.5
他人帮助	8	12.1	15	21.1	6	13.3	14	15.9
专业基础	14	21.2	24	33.8	18	40.0	37	42.0
从业动机	5	7.6	8	11.3	6	13.3	9	10.2
人生追求	21	31.8	20	28.2	19	42.2	27	30.7
业余爱好	1	1.5	11	15.5	1	2.2	14	15.9
身体素质	20	30.3	16	22.5	13	28.9	31	35.2
生源质量	6	9.1	17	23.9	7	15.6	20	22.7
其他	1	1.5	5	7.0	0	0	4	4.5

上表可见,在 18 个影响因素中,男特级教师认同的前六位依次是“工作环境—好的机遇—名师引领—反思习惯—先天素质—勤奋努力”,女特级教师认同的前六位依次是“好的机遇—先天素质—工作环境—勤奋努力—名师引领—反思习惯”,男女特级教师对六个因素的认识非常一致,但在“好的机遇、先天素质、勤奋努力”三个选项上呈现较大差异,认同“好的机遇”的女特级教师的比例要高出男特级教师 14 个多百分点,认同“先天素质”的女特级教师的比例要高出男特级教师 27 个

多百分点，认同“勤奋努力”的女特级教师比例要高出男特级教师 22 个多百分点。在影响普通教师专业发展的前六位因素中，男女普通教师对“工作环境－名师引领－好的机遇－勤奋努力－激励机制”等五项认识趋同，比例接近，在另外一项中，男普通教师认同的是“先天素质”，女普通教师认同的是“博览群书”。

在一些个别选项上，特级教师与普通教师之间的性别差异较大，认同“好的机遇”的比例女特级教师最高(77.8%)，最低的是男普通教师(52.1%)，高低之间相差近 26 个百分点；认同“先天素质”的比例女特级教师最高(71.1%)，最低的是男普通教师(38.0%)，高低之间相差 33 个百分点。其间原因有待进一步研究。

四、不同教龄教师成长因素分析

表 9-40 不同教龄教师成长因素统计

因素	16～20 年				21 年以上			
	特级		普通		特级		普通	
	N(人)	占比(%)	N(人)	占比(%)	N(人)	占比(%)	N(人)	占比(%)
工作环境	13	52.0	12	57.1	60	71.4	26	66.7
名师引领	12	48.0	14	66.7	49	58.3	21	53.8
先天素质	12	48.0	7	33.3	47	56.0	16	41.0
勤奋努力	13	52.0	9	42.9	39	46.4	21	53.8
好的机遇	17	68.0	9	42.9	58	69.0	25	64.1
激励机制	5	20.0	7	33.3	31	36.9	18	46.2
反思习惯	14	56.0	5	23.8	38	45.2	16	41.0
认真备课	7	28.0	4	19.0	18	21.4	12	30.8
博览群书	9	36.0	6	28.6	29	34.5	11	28.2
家庭支持	7	28.0	2	9.5	16	19.0	7	17.9
他人帮助	4	16.0	4	19.0	10	11.9	5	12.8
专业基础	9	36.0	8	38.1	23	27.4	14	35.9
从业动机	3	12.0	2	9.5	8	9.5	2	5.1
人生追求	10	40.0	4	19.0	28	33.3	11	28.2
业余爱好	0	0	4	19.0	2	2.4	4	10.3
身体素质	6	24.0	6	28.6	26	31.0	12	30.8
生源质量	2	8.0	5	23.8	11	13.1	6	15.4
其他	0	0	1	4.8	1	1.2	2	5.1

上表可见，在 18 个影响因素中，16～20 年教龄段的特级教师认同的前六位依次是“好的机遇－反思习惯－工作环境－勤奋努力－名师引领－先天素质”，21 年以上教龄段的特级教师认同的前六位依次是“工作环境－好的机遇－名师引领－先天素质－勤奋努力－反思习惯”，两教龄段的特级教师对六个因素的认识非常一

致，但在“工作环境、名师引领、反思习惯”三个选项上呈现较大差异，认同“工作环境”的 21 年以上教龄段的特级教师的比例要高出 16～20 年教龄段的特级教师 19 个多百分点，认同“名师引领”的 21 年以上教龄段的特级教师的比例要高出 16～20 年教龄段的特级教师 10 个多百分点，认同“反思习惯”的 16～20 年教龄段的特级教师比例要高出 21 年以上教龄段的特级教师近 11 个百分点。

16～20 年教龄段的普通教师认同的前六位依次是“名师引领－工作环境－勤奋努力－好的机遇－专业基础－激励机制－先天素质”，21 年以上教龄段的普通教师认同的前六位依次是“工作环境－好的机遇－名师引领－勤奋努力－激励机制－反思习惯－先天素质”，两教龄段的普通教师对七个因素的认识非常一致，但在“好的机遇、名师引领、激励机制”三个选项上呈现较大差异，认同“好的机遇”的 21 年以上教龄段的特级教师的比例要高出 16～20 年教龄段的特级教师 21 个多百分点，认同“名师引领”的 16～20 年教龄段的特级教师的比例要高出 21 年以上教龄段的特级教师近 13 个百分点，认同“激励机制”的 21 年以上教龄段的特级教师比例要高出 16～20 年教龄段的特级教师近 13 个百分点。

索　引

图书在版编目(CIP)数据

特级教师的发展研究 / 张寿松著. —杭州:浙江大学出版社,2014.7
ISBN 978-7-308-13415-6

Ⅰ.①特… Ⅱ.①张… Ⅲ.①师资培养—研究 Ⅳ.①G451.2

中国版本图书馆 CIP 数据核字(2014)第 136387 号

特级教师的发展研究
张寿松 著

责任编辑 石国华
封面设计 刘依群
出版发行 浙江大学出版社
(杭州市天目山路 148 号 邮政编码 310007)
(网址:http://www.zjupress.com)
排　　版 杭州星云光电图文制作有限公司
印　　刷 杭州日报报业集团盛元印务有限公司
开　　本 710mm×1000mm 1/16
印　　张 17
字　　数 320 千
版 印 次 2014 年 7 月第 1 版 2014 年 7 月第 1 次印刷
书　　号 ISBN 978-7-308-13415-6
定　　价 48.00 元

浙江大学出版社发行部联系方式:0571—88925591;http://zjdxcbs.tmall.com